移动应用系列丛书

丛书主编：倪光南

U0650582

移动互联网营销

主 编 段 建 安 刚
副主编 胡宏力

中国铁道出版社

CHINA RAILWAY PUBLISHING HOUSE

内 容 简 介

本书是针对在校学生及企业营销类从业人员研发而成的理论与实践相结合的实用图书。全书共分 10 章：移动互联网营销认知、微网站与微店搭建、APP 营销平台搭建、二维码与 H5 引流、内容营销、微信营销、微博营销、社群营销、移动广告及 APP 的运营与推广。

本书从实际企业案例出发，全面系统地介绍了移动互联网营销相关基础知识、运营模式和相关技术，讲授企业引入移动互联网营销的途径、方法与步骤，旨在培养读者拥有统筹设计移动互联网营销战略的视野和能力，最终形成读者自身的移动互联网营销知识体系和技能储备。本书从移动互联网营销重点知识认知入手，循序渐进地展现移动互联网营销思维架构全貌，从推广工具和营销策略两个层面满足技能提升的需要，继而在技能准备的基础上提高到企业移动互联网营销策划实施高度，并通过案例剖析展示具体实战过程，形成面向企业的系统性移动互联网营销思维。

本书适合作为高等院校电子商务及相关专业学生使用，也适合作为企事业单位在职人员的参考用书。

图书在版编目（CIP）数据

移动互联网营销 / 段建，安刚主编 . —北京：
中国铁道出版社，2016.11（2017.9 重印）
（移动应用系列丛书）
ISBN 978-7-113-22449-3

Ⅰ．①移… Ⅱ．①段… ②安… Ⅲ．①网络营销
Ⅳ．① F713.36

中国版本图书馆 CIP 数据核字（2016）第 257185 号

书　　名：移动互联网营销
作　　者：段 建 安 刚 主编

策　　划：唐 旭 吴 楠　　　　　　　　　　　　读者热线：（010）63550836
责任编辑：吴 楠
封面设计：乔 楚
责任校对：绳 超
责任印制：郭向伟

出版发行：中国铁道出版社（100054，北京市西城区右安门西街 8 号）
网　　址：http://www.tdpress.com/51eds/
印　　刷：中国铁道出版社印刷厂
版　　次：2016 年 11 月第 1 版　　　　2017 年 9 月第 2 次印刷
开　　本：787 mm×1 092 mm　1/16　印张：12.25　字数：306 千
书　　号：ISBN 978-7-113-22449-3
定　　价：42.00 元

▶ 总　序

加快推进网络信息技术自主创新，加快数字经济对经济发展的推动，加快提高网络管理水平，加快增强网络空间安全防御能力，加快用网络信息技术推进社会治理，加快提升我国对网络空间的国际话语权和规则制定权，是我国制定并实施的网络强国战略。

习近平主席在中共中央政治局集体学习时强调，"网络信息技术是全球研发投入最集中、创新最活跃、应用最广泛、辐射带动作用最大的技术创新领域，是全球技术创新的竞争高地。我们要顺应这一趋势，大力发展核心技术，加强关键信息基础设施安全保障，完善网络治理体系。"他还强调，"要改革科技研发投入产出机制和科研成果转化机制，实施网络信息领域核心技术设备攻坚战略，推动高性能计算、移动通信、量子通信、核心芯片、操作系统等研发和应用取得重大突破。"

习近平主席指出，"随着互联网特别是移动互联网发展，社会治理模式正在从单向管理转向双向互动，从线下转向线上线下融合，从单纯的政府监管向更加注重社会协同治理转变。我们要深刻认识互联网在国家管理和社会治理中的作用，以推行电子政务、建设新型智慧城市等为抓手，以数据集中和共享为途径，建设全国一体化的国家大数据中心，推进技术融合、业务融合、数据融合，实现跨层级、跨地域、跨系统、跨部门、跨业务的协同管理和服务。要强化互联网思维，利用互联网扁平化、交互式、快捷性优势，推进政府决策科学化、社会治理精准化、公共服务高效化，用信息化手段更好感知社会态势、畅通沟通渠道、辅助决策施政。"——《人民日报》（2016年10月10日01版）

李克强总理也曾在2015年3月5日的政府工作报告中首次提出"互联网+"行动计划。"互联网+"实际上是互联网发展的新形态、新业态，是知识社会创新推动下的互联网形态演进。新一代信息技术发展催生了物联网、云计算、社会计算、大数据等新一代信息技术的新形态，并进一步推动知识社会以用户创新、开放创新、大众创新、协同创新，改变了我们的生产、工作、生活方式，也引领了创新驱动发展的"新常态"。

移动互联网是一个全国性的、以宽带IP为技术核心的，可同时提供语音、传真、数据、图像等高品质电信服务的新一代开放的电信基础网络，是国家信息化建设的重要组成部分，是国家战略性新兴产业。在最近几年里，移动互联网成为当今世界发展最快、市场潜力最大、前景最诱人的业务，它们的增长速度是前所未有的。

目前，移动互联网产业链生态初步形成，市场规模稳步提升，特别是近年来在 3G 和 4G 快速普及的基础上，逐步迎来爆发式增长，已经成为全球最大的移动互联网用户市场。随着无线通信技术的发展，以及智能终端用户的增加，人们对移动物联网应用状况和发展前景日益关注，需求日益增加。移动互联网的迅猛发展和普及在深刻地改变着人们的生活方式，4G 的迅速推广也给移动商务和移动服务的各类业务注入了新的活力，便捷和先进的支付工具正逐渐显现出其巨大的发展及应用潜力。

目前移动服务的应用也在世界范围内蓬勃发展，显现出其巨大潜力。它的跨界和融合特点，更驱动移动业务广泛的涉及面，是融合各个相关行业且有着鲜明特色的新兴产业，商机无限的同时需要各行业的开发和合作才能结出硕果。伴随 4G 和 5G 时代的到来，移动网络应用越来越丰富，全面覆盖政务、公共事业、交通、医疗、教育、娱乐、金融、旅游、生活就业、消费购物等多类应用。

《"十二五"国家战略性新兴产业发展规划》"高端软件和新兴信息服务产业发展路线图"的"重大行动"中要求，要"推动大型信息资源库建设，积极培育云计算服务、电子商务服务等新兴服务业态，促进信息系统集成服务向产业链前后端延伸，推进网络信息服务体系变革转型和信息服务的普及，利用信息技术发展数字内容产业，提升文化创意产业，促进信息化与工业化的深度融合。"

正因为各行各业和互联网的联系越来越紧密，应市场需求和人才教育的需求，中国铁道出版社组织编写此套系列丛书，力求满足高校教育和移动应用领域人才培养及行业需要，以现有的知识为支撑，融入最新的相关移动应用技术和应用案例，紧跟"互联网＋"时代步伐，注重理论和实践结合，围绕"互联网＋"的时代背景，阐述了行业的变革，保证该系列丛书内容的先进性。丛书体系完整、层次清晰、语言生动、通俗易懂，为人们认识、学习移动应用知识和实践提供帮助。

本系列丛书集聚了移动应用领域众多专家和学者，以及实践者，大家共同帮助，将为新一代信息技术的发展，为推进"三网"融合、推动我国信息技术应用与国家信息化建设在更高层面、向更广领域纵深发展贡献一分力量。

2016 年 10 月

前　言

在扑面而来的移动互联网时代，营销模式正在遭受一场前所未有的革命，更快的4G 网速、功能强大的智能手机或平板计算机、生机勃勃的应用商店和引人关注的各种诸如全屏或可拓展式广告，这些都使得移动 APP 比既有媒体更有竞争力，也使得移动互联网营销逐渐成为主流。目前，移动互联网营销已点燃了一场新的商业营销大战的硝烟，现代企业开展移动互联网营销已是时不我待，谁真正掌握和运用好了移动互联网营销这一商业利器，谁就是现在和未来市场的大赢家！作为电子商务新型人才更应顺应市场的发展，掌握移动互联网营销知识和技能，提升实践能力。

由于移动互联网营销近两年才进入大学本科课堂，目前在我国全面介绍移动互联网营销的书籍还很少，诸多企业和从业人员根本无指导书籍可看，对移动互联网营销更缺乏足够的理解，更难以全面、系统地了解移动互联网营销的内涵和实际应用，再加上传统教学与行业应用的脱节，使得在校学生在毕业以后无法更好、更快地融入企业运作之中。于是，笔者结合多年移动互联网营销工作经验与教学过程中积累的理论知识和实战经验，将企业化工作流程引入教学之中，形成了这本《移动互联网营销》。

本书分 4 个部分，共 10 章：

第 1 部分：移动互联网营销认知。本部分通过介绍移动互联网、移动互联网营销概述、移动互联网营销现状及未来发展趋势等内容，使读者能够理解移动互联网营销的模式、优势等基础理论知识。同时本部分结合实际案例介绍了互联网思维、"互联网 +"和粉丝经济的相关内容，以求进一步提升读者对移动互联网营销的认知。

第 2 部分：移动互联网营销平台搭建。本部分分两章，分别介绍了微网站与微店搭建、APP 营销平台搭建的相关知识及技能要点。以真实平台搭建为例，建立企业微网站，制作企业 APP，为企业后续开展移动互联网营销工作奠定基础。

第 3 部分：移动互联网营销工具方法。本部分分六章，介绍了企业开展移动互联网营销的利器，即二维码与 H5 引流、内容营销、微信营销、微博营销、社群营销及移动广告，分别介绍了这些工具方法的特点与选择策略，详细介绍了各工具方法的具体策划与营销过程。

第 4 部分：APP 的运营与推广。本部分主要介绍 APP 运营与推广相关知识点和技能点，主要包括影响 APP 排名因素、AARRR 模型、APP 产品定位及竞品分析、APP

推广实施及效果监控。通过实际案例分析 APP 上线前、上线中、上线后的一系列工作内容，使读者从中掌握 APP 推广的实施技能，并能够灵活应用于企业运营当中。

本书按学习理解流程的线性发展由浅入深地进行讲解，旨在培养读者拥有统筹设计移动互联网营销战略的视野和能力。本书通过众多实战案例，帮助读者认知移动互联网营销、搭建移动平台、策划移动推广，读者在学习后，不仅能理解移动互联网营销的理论知识，更能根据行业的实际情况，参照本书中案例举一反三学以致用，找到营销致胜的高招。

在编写本书的过程中参考和引用了一些网站和纸质媒体发布的最新信息和数据，并得到了不少相关专家、教授的帮助和支持，在此一并表示感谢！

由于编者水平有限，书中不足之处在所难免，敬请广大读者批评指正。

编　者

2016 年 6 月

目　录

第 1 部分　移动互联网营销认知

第 1 章　移动互联网营销概念 ………………………………………………………… 2
1.1　移动互联网认知 ……………………………………………………………… 2
1.2　移动互联网营销概述 ………………………………………………………… 6
1.3　移动互联网营销宏观环境与未来趋势 ……………………………………… 14
1.4　互联网思维、"互联网 +"与粉丝经济 ……………………………………… 19
1.5　网红经济与直播经济 ………………………………………………………… 24
1.6　同步训练 ……………………………………………………………………… 27

第 2 部分　移动互联网营销平台搭建

第 2 章　微网站与微店搭建 …………………………………………………………… 30
2.1　微网站搭建 …………………………………………………………………… 30
2.2　微店搭建 ……………………………………………………………………… 33
2.3　案例解析——小熊维尼鲜花店微店搭建 …………………………………… 36
2.4　同步训练 ……………………………………………………………………… 39
第 3 章　APP 营销平台搭建 ………………………………………………………… 41
3.1　APP 营销认知 ………………………………………………………………… 41
3.2　APP 设计 ……………………………………………………………………… 44
3.3　案例解析——蚂蜂窝自由行 APP …………………………………………… 47
3.4　同步训练 ……………………………………………………………………… 53

第 3 部分　移动互联网营销工具方法

第 4 章　二维码与 H5 引流 …………………………………………………………… 56
4.1　二维码营销 …………………………………………………………………… 56
4.2　H5 营销 ……………………………………………………………………… 59
4.3　案例解析——嘎嘎秀商城二维码与 H5 营销案例 ………………………… 68
4.4　同步训练 ……………………………………………………………………… 76
第 5 章　内容营销 ……………………………………………………………………… 78
5.1　认识内容营销 ………………………………………………………………… 78

5.2　内容营销的设计 ·· 82

5.3　案例解析——上海大众公司内容营销策划案例 ······················· 88

5.4　同步训练 ··· 91

第 6 章　微信营销 ··· 93

6.1　认识微信营销 ··· 93

6.2　微信营销实施 ··· 94

6.3　案例解析——可口可乐微信营销案例 ·· 98

6.4　同步训练 ··· 102

第 7 章　微博营销 ··· 104

7.1　认识微博营销 ··· 104

7.2　微博营销策划与实施 ·· 107

7.3　案例解析——2014 央视春晚"让红包飞"微博营销案例 ··············· 112

7.4　同步训练 ··· 118

第 8 章　社群营销 ··· 121

8.1　认识社群 ··· 121

8.2　社群构建 ··· 124

8.3　社群营销 ··· 131

8.4　案例解析——C 实习社群营销案例 ·· 134

8.5　同步训练 ··· 137

第 9 章　移动广告 ··· 138

9.1　认识移动广告 ··· 138

9.2　移动广告的展现形式 ·· 140

9.3　移动广告的投放 ·· 146

9.4　案例解析——携程旅行网移动广告战略布局 ································ 148

9.5　同步训练 ··· 153

第 4 部分　APP 的运营与推广

第 10 章　APP 运营与推广 ··· 156

10.1　认识 APP 运营与推广 ·· 156

10.2　APP 运营与推广的实施 ··· 160

10.3　案例解析——滴滴出行 O2O 移动营销案例 ································ 165

10.4　同步训练 ··· 184

参考文献 ··· 186

第 1 部分
移动互联网营销认知

　　错过了移动互联网，就等于错过了一个时代。移动互联网的兴起，继互联网之后，再一次带来了挑战与机遇！几乎所有人都看到了移动互联网的价值与前景，但是如何抓住机遇，很多人却找不到方向。移动互联网是未来的发展趋势，是人的聚集地。要做营销，自然就要到人流量大的地方去，所以移动互联网成为了营销的必争之地。

　　从传播和营销的角度来讲，从互联网到移动互联网，变化是巨大的。信息入口被碎片化，用户时间被碎片化，原有的营销思想、营销工具、营销方式和营销理论体系亟待重建。这是摆在大家面前的一个难题，如果想要拥抱移动互联网，实现快速转型与升级，必须突破这个难关！

第 1 章　移动互联网营销概念

　　移动通信和互联网是当今世界发展最快、市场潜力最大、前景最诱人的两大业务，移动互联网成为众多企业开展营销活动的新平台。在移动互联网时代，消费者行为发生变化，营销模式则更强调以用户需求为中心，消费者拥有更大的主动性和主导权，在购买过程中主动通过搜索实现精准定位，同时通过分享对其他消费者造成影响。移动互联网时代的营销不再是个体行为，而是一个网络行为，所有用户参与营销过程，受众之间相互进行对话、交互，相互影响，是一个多对多的过程，更强调受众之间的扩散性、交互性以及精准性，在营销特点上表现为更高的客户细分度、更短的营销渠道以及更强的互动性。

　　学生通过本章的学习应达到以下目标：

知识目标

- 了解移动互联网时代的特点、发展现状和趋势；
- 了解移动互联网用户的消费特点；
- 了解移动互联网营销的特点；
- 熟悉移动互联网营销的 4D 模型、AISAS 模型和关键价值模型；
- 熟悉移动互联网营销的精准营销和社会媒体营销模式；
- 了解移动互联网营销的现状和未来发展趋势；
- 了解什么是粉丝经济、互联网思维和"互联网 +"。

能力目标

- 初步具备移动互联网营销思维；
- 能够简单分析移动互联网营销的营销模式。

1.1　移动互联网认知

　　在我国互联网的发展过程中，PC 互联网已日趋饱和，移动互联网却呈现井喷式发展。伴随着移动终端价格的下降及 Wi-Fi 的广泛铺设，移动网民呈现爆发趋势，随时随地上网已经成为常态（见图 1-1）。

图 1-1　随时随地上网

移动互联网（Mobile Internet，MI）是一种通过智能移动终端，采用移动无线通信方式获取业务和服务的新兴业务，包含终端、软件和应用三个层面。终端层包括智能手机、平板计算机、电子书、MID（Mobile Internet Device）等；软件包括操作系统、中间件、数据库和安全软件等。应用层包括休闲娱乐类、工具媒体类、商务财经类等不同应用与服务。随着技术和产业的发展，未来，LTE（Long Term Evolution，长期演进——4G 通信技术标准之一）和 NFC（Near Field Communication，近场通信——移动支付的支撑技术）等网络传输层关键技术也将被纳入移动互联网的范畴之内。

移动互联网是移动通信与互联网相结合的产物，主要有宽带和窄带两种形式。宽带移动互联网是指移动终端通过宽带无线通信网络采用 HTTP 协议接入公共互联网；窄带移动互联网则采用 WAP 协议接入，其移动终端主要是智能手机。智能化移动终端以及终端应用程序的大量涌现，带来了移动互联网应用市场的蓬勃发展，用户的使用行为和消费习惯也随之改变。借助于移动互联网，可以便捷地完成诸如信息收集、洽谈交易、咨询服务、资金支付等多种商务活动，移动互联网因而成为企业营销的重要媒介。移动智能终端和终端应用程序见图 1-2。

(a) 智能终端

(b) 终端应用程序

图 1-2　移动智能终端和终端应用程序

1.1.1　移动互联网时代的特点

移动互联网源于互联网，但移动互联网不等同于"移动＋互联网"，它继承了移动通信随时、随地、随身和互联网分享、开放、互动的优势，不是简单的加法，而是乘法，是将互联网和移动通信充分融合，是合二为一的"升级版"。它以前所未有的用户普及速度，无处不在的内容、应用与服务，以及对过去用户运营商、开发者之间的商业模式瓶颈问题的破解，迅速地完成了时代王朝的更替，由 PC 互联网时代转向移动互联网时代。移动互联网时代的特点有：

（1）便携。移动互联网终端以手机和平板计算机为主，现在市场上也出现了智能手环、智能手表和智能眼镜等随身设备，这些设备在"智能化"以前就是人们随身携带的物品，因此这些智能设备与以往相比并没有增加用户使用中的不便，便携性能依然优越。

（2）便捷。移动互联网与"传统"互联网不同，能够通过不同的方式与互联网相连，只要有移动网络就能联网，不再依赖于接线插口或其他端口，因此使用过程中更加便捷。

（3）及时。移动互联网使人们能够利用"碎片时间"处理一些简单事物，例如收发简单的邮件或接受工作指令。如果用户愿意，可以 24 小时都联网接收和处理信息，不会再有重要信息被错过。

（4）强制。移动互联网的"强制性"是一种相对的特点，与"传统"互联网相比，移动互联网使人们习惯于不断查看手机或其他移动设备，每一条信息都有声音或其他提示，这使用户不得不及时处理这些信息。这也体现了移动互联网的软性强制性。

（5）封闭。相对于"传统"互联网来说，移动互联网由于基于移动通信信号，因此可以说与用户的手机号码"绑定"了，而无论用户是否用手机号码在各大网站注册。相对于"传统"互联网来说，监控范围更广泛，人们的视角也相对更加封闭。

1.1.2 移动互联网现状及其发展趋势

计算机和网络技术的发展已经到了极为迅速的程度，在此基础上，随着移动通信技术的成熟和发展，我国的移动互联网成为新的发展先锋。由于移动互联网比基于 PC 端的"传统互联网"更加方便、快捷，因此更受人们的青睐，同样也引起了市场和企业的注意。大量行业龙头借助移动互联网实现了扩张，而一些原本发展乏力的行业焕发了生机。

1. 移动互联网发展现状

（1）移动化逐渐完成。随着移动互联网的发展，原来的 PC 网络业务逐渐被迁移到移动互联网的终端，例如邮件、即时信息、浏览器、多媒体播放器等，而原来一些通过网页访问的网站也都为移动设备提供了相应的应用（APP）。

（2）娱乐化仍在加强。移动互联网的主要终端是智能手机，用户平均年龄虽然正在向高龄迁移，但依然以青年人为主，出于缓解压力的需求，移动互联网依然体现出较强的娱乐性，音乐、视频、手机游戏类应用的广泛应用可见一斑。

（3）区域化分化明显。由于我国省份较多，区域化明显，各地区发展不均衡，因此不同区域内人们对移动互联网的需求各不相同，受到当地经济、技术、学术发展水平的影响较大。这吸引了一部分移动互联网服务的提供者着眼于区域，提供有特色的区域性服务。

（4）功能化尚需加强。移动互联网虽然倍受瞩目，但现有的基于移动互联网的服务依然趋于同质化，也有一些行业依然采取旧的思路在运营，互联网只是噱头而没有成为他们真正的工具。

2. 移动互联网发展趋势

（1）应用娱乐化成为主流。娱乐服务，包括音乐、视频以及游戏等，相比其他服务更加契合人们减压、放松的需求，随着未来人们工作压力进一步加大，可以预见这类服务将逐渐成为主流，与之相关的社交服务也将继续强劲地增长。

（2）信息来源多样化。未来的多媒体技术将会随着移动互联网的发展而逐渐展现出其在信息提供方面的优势。未来的新闻、信息等将以更加多样化的渠道展现在人们面前，吸引人们的注意。例如，当前广告的形式就从过去的平面广告发展成视频广告或片头广告，现在已经实现"即点即购"，即在视频广告中看到的物品均能够通过点击直达网上店铺。

（3）业务发展多元化。未来，移动互联网的发展将不再局限于现有功能，也不再局限于现有终端，而是会打通固定端和移动终端的渠道，服务也将更贴近生活，面向企业的应用也会逐渐向缩减管理流程倾斜，而不只是服务于营销和品牌塑造。新形式的移动广告、移动支付、移动物联网等都会获得新的发展和应用。

（4）搜索是重中之重。无论是传统互联网还是移动互联网，对于搜索的要求都是非常大的，通过搜索可以给企业带来流量，因此，移动搜索仍然是移动互联网时代的主要应用。

（5）LBS 是未来趋势。基于本地化的位置服务（Location Based Service，LBS）将会在未来发挥巨大的作用，它是移动互联网时代的一个突破性发明，传统互联网和移动互联网的最大差别就是后者非常本地化，在 LBS 方面具有非常大的优势，企业可以把用户在其位置的信息进行更多的整合服务。

1.1.3　移动互联网用户消费特点

易观智库产业数据库 2015 年 12 月 20 日发布的《中国移动互联网市场季度监测报告》数据显示，2015 年第 3 季度，中国移动互联网用户规模达到 7.8 亿人，环比增长 4.8%，同比增长 10.2%（见图 1-3），这得益于流量资费的持续下降以及 4G 用户的爆发式增长。

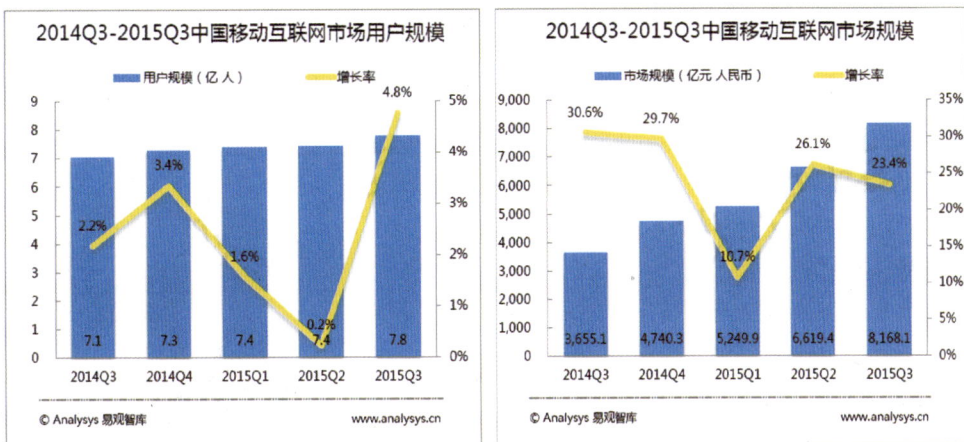

图 1-3　2014Q3—2015Q3 中国移动互联网用户规模和市场规模

在 2015 年第 3 季度，移动互联网市场规模达到 8168.1 亿元人民币，环比增长 23.4%，同比增长 123.5%。其中，流量费占据了 9.9%，首次跌破 10%；移动购物占比 64.2%，网上零售市场的"移动化"时代已正式到来；此外，移动娱乐和移动营销分别占比 2.3% 和 3.1%，移动营销市场规模达到 255.2 亿元人民币，环比增长 15.3%，同比增长 90.3%。移动生活服务首次突破 20%，市场份额持续扩大，达到了 20.5%，旅游、团购和出行领域是增长的主要来源。

随着生活节奏的加快，人们很少有整段的时间去逛街购物，闲暇时间十分零碎，实体店对消费者的购物时间和地点存在很大的限制，已经逐渐满足不了人们的购物需求。移动互联网技术、智能终端以及终端应用程序不断发展和更新，现在人们可以随时随地上网进行购物、搜索比价、查询信息、浏览自己感兴趣的新闻等。2014 年第 3 季度至 2015 年第 3 季度中国移动互联网市场结构见图 1-4。

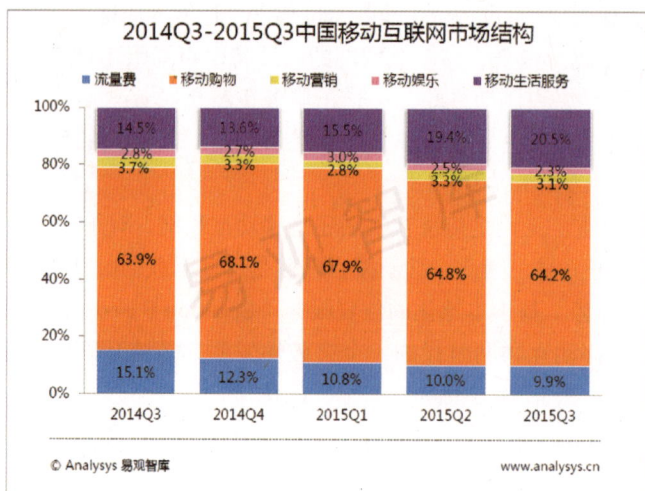

图 1-4　2014Q3—2015Q3 中国移动互联网市场结构

移动互联网时代的用户消费特点主要表现在以下几个方面：

1. 消费移动化、碎片化

随着智能手机以及移动互联网技术的发展，智能手机用户可以利用上下班、入睡前等碎片时间进行购物，并且可以在很短的时间内浏览大量的商品，不受时间与地点限制地对各个店铺的性价比进行比较，最终选择自己心仪的商品。

2. 消费需求呈现个性化

随着科学技术和时代的发展，人们逐渐摆脱了工业时代的标准化，在信息化的时代，更加注重个性的张扬，新成长起来的消费者群体具有十分鲜明的个性化需求，我国的模仿型排浪式消费阶段已经基本结束。

3. 消费入口呈现多元化

在智能手机与移动互联网技术流行的今天，各种各样的手机客户端给用户提供了很大的便利，用户买东西可以直接打开天猫、淘宝客户端，想聊天可以直接打开微信、QQ客户端，用户所有的需求都被细化成每一个客户端，实现了用户消费入口的多元化（见图1-5）。

图 1-5　多元化的用户消费入口

4. 消费决策逐渐理性化

俗话说"货比三家"，消费者对不同店家的同种商品进行比较，可以形成理性、合理的消费习惯，但是在传统的消费模式下，碍于路程等原因，消费者很难做到货比三家，但随着人机互动技术的成熟，消费者能够便捷地对多个店家的同种商品进行对比，再进行购买。手机移动平台有搜索功能，用户不断添加关键词可以缩小搜索范围，更快、更加准确地找到目标商品。此外，多种第三方平台的兴起也为消费者提供了更多的消费参考。

1.2　移动互联网营销概述

移动互联网环境下，人们的上网习惯、消费习惯、娱乐习惯等生活方式都发生了很多变化，2015年"双11"天猫总成交额912.17亿元，其中移动端成交占比68.67%，由此可见一斑。大众的目光、时间、消费都转移到了移动端，于是商家开发大量的手机APP来吸引大众的注意力，人们的手机中也因此充满着大量的信息，如新闻、广告、娱乐、社交、游戏等。

移动互联网营销简称移动营销，是指使用手机、掌上计算机、笔记本式计算机等移动通信设备与无线上网技术相结合所构成的一个互联网营销体系。同时，采用国际先进移动信息技术，整合了互联网与移动通信技术，将各类网站及企业的大量信息及各种各样的业务引入到移动互联网中，为企业搭建一个适合业务和管理需要的移动信息化应用平台，提供全方位、标准化、一站式的企业移动商务服务和电子商务的全新营销策略。

1.2.1　营销理论的发展

自 1964 年市场营销组合概念被提出以来，随着历史发展，其理论也经历了从 4P 到 4C、4R、4D 的发展历程，如图 1-6 所示。

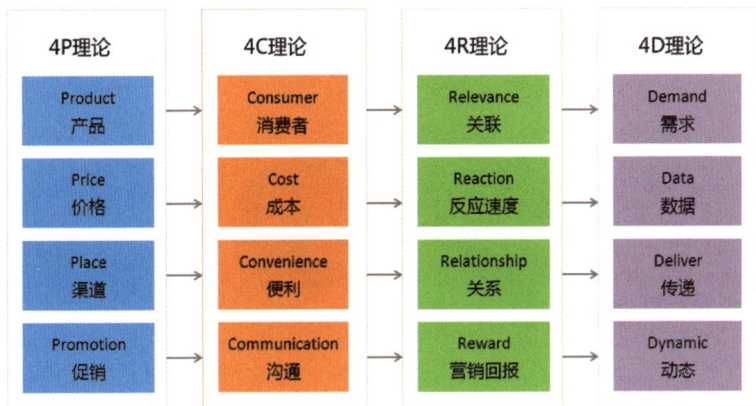

图 1-6　4P、4C、4R 和 4D 理论演变

20 世纪 60 年代美国营销学学者、密西根大学教授杰罗姆·麦卡锡提出了著名的 4P 营销组合策略，即产品 (Product)、价格 (Price)、渠道 (Place) 和促销 (Promotion)。4P 理论以满足市场需求为目标，是一种静态的营销理论，没能把消费者的行为和态度变化做为市场营销战略的重点，使得这一理论不能完全适应市场的变化。

1990 年，美国学者劳特朋 (Lauteborn) 教授从消费者角度出发，提出了与传统营销理论 4P 相对应的 4C 理论，即消费者的需求与欲望 (Consumer Needs and Wants)、消费者愿意付出的成本 (Cost)、购买商品的便利 (Convenience) 和沟通 (Communication)。在 4C 理念的指导下，越来越多的企业更加关注市场和消费者，与顾客建立一种更为密切和动态的关系。

20 世纪 90 年代中期，美国学者唐·舒尔茨顺应营销实践发展提出了 4R 理论，即与顾客建立关联（Relevance）、提高市场反应速度（Reaction）、建立长期和稳固的关系（Relationship）、重视营销回报（Reward）。4R 理论强调企业与顾客在市场变化的动态中应建立长久互动的关系，以防止顾客流失，赢得长期而稳定的市场。

以上三种理论中，4P 营销理论站在企业的角度来思考问题，是营销的一个基础框架；4C 营销理论站在客户的角度来思考问题，但是他们没有侧重从企业整体运作的角度看待问题，更没有侧重从营销的核心目的去分析问题。4P 和 4C 营销都是对营销过程中重点元素的静态描述。4R 则是二者综合提炼的结果，它满足营销的核心，而且是一个动态的过程。但 4R 营销理论仍是"粗放"型的，远没达到"一对一"的"精细"化程度。

在移动互联网经济时代，信息沟通在互联网的影响下，认知和行为逐渐改变，例如媒体的多元化、信息的碎片化、活动的社群化、行为的网络化和社交化。相对传统营销时代，信息的不对称被逐渐打破，消费者的话语权在回归，消费意识在觉醒，4D 模型（需求 Demand、数据 Data、传递 Deliver、动态 Dynamic）由此产生。

1.2.2 移动 4D 营销理论模型

移动互联网经济时代，涵盖 Demand（需求）、Dynamic（动态）、Deliver（传递）、Data（数据）四大关键要素的 4D 营销理论模型，以消费者需求为基础，以互联网思维为灵魂，重新定义企业营销模式。4D 营销理论模型见图 1-7。

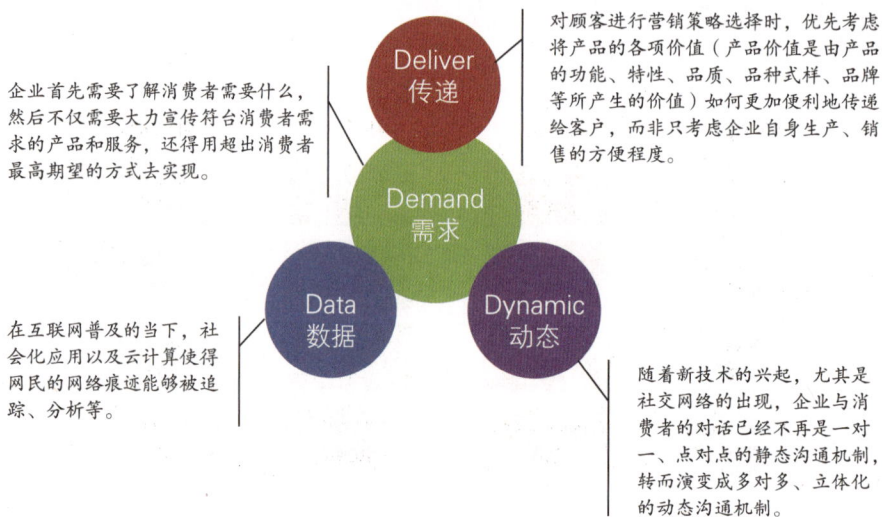

图 1-7　4D 营销理论模型

1. Demand（需求）——聚焦消费者需求策略

作为市场营销理论的基石，Demand（需求）经历了从产品本位（以"消费者请注意"为宣传理念）、消费者本位（以"请注意消费者"为座右铭）到聚焦用户需求策略（以"我了解消费者"为核心竞争力）的演化。

在 4D 模型下的聚焦用户需求策略中，对于消费者而言，移动互联网时代下获取信息的方式日渐多元化。对于企业而言，他们不再被动地生产过时的产品，而是主动预测消费者将来的需求，创造出消费者尚未意识到需要的产品。而科技的发展为企业获取消费者全方位的信息、分析和预测市场需求提供了条件，获取和掌控消费者需求信息也被视为企业的一种能力。

2. Dynamic（动态）——企业与消费者动态立体式沟通

随着新技术兴起，尤其是社交网络的出现，企业与消费者的对话已经不再是一对一、点对点的静态沟通机制。通过社交网络传播模式（见图 1-8），用户可以看到信息在社交网络上的传播过程。

随着互联网的普及，消费者对于品牌的感知和购买决定逐渐深受网络和社交媒体的影响。用户可以通过网络上的用户评论平台，与其他用户分享他们对于产品、服务和体验的评论，网络口碑逐渐形成。研究发现，网络口碑能够通过消除不一致认知等手段，帮助用户决定购买何种商品，而且用户更容易采纳与自己有相同经历的用户评论，而不是别的一些搜索结果。

口碑营销在低成本下快速传播，也给商家带来了机会。企业在与目标消费者沟通的同时，也需要和目标消费者喜欢的社交网络意见领袖进行沟通。

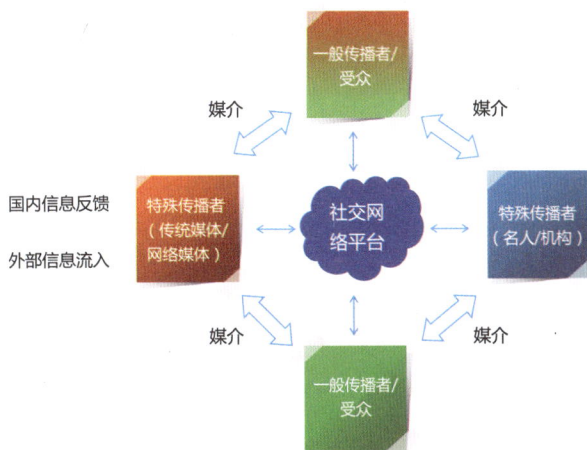

图 1-8　社交网络传播模式

　　具体来说，这种沟通有以下几种形式：①线上线下闭环，即统一线下活动和线上宣传，反复推动，由线上发起线下活动，再由线下活动引发线上讨论，形成闭合回路。②多渠道整合传播，即整合多种传播渠道，多管齐下，以一个声音覆盖所有媒介，吸引消费者注意力。③病毒式口碑传播，即通过体验建立口碑，由意见领袖或活跃个人传播，由点及面逐渐引起追捧和发酵，形成如病毒蔓延般的传播趋势。

　　企业只有转变为立体、动态的沟通机制，才能达到实时响应，全面覆盖。

3. Deliver（传递）——直接把产品价值传递给消费者

　　传统的渠道原则和便利策略既无法有效识别消费者的需求，又无法以最快的速度响应消费者的需求。新互联网经济时代，营销渠道向"移动化"升级，把握每一个消费者关注的机会、快速完成交易成为关键。

　　在价值传递模式中，顾客化定制原则以顾客为中心，企业无须增加任何额外的制造能力，而顾客逐渐参与到越来越多的核心运作过程中，企业运作由顾客订单驱动。顾客化定制比大量定制在营销方面更加个性化，顾客参与的环节和控制权更多，提供了创造更大价值的可能性。

　　在目前的阶段，渠道下沉、O2O 模式以及顾客参与式体验均是这一原则的典型代表。以O2O 模式为例，它要求企业在零售商品的"五流"（客流、商品流、信息流、资金流、物流）中都积极向客户传递与产品价值有关的信息：从 PC 端到移动端都有产品的图片、其他用户的评价等相关信息传递给消费者；用户付款后可以对产品进行评价；企业也可以及时修改产品设计以满足消费者新的需要；在物流过程中，消费者可以实时跟踪产品的位置，企业还可以中途取消、修改、追加订单。

　　这种模式的特征是，把渠道简化至"生产商—消费者"模式，或者采取"消费者—定制—生产—消费者"模式，不经过中间更多环节，直接把产品的价值传递给消费者。随着购物时间扩展到了全天候，购物空间大大延伸，价值传递过程的渠道更加丰富，销售量增长，产业链优化，消费者个性化需求得到满足。

4. Data（数据）——精准定位个性化营销

　　随着搜索引擎、社交网络的普及以及"人手一机"的智能移动终端应用，移动互联网时代信息承载的方式日趋丰富。人们的地理位置、年龄、社交活跃度、购物记录、性格特征等都可以通过网络数据获得。

维度众多、动态变化的数据首先为企业分析消费者的行为和特征提供了基础。随着企业发展从粗放型向集约型转变，经营管理决策也向着精细化管理的方向过渡。离开了精确的、具有前瞻性的数据分析工作，企业的精细化管理、正确的经营管理决策以及快速的降本增效也就无从谈起。

数据分析工作的下一步就是精准定位，而精准定位的结果就是个性化营销。在这一过程中，企业以数据为基础，通过进一步的挖掘和分析，找到这些数据相对应的人群，再针对这些群体进行个性化的对比，以此展开"一对一"的服务，令顾客的个性化需求得到满足。

传统的营销模型在互联网思维的冲击下已不能很好地指导当前企业的营销实践，4D 模型契合了移动互联网时代背景，以消费者需求为基础，以互联网思维为灵魂，重新回归商业的本质，让电子商务真正发生于生产者和消费者之间，促进双方的良性互动。

1.2.3　AISAS 模型

在移动互联网时代，营销模式正从传统的 AIDMA 营销模式（Attention 注意、Interest 兴趣、Desire 欲望、Memory 记忆、Action 行动）逐渐向含有网络特质的 AISAS（Attention、Interest、Search、Action、Share）模式发展（见图 1-9）。

AISAS 模式是由电通公司针对互联网与无线应用时代消费者生活形态的变化而提出的一种全新的消费者行为分析模型。强调各个环节的切入，紧扣用户体验。AISAS 模型的具体含义为：

Attention——创意引发受众兴趣 / 注意力；

Interest——创意的互动性让受众产生参与的兴趣；

Search——用户开始思考 / 搜索 / 寻找 / 诉求相关的信息，包括搜索引擎、品牌官网、购物网站站内搜索，如淘宝、京东、一淘（购物搜索、比价）、导购媒体等；

Action——在对品牌、诉求有足够了解后，产生互动参与行为和购买行动；

Share——最后分享产品的消费体验，形成口碑。可以以 Share 出发做体验和互动设计，吸引媒体以新闻、事件的方式报道，形成媒体与消费者个人交换传播。

图 1-9　AIDMA 与 AISAS 模式

在全新的营销法则中，两个具备网络特质的"S"——Search（搜索）和 Share（分享）的出现，指出了互联网时代下搜索和分享的重要性，而不是一味地向用户进行单向的理念灌输，充分体现了互联网对于人们生活方式和消费行为的影响与改变。

AISAS 模型中的 A+I 代表从兴趣 / 注意力开始的心理变化（以内容创意为主，碎片、事件、故事等，内容形式包括视频、图片、文字），SAS 是行为互动的过程，"接触即购买"，利用互联网和移动技术，如二维码、APP 等。引发"A+I"的内容，会影响到 SAS 的每一个行为，形成循环，S（Share）行为所产生的内容又将进行二次或多次传播，产生口碑，形成闭合循环（见图 1-10）。而且可以特意设计，或者利用某种技术创造一个技术产品体验或活动事件，比如可口可乐的埃菲尔铁塔、拥抱送可乐等营销活动，雀巢在电影院设计星空体验，让消费者体验后，特别惊讶，而在现场会用手机分享，或者之后口碑传播，还会吸引各大媒体报道。Share 的量化后，就形成了导购的属性，这也是美丽说、蘑菇街兴起和流行的原因。

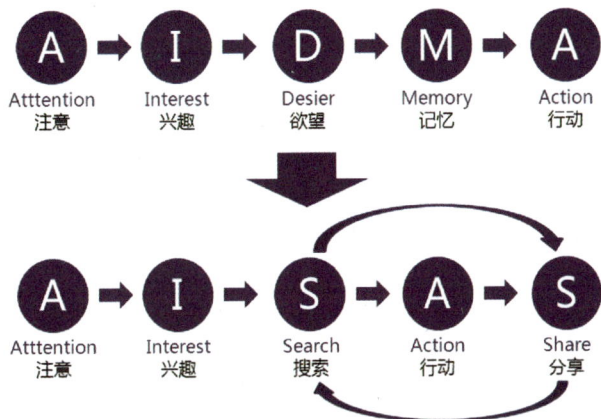

图 1-10　AISAS 模式的转变

下面通过小米手机案例进一步理解 AISAS 模型。

消费者通过电视、报纸、杂志、户外、互联网等媒体或智能终端传播、口碑传播等方式接触到小米的产品信息，通过全方位的传播引起潜在的消费者的注意（A），也实现普通大众与潜在消费者的分流。热衷于使用智能手机以及想要使用智能手机，但又考虑现有智能手机市场价格太贵的那部分消费者，这个群体无疑是广泛的。以"专为手机发烧友研发"的手机身份出现赢得"专业人士"的好感，继而形成消费。而借手机发烧友的"专业身份"以口碑形式向其他目标消费者宣传。一次次的发售吊足了消费者的胃口，网上排队抢号、排队枪机，让购买不到的消费者的购买欲望不断升级，同时也增加了旁观消费者的注意。在引起注意的前提下，普通大众对品牌营销传播信息的接触"点到而止"，而品牌真正的潜在消费者的兴趣（I）将被激发，在告知的基础上产生进一步了解品牌信息的需求，从而卷入品牌营销传播。潜在的消费者通过搜索（S）小米官网、小米社区、门户网站、微博等进一步了解产品信息。之后消费者采取行动（A）注册小米账号，拿到预约号在指定当天"抢购"。当消费者真正通过各种排号，"艰难"地抢号拿到手机的时候，他们买到的已经不是一部纯粹意义的手机。最后这批消费者通过口碑、微博、论坛等分享（S）评价、体验等影响其他消费者。

1.2.4　移动互联网营销关键价值 I^4=Value 模型

移动互联网营销是借助移动终端（手机为主）进行的营销工具和手段的系统化结合，根据不同的营销环境进行即时性的动态修正，使得营销主客体双方在交互中实现价值增值的营销理念与方法。

移动互联网时代下，移动营销关键价值归结为 I^4 = Value 模型，即

$$Individual \times Intelligence \times Interactive \times Integrated = Value$$

移动时代已经到来，以全新消费价值为基础，将精准个性、数据智能、沟通链接、融合高效的营销基因植入企业内核，形成全新的移动互联网营销价值网络。四大基因之间的互动关系非简单相加，而是在互联网生态下发生爆炸式的乘数效应，就移动价值完全释放。

Individual（精准个性）：一个移动设备就是一个消费个体，移动互联网营销是企业建立精准和个性化营销来满足不同消费个体差异化需要的能力的重要工具。企业通过移动营销手段和媒介与顾客的一次次接触而不断增加对顾客的了解，生产和提供完全符合单个顾客特定需要的个性化产品或服务。

Intelligence（数据智能）：数据及智能化是移动化基础特性，收集消费者数据、挖掘消费者行为，提高企业分析洞察能力，是其他价值实现的重要基础建设，是根据客户的需求来设计和采集的，而实际上大多数企业非常缺乏能够洞察客户行为和价值的客户信息，如人口统计数据、行为心理数据等。

Interactive（沟通链接）：移动互联网时代消费者把大量注意力及闲置时间投放到移动端，实现与目标消费者沟通和连接，提高互动活跃度的战场也随之转移到移动端。社交媒体、广告、企业 APP、移动电商等都是兵家觊觎之地。移动互联网营销"一对一"的互动特性，可以使企业与消费者形成一种互动、互求、互需的关系。这种互动特性可以甄别关系营销的深度和层次，针对不同需求识别出不同的分众，使企业的营销资源有的放矢。

Integrated（高效融合）：移动的一切都是源于生产生活方式往更高级形态进化，如今是移动互联网营销产品喷发期，营销方式的高效整合成为营销价值与效果的重要衡量标准。

1.2.5　移动互联网营销的优势

随着科技的发展和时代的进步，传统媒体日渐式微，一个以各种新兴通信和传播工具为基础的移动营销新媒体时代已经崭露头角！如今，在各种媒体数量激增，受众日益细分的格局下，消费者的媒体接触习惯已发生了根本改变。越来越多的消费者逐渐减少对传统大众媒体的依赖，尤其是网络媒体用户基本属于年轻群体，他们更乐于投入到方便快捷的移动互联网新兴媒体之中。

随着年轻一代的成长，移动营销的趋势演变成巨大的浪潮。移动营销与传统互联网营销相比有以下优势：

1. 不受时空限制的移动性

同传统的互联网营销相比，移动互联网营销的一个最大优势就是移动用户可随时随地获取所需的服务信息和娱乐项目。消费者不再需要固定自身地理空间来上网，他们可以在地铁上、在公交车上、在走路散步、在看电视等个性化自主的时空上，只要有网，只要有移动终端，便可实现消费行为。

2. 营销的高精准性

对于大多数企业而言，长期以来备受困扰的问题是：广告投放无法准确找到自身的目标受众。企业表示："我们都知道我们的广告费有一大半可能是浪费了，可是我们却不知道到底是浪费在了哪里。"这是悲哀的，也是无奈的。在移动互联网时代，企业可以利用大数据技术手段准确地对移动用户的行为进行分析，并且基于 LBS 地理位置进行精准定位推送营销信息，也就是在合适的时间、合适的地点做合适的事。

3. 信息的获取更为及时

通过便携、功能强大的智能手机装载应用从而聚合各种信息，人们更乐意从手机终端来获取自己所需要的信息，移动电子商务可实现信息被随时随地访问，这本身就意味着信息获取的及时性。但需要强调的是，同传统的电子商务相比，用户终端更加具有专用性。

4. 提供基于位置的服务

移动互联网能获取和提供移动终端的位置信息，与位置相关的商务应用成为移动电子商务领域中的一个重要组成部分，如 GPS 卫星定位服务、LBS 定位服务。

5. 支付更加方便快捷

在移动互联网中，用户可以通过移动终端访问网站、从事商务活动。服务付费可通过多种方式进行，可直接转入银行、用户电话账单，或者实时在专用预付账户上借记等，以满足不同需求。例如，微信支付、支付宝及各大银行的手机银行 APP 等。

6. 移动营销有效地降低了营销成本

移动营销不仅使企业宣传品牌的方式多元化，而且大大降低了营销成本。比如，过去很多企业花很多钱建一个官方网站，定期或不定期发布企业动态和产品信息，不停地更新网站和推广，但效果往往并不理想。而移动互联网营销提供了更多免费的开放平台，并且可以共享资源，比如社交类 APP、社区类渠道等。

移动互联网新媒体不仅提供低成本的平台，而且提供了低成本的传播。在传统媒体时代，很多品牌的信息要花巨资去推广，而在移动互联网时代，只要内容有创意，网民觉得有价值或有趣，他们就会疯狂地帮企业免费传播。比如，一篇有价值的朋友圈信息就能够覆盖数万用户。

一个不争的事实是，在社会化媒体的推波助澜下，信息传播的速度令人惊讶，几乎达到了一夜之间传遍天下的地步，这种成本低但见效不错的传播模式，在当前企业竞争激烈的情况下倍受欢迎。

7. 移动互联网营销提升了广告的创意空间

移动互联网发展使社区营销、精准营销、事件营销、病毒营销、数据库营销、反向沟通、互动体验、口碑传播、焦点渗透等各种新的广告形式和营销方法不断出现。创意可遇不可求，一旦拥有了创意，并通过用户的参与，其整个营销的效果就会极大提升。

移动互联网新媒体不断拓展新的营销传播方式和手段，弥补了传统媒体创意枯竭的问题。通过移动互联网新媒体这个载体，将更多创造性的元素融入整个营销传播当中，对于企业战略转型和整合营销传播的完善和发展都具有关键意义。而创意创新经济自身蕴涵着巨大的能量，创意元素成为当今企业和产品竞争中最为重要的一环。

8. 需求优势，加强消费者的购物效率

移动互联网营销是一种以消费者为导向，强调个性化的营销方式，它具有企业和消费者的极强互动性，从根本上提高了消费者的满意度，并且能满足消费者对购物方便性和随时随地的需求，省去了去商场购物的距离和时间的消耗，提高消费者的购物效率。

9. 巨大的数据库营销宝藏

移动互联网营销另一个好处，就是轻而易举地得到大量的用户信息。在大多数人看来，自己的信息只不过是交往时必要的谈资；但在网站中，用户就是精准的潜在消费者。目前的技术，完全有能力根据用户的基础信息和实时交流内容，通过语境和语义的分析，算出用户在哪方面有需求或有消费潜力。

为了交到志同道合的朋友或吸引粉丝，人们会努力地向网站提交精准的个人信息，而且完全自愿且主动。这些信息包括：姓名、年龄、职业、爱好、工作等，而用户在与朋友在线交流的过程中无意间又透露了最近的行踪、烦恼和开心的事情，工作中又遇到了什么问题，最近想

买一个 iPad 还是 iPhone 等。在越来越尊重个人隐私的大时代背景下，这些免费而主动的行为才是各企业争抢的资源和财富。

1.3 移动互联网营销宏观环境与未来趋势

1.3.1 移动互联网营销宏观环境

1. 技术革命推动社会变革

纵观人类历史，每一次社会变革往往都是在一种通用技术的支撑下发展起来的。在工业化时代，这种通用技术的代表是蒸汽机、煤、铁和铁路等，它们的重要性在于能够广泛地支撑其他行业快速进步。那么到了信息通信技术时代，互联网和大数据等就是可担重任的通用技术。

立身于社会变革的时代，每一个企业个体都在思考如何高效地接触消费者，与消费者形成良好的互动，建立密切的联系，完成营销目标，甚至超出预期。这些问题不再满足于一个答案，因为一切变化都是大变革中的小系统，我们应该站在社会宏观环境层面面对当下作出深度思考，才能永久屹立于不败之地。

2. 移动互联网营销变革金字塔

移动互联网营销的变革是置身于中国当前互联网时代的经济社会背景之下产生的化学反应，既有自上而下演绎的过程，也有自下而上推动变革的过程，彼此间形成互动，从而推动移动互联网营销加速度运行。

这里将移动互联网营销变革的金字塔结构（见图 1-11）分为三个层级：宏观经济与社会、移动"互联网＋"、消费者行为与营销者变革。每一层级都为这场变革增加驱动源，这里需要站在宏观战略层面思考各方力量。

图 1-11 移动互联网营销变革金字塔结构

3. 金字塔顶层——宏观经济与社会

移动互联网营销变革的主要特征是信息服务产业快速发展驱动经济，社会数字化、移动化变革加速。主要表现在：

（1）经济结构调整期加速信息服务产业发展

中国经济进入增长速度换挡期和向结构演进的阶段转换。推进工业化发展及逐步往以服务业为主导的经济结构发展，从服务业内部结构看，传统的房地产、零售等行业增长下降，但金融、电子商务、信息消费服务等行业快速增长。2013 年，中国消费型的互联网占 GDP 的 4.4%，预计 2013 年至 2025 年，互联网将帮助中国提升 GDP 增长率为 0.3 ～ 1.0 个百分点，对中国 GDP 贡献份额在 7% ～ 22%。

（2）信息服务消费带动消费市场升级

在宽带中国、信息消费、互联网＋、工业 4.0 等不断将信息技术与互联网推向国家战略高度背景下，新型信息消费热点不断涌现，带动消费市场的升级。

（3）互联网产业变革进程加快

信息产业中互联网产业发展进程加快，主要分三个阶段，分别是 PC 互联网、移动互联网和物联网。移动互联网、大数据等正在极大改变人类的生产和生活方式，2015 年上半年，移动互联网接入流量大幅增长，增速同比高达 93.6%。移动数据及互联网业务实现收入 1 513 亿，同步增长 39.3%。

（4）互联网产业背景下的经济社会变革

随着网络化、数字化进程加快，总的趋势是网络社会在推动各行各业全面转型，数字网络工具成为商业、个人及社会每日必须基本资源。

4. 金字塔中层——移动"互联网 +"

1）移动互联网发展生态渐显

移动网络连接、移动终端设备、应用服务、开发者及开发平台构成了以移动互联网为纽带的服务系统、商业生态系统。移动互联网与传统行业加速融合，开发与各类生活紧密关联的应用，移动化与生活形态相融合加速，成为重要的一环。

（1）网络连接及移动设备

2014 年以来，我国移动互联网用户数量进入中低速稳步增长时期，建成了全球最大的 4G 网络，中国移动互联网的用户、终端、网络基础设施规模持续稳定增长。

（2）应用开发及应用服务

移动应用开发者数量超过 300 万人，移动应用生态链初步形成，移动应用的高渗透率与高集中度并存，即时通信、移动支付、电子商务、视频、广告、阅读、医疗等各细分市场都获得长足进步，展现出勃勃生机。

（3）以用户为中心

移动互联网变革中，O2O 衍生而来的场景化应用，改变了以销售者为中心的场地经营模式，完全以用户为中心、以用户行走路线为流动轴，让用户自主选择，极具特色。

2）移动互联网全面渗透，市场发力迅猛

（1）移动互联网商业模式多样化，细分市场继续发力

移动互联网发展进入快车道，移动网络、终端、用户等方面打好坚实的基础，但是对于移动运营商来说，要将移动互联网融入生活和商业社会，为新型企业甚至传统企业所用并获得盈利，这一点尚需时日。

（2）移动互联网主战场正加速对服务业全面渗透

移动互联网对部分行业如和风细雨，通过植入新的基因，使其焕发出蓬勃生机；对部分行业则如狂风骤雨，摧枯拉朽，实现颠覆式创新，进而开辟出新的发展空间。移动互联网对于服务业，已成为基本要素和重要支撑，产生全方位影响，引发了产业结构、产业组织、产业资源配置和产业布局等方面的深刻变革。

（3）应用软件（商店）无所不包

在中国，手机应用程序和下载量仅次于美国，位居世界第二，并且覆盖生活与工作方方面面。

3）移动互联网投融资火热

2015 年上半年移动互联网投融资项目领域分布如图 1-12 所示。金融、支付类占比 28%；健康类占比 21%，移动互联网营销、数据类占比 19%，投资市场对于移动互联网营销的投资热情高涨。

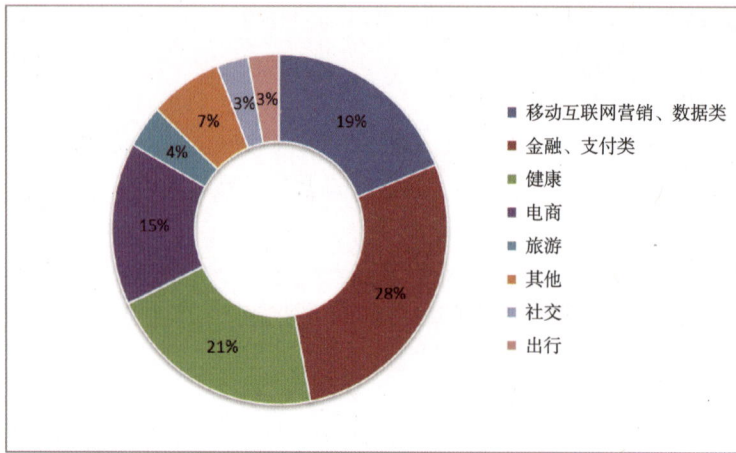

图 1-12　2015 年上半年移动互联网投融资项目领域分布图

根据 ChinaVenture 投中集团旗下金融数据产品 CVSource 统计显示，2015 年第二季度，中国移动互联网行业共披露 114 起融资案例，融资总额高达 9.40 亿美元。资本市场方面，拼车软件 APP 受资本追逐成为本季度最受关注的投资趋势，嘀嗒拼车、e 代驾等出行服务软件受到经纬中国、IDG 资本等上亿美元的投资。在此背景之下，移动互联网行业融资规模及案例数量依旧热度不减。

4）移动互联网创业热情高涨

2015 年上半年移动互联网创业项目领域分布如图 1-13 所示。

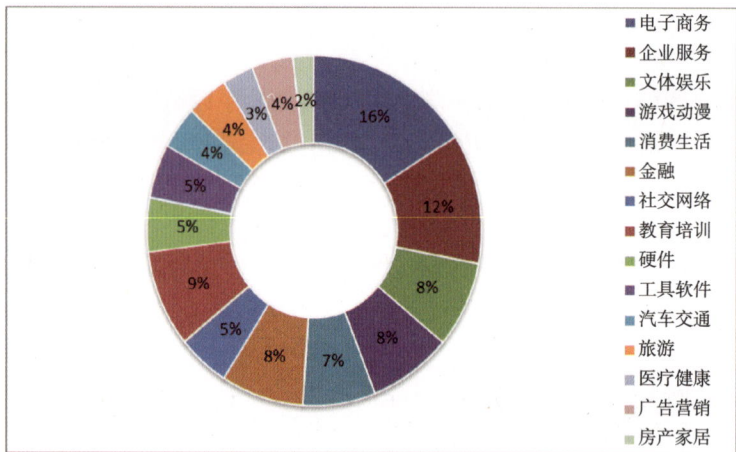

图 1-13　2015 年上半年移动互联网创业项目领域分布图

无论是中关村创业大街引来的大批寻梦者、各类创业沙龙和路演上侃侃而谈的创业者、每天奔走在数个项目间的投资人，还是如雨后春笋般冒出的创业孵化器、新锐投资机构，这些无一不印证着移动互联网的普及与发展给中国带来了前所未有的创业机遇。

O2O 已经成为互联网行业的关键热词。"扫码一条街"成为望京、中关村、上地等创业公司集中地区的特殊风景线，而即便是街头巷尾对移动互联网并无过多认知的人，也对手机叫餐、上门洗车等服务有所耳闻。创业者蜂拥而至，一时间，本地生活等移动互联网领域成为了创业最为集中的领域之一。

5. 金字塔基底——消费者行为与营销者变革

移动互联网正在彻底改造社会生产生活的价值链条，移动互联网成为驱动生产、消费与服务的重要力量。无论是传统服务或信息服务提供者，都在试图利用移动终端实现价值链重构。就生产者而言，从研发、制造、营销到用户运营，每一个环节都或多或少地正在被重构。一个更扁平化、更有效的价值链正在形成。就消费者而言，从价值观念、需求到行为，每一个层面都或多或少被移动网络工具渗透，移动互联网正在加快经济社会的形塑。

（1）智能手机用户及手机网民规模持续扩大

截至 2015 年上半年，中国手机网民数量已经达到 6.565 亿，中国智能手机用户规模已经突破 6 亿（见图 1-14）。

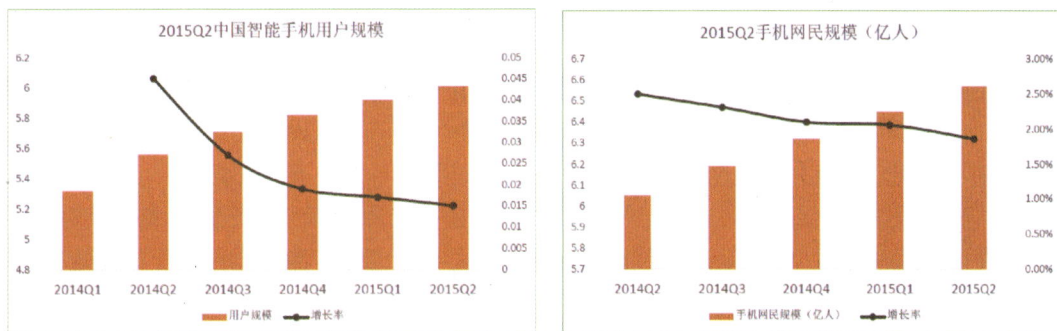

图 1-14　2015 年上半年中国智能手机用户规模及手机网民规模

（2）移动终端设备与生活场景融合加强

移动设备越来越深入每个消费者的日常生活，世界变得越来越联通。用户习惯在早晨学习、查询资讯类应用，如了解天气状况和新闻动态；在午休时聊天、购物、看视频、游戏；晚饭后的黄金时间大多会选择新闻阅读、游戏视频、社交购物这三大类进行放松和学习。智能设备已经成为人们生活的一部分，智能手机已经从一定程度上代表一个个体。

（3）用户与移动终端设备的亲密度加深

艾媒咨询数据显示，超过 40% 的手机用户日均使用时长达到 4 小时以上，平板计算机的使用时长较于手机相对均衡分布，26.7% 的用户使用时长达 1～2 小时，另有 23.3% 的用户使用时长达 2～3 小时（见图 1-15）。

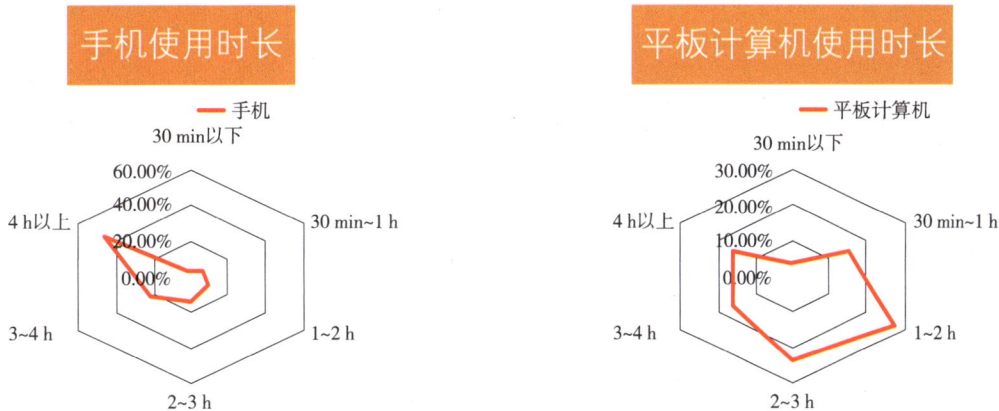

图 1-15　用户使用手机、平板计算机时长统计

（4）城市消费者移动数字习惯逐渐成型

城市消费者倾向于把钱花费在被认为是高品质的商品上，目前电子类产品位于消费清单第三，"唯我"消费者意识到购买力意味着什么，并且通过商品服务购买行为来彰显自我，维护自己的社会地位。

数字化的生活意味着数字化消费受欢迎程度持续上升，消费者将在每一个互动点上获得更加智能、无缝和安全的体验。电商、O2O、基于位置服务的移动产品加快消费方式变革。

城市消费者作出购买决策时最重要的考虑因素是品牌，随之是高档、价格、个性、便利和冲动。在移动化下，消费信息不对称已经被打破，冲动型消费大大降低，消费者更倾向于利用移动终端掌握多样的消费信息，在追求品牌和高档的高品质消费的同时，更加理性地作出价格和个性化判断。而在消费偏好上，城市消费者看重外观和个性，价格和质量也是比较重要的考虑因素。

（5）农村消费者数字化购买习惯仍处于培育初期

在我国网购市场规模突破一万亿之后，城市网购市场增速日渐放缓，随着互联网向农村地区渗透，农村劳动力收入水平的提高，农村市场已经成为电商行业高速增长的新引擎。特别是自2014年年末起，淘宝悄然改变农村消费模式，农民消费欲望及需求大大被激活。

农村消费者作出购买决策时最主要的因素是价格，随之是便利，而高档、个性、品牌相对次要。移动电商进入农村市场，消费屏障已经被打破，消费习惯处于培育阶段。营销者需要针对农村消费者的实用主导型消费行为作出合理的移动营销布局，提高"价格""便利"两大主导因素的绝对主动权。而在消费偏好上，农村消费者看重价格和质量，外观、高档、个性对农村消费者影响较小。

（6）企业传统营销价值链与价值网变革

互联网改变了物理世界，随之引发社会数字化、移动化变革，彻底改变营销价值网。在移动互联网时代，消费者本身形成了本地化、移动化、社交化三大消费群，市场选择需要量化这三大因素。考虑到移动服务链上下游的成熟及企业在移动端的完善布局和推广力度加强，需提高移动能力建设。企业建设一体化的价值链，必须要进行移动价值升级，升级的最终目的是掌控消费者。

全新移动互联网营销价值网构建需要企业敢于变革与实践，根据艾媒调研结果显示，目前企业营销人员对于移动营销价值的挖掘和应用比较局限。主要分布在管理消费者关系、品牌管理、信息管理三个环节，而对于市场定位、定价、市场效率、新产品引进环节的价值应用程度较低。这除了是移动互联网营销方式的应用难度和特点所致，也与营销者的应用意识及市场运营整合能力相关。

1.3.2　移动互联网营销未来趋势

1. 移动互联网营销与技术融合加速

随着移动互联网、物联网发展，未来会有越来越多的物品连接到互联网中，并变得智能化，随之而来的将是海量数据。对这些数据的分析、解读及利用可以带来巨大商业价值。

2. 移动互联网营销价值网全面渗透

移动互联网的广泛应用弱化传统媒体对营销的限制，营销的潜能将得到释放。

随着移动互联网和各个行业的交融，营销间的界限日益模糊，移动互联网对各个行业的营销影响呈现出更多的共性。产品平台化、规模化，多维度整合，跨屏程序化 DMP+DSP（数据管理平台＋数字信号处理）加速移动营销价值网全面渗透。

3. 以人为本：移动广告与消费者生活融合

场景化 O2O 链接更加立体和轻盈，内容互动使消费者产生共鸣。

不断强化的空间及网络连通性，以及不断加剧的市场动荡，使消费者更加享受数字化生活和数字空间，如何接近目标群体，既是庞大、复杂的过程，又是一个充满惊喜与刺激的过程。

4. 社群与场景，驱动营销变革

在移动技术的发展带动下，社群开始加速进化，社群先行者身体力行，探索社群发展之路。未来将有更多的公司构建自己的社群或与社群开展链接，也会有一些榜样企业通过社群思维对用户进行管理。利用小场景撬动大营销，走进用户，贴近用户，避免场景营销成为企业"自嗨"。

5. 强化媒体属性使得企业移动互联网营销内嵌式变革力量增强，移动整合营销升级

后移动互联网时代，巨头把持流量，成本提升，广告将变得不再那么重要。每个公司都应该是一个媒体公司，每个公司都应该加强自身媒体属性，无论是创始人驱动、产品驱动，还是情怀驱动，甚至节操驱动，越来越多的公司凭借自身积累积极发挥其媒体属性，开始引领整合营销。

6. 多方共进

每个公司都会是互联网公司，每个公司都是大数据公司，打破行业边界，链接信息孤岛。可预测的用户行为，可引导的用户轨迹，使广告会变得更加有效，营销会变得更加丰富。第三方在监测和评估体系将会发挥重要作用。

1.4　互联网思维、"互联网 +"与粉丝经济

很多人把互联网的出现称为第三次工业革命。互联网新技术的出现，改变了人们的生活习惯，淘汰了很多行业，同时一些行业被颠覆和改变，形成新的模式。若想转型就要结合互联网、移动互联网（严格地说移动移动互联网是属于互联网的一部分），与传统行业相互交融，形成新的商业模式。纵观历史，无论是工业革命还是社会革命，往往每次都是先"革思想的命"。企业要想成功转型互联网，或者在互联网上做出成绩，首先要先革思想的命。

想在互联网上做生意，就要换思维，其实很多传统企业转型最大的门槛就是思维。在脑袋里装上互联网思维，这是转型的第一步。

那么互联网思维到底是什么？互联网思维就是一种思维模式、思考方式。因为互联网这种革命性工具的产生和普及改变了人们的生活和习惯。消费者的习惯改变了，商家做生意的思路、方式和方法等自然要跟着改变。那么在互联网上做生意，应该用什么样的思路？用什么样的方法？这些问题使得互联网思维应运而生。提出"互联网思维"这个概念，就是为了人们更好地理解和运用互联网，更好地在互联网上转型、创业。

1.4.1　互联网思维

雕爷牛腩是一家"轻奢"餐厅，名字听着就挺特别。开业至今，很多人慕名而来，每天门庭若市，吃饭都要排很久的队。雕爷牛腩创办者叫孟醒，人称"雕爷"，他并非做餐饮的专业人士，开办这家餐厅，被很多人包括雕爷自己看作一次商业风险很高的尝试，充满了互联网式玩法的餐厅运作。在菜品方面，雕爷追求简洁，同时只供应 12 道菜，追求极致精神；在网络营销方面，微博引流兼客服，微信做 CRM；在粉丝文化方面，雕爷形成了自己的粉丝文化，越有人骂，"死忠粉"就越坚强；而在产品改进方面，配有专门团队每天舆情监测，针对问题持续进行优化和改进。

尚不论雕爷牛腩究竟好不好吃，仅在互联网方面，雕爷牛腩就完美地诠释了什么叫互联网思维，即围着用户来，体验做到极致，然后用互联网方式推广。如果不透彻理解互联网思维的精髓，是很容易流于形式的。因此，准备向互联网转型的传统行业，必须理解什么是真正的互联网思维。

1. 以用户为中心

传统企业想要进行转型，首先要摒弃"客户是上帝"这种思想。在这种思维方式中，只给付费的人提供服务。然而在互联网思维中，使用产品或服务的人才是上帝。互联网思维最重要的，就是"以用户为中心"的用户思维。很多通过互联网思维获得成功的企业，他们的产品不仅免费，甚至有的倒贴钱进行宣传。现在很多外卖网站竞争得不亦乐乎，用户购买早餐有的打五折，有的甚至免费。

很多传统企业都不明白这种方式，认为这种行为简直不可理喻。但互联网思维就是这样，首先要积攒用户，以用户为基础建立商业模式。所以，在抢夺用户上，互联网公司是绞尽脑汁，打车送现金、免费吃早餐层出不穷（见图1-16）。

图1-16　外卖网站红包

2. 要贴近消费者需求

现如今，所有的产品高度同质化，怎样才能从众多产品当中脱颖而出？如果企业的产品或者服务能够做到极致，好得超出客户的预期，自然就会脱颖而出获得成功。但是这不是一蹴而就可以完成的，好的产品是需要不断地纠正、完善，才能够获得成功。

很多传统企业把产品售卖出后，就不再管用户的使用情况。而在互联网思维中，产品售卖出去，仅仅是一个开始。把握住消费者需求的变化，利用用户的参与和反馈逐步改进产品，快速迭代，才能够逐渐取得成功。例如，免费的杀毒软件其实不止360一家，很多国际知名杀毒软件都有免费版供用户使用，但随着360的不断更新，贴近消费者需求，最终甩开其他产品，成为真正的巨头。

3. 重视用户体验

在这个社会化媒体时代，好的产品即使不投放广告，也会自然而然形成口碑传播，甚至成为社会话题。哪怕是产品做得再好，如果不重视用户的体验，最终也只能走向消亡。现在手机市场中，苹果的iOS系统炫酷的界面和流畅性明显高于其他系统，但在市场占有率方面，却只有12%，远低于安卓系统63%的市场占有率。苹果过高的价格定位是其中一个原因，但更大的原因在于安卓系统的开放性，让用户能够更深入地参与到系统的优化与更新。

传统企业如果只看到了砸钱，而没有认识到用户体验才是王道，那么很可能遭受挫折，如果放弃"体验至上"的思维方式，用户数量将大幅下降，严重影响企业效益。

4. 商业模式转变

互联网思维首先强调的不是获得盈利，而是获取用户，这正是与传统思维不同的地方。传统企业"酒香不怕巷子深"的理念，在互联网时代已经显得格格不入。互联网企业的模式是通过传播让用户在看到产品前已经了解到产品有多好，甚至让用户自发宣传成为粉丝。小米手机的营销方式就是这样（见图1-17）。

大电池，我所欲也，轻薄，亦我所欲也。4天后，#红米3#给你不可思议的二者兼得！❤ ﹀

@红米手机 V🛒

不可思议的#红米3#，大大的电池，大大的轻薄！采用4100mAh高能量密度电池，比上一代大了近一倍，却依然轻薄！如果你想要5英寸好手感+大电池的手机，它一定是不二之选。1月12日小米网现货首发，喜欢吗？

1月8日 10:02 来自 红米Note 3　　　　　　　　　　转发 1837 ｜ 评论 1145 ｜ 👍2869

1月8日 10:05 来自 小米Note

收藏　　　　　转发 337　　　　　评论 509　　　　　👍1768

图 1-17　小米手机官方微博

　　企业通过免费策略争取用户，达到一定程度后就可以为企业带来质变，甚至自发带来传播。腾讯 QQ 也是在宣布免费后，才得到爆发式的增长，最终成为互联网巨头之一。当然，无论是传统企业还是互联网企业，盈利都是最终目的，产品免费是手段，目的是打造一个新的价值链，通过广告、增值服务等方式进行盈利。

　　综上所述，企业是否融入互联网思维可以从以上几点看出端倪。一些标榜互联网思维的企业仍然在使用传统的商业模式，将盈利模式寄希望于用户的付费。遇到这种企业，如果发现它没有把使用产品的人当作上帝、产品更新迭代不是为了用户需求、重视盈利甚于用户数量的增加，则可以认定这家企业的"互联网思维"只是挂羊头卖狗肉，是注定不会成功的。

　　在酒店管理系统行业中，厂商众多，都在宣称自己的产品是符合"互联网思维"，实际上则是良莠不齐。住哲酒店管理系统之所以脱颖而出，遥遥领先其他厂商，是因为其产品是真正符合互联网思维的。为了用户，住哲首家推出免费酒店管理系统（Property Management System，PMS）；为了极致，住哲两周一次快速迭代；为了流畅，住哲为产品大幅瘦身；为了服务，住哲快速反应解决用户需求。这些足以说明住哲是真正意义上的互联网思维的实践者。

1.4.2 "互联网 +"

通俗来说，"互联网 +"就是"互联网 + 各个传统行业"，但这并不是简单的两者相加，而是利用信息通信技术以及互联网平台，让互联网与传统行业进行深度融合，创造新的发展生态。

"互联网 +"的特征包括：

1. 跨界融合

跨界让创新的基础更加坚实；融合让群体智能得以实现。跨界融合使研发到产业化的路径更垂直。融合本身也指代身份的融合，客户消费转化为投资，伙伴参与创新等，不一而足。

2. 创新驱动

创新驱动正是互联网的特质，用所谓的互联网思维来求变、自我革命，也更能发挥创新的力量。

3. 重塑结构

信息革命、全球化、互联网业已打破了原有的社会结构、经济结构、地缘结构、文化结构，权力、议事规则、话语权也不断在发生变化。

4. 尊重人性

人性的光辉是推动科技进步、经济增长、社会进步、文化繁荣的最根本的力量，互联网的力量之强大最根本地也来源于对人性的最大限度的尊重、对人体验的敬畏、对人的创造性发挥的重视。

5. 开放生态

开放的生态环境对"互联网 +"来说是必不可少的。生态是非常重要的特征，而生态的本身就是开放的。"互联网 +"的一个重要方向就是要把过去制约创新的环节化解掉，把孤岛式创新连接起来，让研发由人性决定的市场驱动，让创业及努力者有机会实现价值。

6. 连接一切

连接一切是"互联网 +"的目标，这种连接是有层次的，连接对象也是有差异的。

1.4.3 粉丝经济

粉丝经济（Fans Economics）泛指在社交网络时代，架构在粉丝和被关注者关系之上的经营性创收行为。通常情况下有着较高知名度的明星、偶像和行业名人是社交平台上被关注的热点，并因此有着很高的经济价值。

1. 粉丝产业种类

（1）直接购买被关注对象的内容

粉丝们直接购买名人和明星相关的内容产品。比如说名星的演唱或演出录音带、录像带、电视剧 VCD 等，这是最为基本的粉丝消费行为。

（2）直接购买被关注对象代言的产品

粉丝们还会购买明星们所喜欢或代言的商品，如品牌的手机、计算机、饮料、化妆品等。明星的广告效应也正来自于粉丝们的支持。

（3）购买相关的衍生品

粉丝们会不吝钱财购买与明星相关的东西，比如明星写的书籍，明星们喜欢的吃的、穿的、用的，印有明星头像的衣物等，这些物品未必和明星本身相关，但是粉丝们爱屋及乌，也就一起消费与明星相关的商品。

2. 粉丝进化论

粉丝经济的基础就是要让消费者变成企业的粉丝，且要有足够多的粉丝。一个普通的消费者到最后变成企业的粉丝，一共要经历五个阶段，即无关系阶段——有关系阶段——弱关系阶段——强关系阶段——粉丝阶段，只有用户完成了这五个阶段的进化，才能称为粉丝。

（1）无关系阶段

无关系阶段的消费者特征：消费者对企业、产品或品牌一无所知，或者知道产品或品牌，但是和企业没有任何交集或互动。本阶段的核心关键词是了解度，核心工作是提升消费者对企业的了解。在这个阶段，企业要做两件事情。

①和消费者建立一个顺畅的沟通渠道。根据企业实际情况，具体建立一种沟通渠道，如微博、微信公众号、邮件列表、营销 QQ、论坛社区等。

②与消费者经常接触。建立沟通渠道的目的就是多和消费者接触，和消费者接触的目的是让消费者更深入地了解企业和产品。仅仅靠一张广告图片、一张宣传单、一个广告片，是很难让消费者对企业产生很深入的了解的。

（2）有关系阶段

有关系阶段的消费者特征：消费者正式成为企业的用户（比如尝试购买体验的产品），与企业正式发生了关系，但对企业的认知度却不够。本阶段的核心关键词是认知度，核心工作是提升用户对企业的认知。

此阶段企业要做的事情是，与用户深入地交流互动，或让用户多次体验企业的产品，逐步增加用户的认知。在用户对企业认知度不够的情况下，用产品沟通是非常不错的选择。好的产品，是营销的基础，也是企业最好的代言人。没有好的产品，再好的营销策略和手段也不能持续带来利润，企业也谈不上持久发展，更不可能让用户变成粉丝了。

（3）弱关系阶段

弱关系阶段的用户特征：用户多次体验企业的产品，或经常交流互动，对企业和产品有了足够高的认知度，但是认可度却不够。所以本阶段的核心关键词是认可度，核心工作是提升用户对企业的认可。

提高用户认可度最好的方法是服务，服务最能打动用户，但是很多企业却忽略了这一点。甚至不但不提供好的服务，反而是"坑"用户。

（4）强关系阶段

强关系阶段的用户特征：用户已经对企业或产品有一定的认可度，但是归属感却不足。本阶段的核心关键词是归属感，核心工作是提升用户对企业的归属感。

想让用户对企业或产品产生归属感，最关键的是要从思想上入手。如果前面几个阶段的工作做得到位，也可能会让用户产生归属感，如果再加上思想层面的因素，效果会更好。给产品、品牌或企业注入灵魂，将产品思想化、品牌思想化、企业思想化。只有思想与思想的碰撞，才能产生共鸣和归属感。

（5）粉丝阶段

粉丝阶段的用户特征：非常了解和认可企业的品牌或产品，有强烈的归属感。愿意帮企业口碑传播和转介绍，甚至看到别人说这个品牌不好，都要去和对方辩驳一番。

前面五个阶段做到位，基本上用户就有可能进化为粉丝。要想让用户彻底成为粉丝，甚至是忠实粉丝，在前面几个阶段中，还需要融入两个元素：理性元素和情感元素。

（1）理性元素

消费者都有理性的一面，而在理性层面上要征服用户，一定要以产品为核心来展开。消费者买的是产品，需要通过产品来解决需求或问题。产品不好，轻钢元素再足也没用。所以企业设计产品，一定要充分与互联网思维结合，围绕用户需求。

（2）情感元素

好的产品会获得用户的认可，但不一定能真正征服用户，想真正征服用户内心，一定要融入情感元素。包括文化理念、极致的服务、人或故事等。

1.5　网红经济与直播经济

网红和直播是 2016 年中国产业经济最具重要性的两个经济现象。互联网环境下的人格化营销模式中流量模式的式微、品牌传播的返祖、支付手段的便捷，让网红经济和直播经济不断升温。

1.5.1　网红经济

网红现象的出现代表着中国互联网走到了一个新的阶段。随着人们消费、交流和社交逐渐转向以消费者为主的社交环境中完成，品牌不断地人格化，口碑已经成为传播的主要渠道，网红成了一个新的经济现象、产品呈现现象和品牌现象。如 2015 年第一网红 papi 酱，她的估值达到 3 个亿，她做的第一个自媒体广告拍卖，就拍到了 2 200 万元。

1. 用"网红文化"带动"粉丝经济"

网红经济是以时尚达人为形象代表，以红人的品味和眼光为主导进行选款和视觉推广，在社交媒体上聚集人气，依托庞大的粉丝群体进行定向营销，从而将粉丝转化为购买力。目前淘宝平台上有 5 000 名以上的网红，在微博上有着至少 10 万以上的粉丝，他们把社交媒体上的粉丝带到淘宝平台上来，已经形成了一种"粉丝经济"。其实，从广义上来说，"网红经济"说到底就是将品牌进行人格化、达人化塑造，再通过社交媒体的传播，扩大这个人格魅力效应，进而将粉丝流量变现。用一个公式来表示就非常直观——网红经济 = 有影响力的个人（KOL）＋ 社交媒体传播 ＋ 人格化的店铺或产品。

2. 网红的主要商业模式

网红的商业模式目前主要有两大派：一派是以罗辑思维为代表的"卖货派"，主张网红的终极模式是卖货、创品牌，成为真正的交易入口；另一派是"广告派"，认为最顶尖的网红就是直接合作卖广告，简单有效。而在实际企业运营中真正决定网红商业模式的，并不是广告和卖货本身，而是它提供的认知价值。一般来说，网红提供了以下不同的"认知价值"：

- 流量价值：网红带来大量的流量和曝光；
- 心理唤起价值：网红唤起人不同的心理状态；
- 品牌价值：用户对网红的信任带来的背书作用；
- 支持心理：网红唤起人的感激感；
- 模仿价值：网红引发人的模仿；
- 号召价值：网红能够号召人的行动。

既然创造这么多不同的认知价值，现在的网红也可能具备多重身份，具体如下：

- 流量价值——网红是一个免费产品；
- 心理唤起价值——网红是一个场景；

- 品牌价值——网红是一个品牌；
- 支持心理——网红是一个朋友；
- 模仿价值——网红是一个偶像；
- 号召价值——网红是一个社群（或宗教）组织者。

企业在设计商业模式时，不能简单归结于"有多大流量"，应该仔细分析到底具有哪些不同的价值，然后再根据真正提供的价值，设计相关的商业模式。

1.5.2　直播经济

从"一言不合就直播"的口头禅，再到"网红"一词升腾为超级 IP，以及 618 电商大战中各电商平台纷纷请网红主播站台，无疑都在用实际行动表明：直播已经成为日常用户生活的高频场景。随着猎豹、腾讯和微博等流量巨头的加入，国内直播行业真正进入到厮杀阶段。从 YY、斗鱼，到花椒直播、熊猫 TV，再到百度、阿里巴巴、小米的纷纷入局，国内资本市场纷纷倾向直播市场。根据相关数据显示，2015 年中国在线直播平台数量已经接近 200 家，网络直播平台用户数量已经达到 2 亿，大型直播平台（图 1-18）每日高峰时段同时在线人数接近 400 万，同时进行直播的房间数量超过 3 000 个，如去年的 P2P 和前年的 O2O 一样受到各方关注。

图 1-18　直播平台

直播的火热也引起了广大广告主的关注，企业如何利用直播的方式进行营销主要有以下四种模式。

模式一：品牌 + 直播 + 明星

2015 年戛纳电影节上，欧莱雅全程直播了巩俐、李宇春、井柏然等几位代言人在戛纳现场的台前幕后（图 1-19）。尤其是走红毯前的化妆阶段，自然介绍他们使用的各种欧莱雅产品，如李宇春的水光气垫 CC、井柏然说水凝保湿是他的孩子、巩俐分享化妆包。带来的直接市场效应是，直播四小时之后，李宇春同款唇膏欧莱雅天猫旗舰店售罄。

明星效应向来强大，特别是直播正进入平民化阶段，有大牌明星出现就能抓住眼球产生轰动效应，而且导流能力强，能为品牌带来巨大的销量。不过这种方式的劣势也显而易见——大部分明星

图 1-19　欧莱雅戛纳直播

的直播都局限于片场间隙、后台化妆间，并无充分准备，只依靠"现炒现卖"，能留下来的话题不多，也容易造成观众的审美疲劳。

模式二：品牌＋发布会＋直播

以小米的无人机发布为例，小米举办了一场纯在线直播的新品发布会。直播现场就在某个小米办公室里，雷军通过十几家视频网站和手机直播 APP，发布了其传闻已久的无人机。线上发布会好处多多：首先节省了场地、搭建费的开支；其次覆盖的米粉广、参与度高，每个人都可以留言、提问；而且作为国内"第一次"纯在线直播的新品发布会，还具有事件营销的资质。发布会最大的门槛是出任主播的企业 CEO 的临场能力，能有让观众连听数小时都生不烦得口才和控场能力。

模式三：品牌＋直播＋企业日常

社交时代，营销强调说人话、拟人化。如同普通用户分享自己的生活点滴，品牌分享自己正在做的事，也正成为与公众建立更密切关系的社交方式。而且帷幕背后往往隐藏着精彩，但如何从琐碎枯燥中挖掘出这些具有吸引力的素材、故事，将是对公关、营销人的一大考验。如今年 3 月，以性感著称的 CalvinKlein 在某社交网站的直播平台 Periscope 上直播了它极具标志性的2016 秋季广告大片制作全程，包括选秀、幕后花絮等。CK 首席营销官认为，实时直播不容易修饰，因而看起来更加真诚。

模式四：品牌＋直播＋深互动

虽然业界对直播营销的探索还处于初级阶段，但有一点已经形成共识：直播最大的优势在于带给用户更直接更亲近的使用体验，甚至可以做到零距离互动，这是其他平台无法企及的。前三种方法的互动模式——评论、打赏、送礼物，都只停留在表面，并没有将直播的实时互动性变现得淋漓尽致。例如，宜家英国和 Skype 合作的一个现场直播，先是在部分用户的 Skype 上弹出活动广告，邀请他们参加宜家的"护照挑战"。挑战开始后，倒计时开始，参与者有 30 s的时间迅速找到护照，并回到摄像头前拿着护照合影，成功的人将获得一份大礼（图 1-20）。

图 1-20　宜家和 Skype 直播

属于直播的时代其实才刚刚开始，四个模式代表的也只是直播营销的部分玩法，还有更高阶更新鲜的方式和玩法在不断更新。但是直播火爆背后，行业泡沫的争议也开始浮出水面，刷榜、僵尸粉、烧钱等尖锐却又真实的现象也随之而来。经济作家吴晓波做过这样的预测，2016年直播领域肯定会重新洗牌，在中国三季度之后中国的直播市场平台将面临大规模的淘汰，最终一二百家直播平台会像当初的团购和微博之争一样，绝大多数平台会死掉，最终直播将变为一个工具类产品嵌入到其他大的大型平台，如购物、社交等。

1.6　同步训练

1. 实训概述

本章实训为移动互联网营销认知实训。学生通过学习本章，应该基本掌握移动互联网营销的营销模式和营销方式，并具备基础的移动互联网营销思维，为之后的学习打下基础。

2. 实训素材

移动电子商务实训平台软件、互联网资源、案例资源。

3. 实训内容

任务　移动营销模式认知

学生寻找移动营销案例，并对案例内容进行分析，分组讨论并填写表 1-1。

表 1-1　营销案例分析

营销模式		案例名称及分析
精准营销		
社会媒体营销	病毒营销	
	事件营销	
	体验营销	

实训任务完成后，教师安排小组之间互相进行评比，随后教师对各个小组的案例分析做出评价。

第 2 部分
移动互联网营销平台搭建

　　移动互联网的出现为商家提供了更多接触客户的途径，同时也改变了传统的产品销售渠道和销售市场。移动端如何布局成为电商企业需要考虑重中之重，移动端营销平台构建也成为了电商企业的首要任务。

　　移动互联网营销平台是移动互联网生态链的重要一环，主要包含 APP、微网站、微店等，无论是何种平台，其构建的原则都是要满足用户在各种场景的需要，不论用户从 Online 和 Offline 过来后要去向哪里，都应有相应的平台去迎接用户，并满足用户的特定需求。APP 和 WAP 网站就像传统互联网时代的企业网站一样，而微信和微电商就像传统互联网时代的天猫、淘宝一样，二者的区别是：前者可以完全掌控在企业自己手中的营销资源，而后者的主动权更多地掌控在别人的手里，企业只有摸透了他们的规律，才有可能使用好这些工具。

第 2 章　微网站与微店搭建

依托于广大社交媒体而存在的微网站，不仅可利用其发布传播的功能实现地区渠道信息传播，加强客户对企业产品的了解，还可以直观的展示企业产品形象，甚至完成移动端的在线交易。微网站开发带来的轻营销模式，更适应现代网站的发展模式，所以微网站的开发也具有更好的商业营销效果。

而微店的出现，跨时代地将电子商务的门槛降到了历史最低点，微店作为一种变革创新的商业模式，它整合移动端和 PC 端、B2C 和 O2O，为品牌供应商和创业者提供了一个全新的电商云销售交易平台。因为其简化了电子商务网上开店流程手续，减少了营销成本，一定程度上满足了移动端中小卖家的业务需求，因此它具有更为广阔的市场前景。

那么如何搭建微网站，开设微店，利用移动互联网营销平台更好地与客户互动，就成了移动互联网营销的市场要求。

学生通过本章的学习应达到以下目标：

知识目标

- 了解微网站的要素；
- 了解微网站如何搭建；
- 明确微店的定义；
- 熟悉微店平台商品上架及维护的方法；
- 了解微店平台运营的基本要素。

能力目标

- 能够完成微网站建设前的策划工作；
- 能利用互联网平台制作微官网；
- 具备搭建移动电子商务平台的能力。

2.1　微网站搭建

2.1.1　认识微网站

1. 微网站的定义

微网站是为适应高速发展的移动互联网市场环境而诞生的一种基于 Web APP 和传统 PC 版网站相融合的新型网站。微网站可兼容 iOS、Android、Windows Phone 等多种智能手机操作系统，可便捷地与微信、微博等网络互动咨询平台链接，简言之，微网站就是适应移动客户端浏览体验与交互性能要求的新一代网站。

2. 微网站的优势

微网站的出现使移动互联网交易变得极其便捷。对很多企业来讲，建设微网站，就是把自己的生意装进了用户的手机里。微网站一经出现，就受到了广大企业和个人用户的好评，具体来说，它有以下优势：

（1）网站自身特色

①不用注册域名，更便捷；

②不用购买空间，更节约；

③不用进行网站备案，更省事；

④多款行业模版随意选择，多种内页列表展现方式，布局采用 DIV+CSS 技术，简洁大方，拓展性强，无限制页面数量与容量，页面图片任意编辑，自动适应屏幕比例，移动客户端界面视觉效果强，版面丰富，布局灵活，扩展性强；

⑤应用 HTML5 技术提升浏览体验与交互性能，访问速度更快，更安全，用户体验更佳；

⑥内置一键导航功能，可个性化定制功能模块，自定义微网站导航；

⑦提供在线支付、购物等多种电商移动互联网开发。

（2）可实现功能

①自动显示独立网址；

②自由编辑商家简介；

③随时发布最新公告；

④精选商品的展示和预定；

⑤发布各种优惠吸引顾客；

⑥通信方式的添加与修改；

⑦支持微视频功能；

⑧保留 PC 版网站的报名、留言等常用功能；

⑨积分统计与奖励；

⑩支持添加外部链接。

3. 与微信对接

因为单个的微网站推广起来难度并不亚于一个 PC 网站，而与此同时，微信公众平台向第三方开放了链接端口，企业和个人都可以将自己想要推广的网站或链接，放在微信公众平台中进行推广。所以在实际操作中，大部分企业都是将搭建好的微网站的链接地址放在微信公众平台里，这样做就等于用微信公众平台这个工具，来管理自己的微网站。如此一来不仅方便了企业对用户的管理，节省了生产运营成本，使微网站可以更好地传播，也使微网站可以适用于微信公众平台的功能。

2.1.2　微网站的搭建

1. 常见微网站搭建平台介绍

目前市面上有很多微网站开发平台，这些平台建设出的网站大多由 HTML5 表现出来，有良好的展示效果，并且平台上有很多模板可供选择。腾讯官方也有相关微信服务市场业务，由于业务调整，已于 2016 年 3 月 1 日正式停止此项服务，所以要进行微网站的搭建，需要通过寻找适合的第三方平台进行。以下介绍三款常用的微网站搭建平台。

（1）微盟

微盟又称 Weimob，是目前国内最大的微信第三方开发平台。其后台采用模板式傻瓜设计，用户可以在后台通过简易操作生成不同的微网站风格。不仅如此，微盟还配置了多款互动游戏来增进企业用户的粘性，提高重复购买率，以营造良好的用户体验来帮助企业留住用户。

（2）乐享微信

乐享微信是一款专门针对微信公众账号提供营销推广服务而打造的第三方平台。其配置简单、操作便利，和微盟一样，它的后台提供了很多可选的模板和功能模块，商家和用户都可以很方便的制作自己的微网站。

（3）微客巴巴

微客巴巴是一个针对企业 O2O 营销应用技术方案解决的平台，其平台功能不仅包括微网站制作，同时还拥有手持微助手业务终端处理系统、门店管理系统、在线预订、在线支付、托管服务等功能。

2. 微网站搭建要点

（1）找准营销点

企业建立微网站，目的就是要通过此渠道来吸引用户参与。因此，一定要找准营销点在哪。寻找营销点时，要考虑能给消费者带来的利益到底是什么？如何彰显企业的特色，如何与其他企业予以区分。

图 2-1 为京东商城微网站，京东商城以数码电器为主要品类，同时兼有服装等其他业务，所以电器类占据了主要的分类，并且通过首发、品牌、特价等三个功能区划分，体现出了自己的经营特色。

（2）要合理安排结构

微网站的栏目设计和页面布局一定要简洁大方、内容要精简，不要设计得过于复杂。色彩的搭配要和目标人群的年龄相符合，整体的结构和主题要贴切。例如图 2-2 为某茶酒类企业微网站，栏目设计简洁大方，内容一目了然，方便消费者点击选购。同时网站界面清新爽朗，契合了其春日周边游的主题。

（3）内容简洁，做到图文并茂

一般用户在浏览时，是没有太多耐心看大量文字的，所以尽量用最少的文字传达最多的信息，更多以图片、图文结合的形式展现出来，这样会更加地吸引人。图 2-3 为某手表微网站，用整幅图片填充背景，在配以简单的文字，视觉上非常具有冲击力，而且这样做，迎合了用户的浏览喜好，简约时尚，极具吸引力。

图 2-1　京东微网站

图 2-2　某茶酒企业微网站

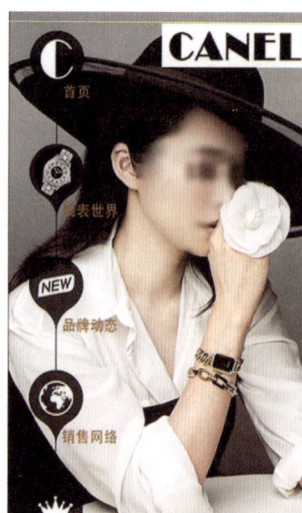

图 2-3　某手表微网站

2.2　微店搭建

2.2.1　认识微店平台

1. 微店定义

微店是微型网店的简称，它是在移动电子商务浪潮下诞生的一种网店模式，为迎合简单开店需求而设计的一种网络店铺，微店主要是突出其简单性和易用性。之所以称为微型网店是因为其仅以一张网页把网店的三大信息：店铺形象、经营产品、店主信息简单有效地展示出来而达到销售目的。简单而一目了然的风格是微店的主要特色。

2. 常见微店平台

现在市场上流行着很多的微店平台，像拍拍微店、口袋微店、有赞、萌店等系列微店。虽然在功能上它们有一定的相似性，但每一个微店平台也都有各自不同的特点。

（1）"微店"（口袋购物）

"微店"几乎已经成为一个行业词了，但目前普遍认可的最早的微店产品是口袋购物旗下的"微店"APP（见图 2-4）。

上线于 2014 年初的"微店"，几乎可以说是"划时代性"地采用了用手机号开网店的模式，将电商的准入门槛拉到历史最低，商品的上架、编辑等功能也非常简单。这个"傻瓜式开店工具"很快引发了一股个人开店的潮流。当然，其他的开发者也纷纷效仿跟进，开发了各式各样的"某某微店""某某小店"。

图 2-4　微店 APP 界面

"微店"的特点是上线早、门槛低、运营简单，它的商家类型倾向于有货源的个人（比如代购），这让口袋购物的这款"微店"应用能够迅速地累积用户、抢占市场，截至目前，"微店"依然是店铺数量最多的平台。

（2）萌店

萌店（见图 2-5）是基于人与人之间的信任关系，以消费者为中心的 B2V2C 的开店平台。作为移动端的新型产物，萌店具备任何人下载 APP 并注册手机号码后就可开通自己的萌店店铺的优势，并通过一键分享到微信、微博、QQ 等 SNS（Social Networking Services）平台来宣传店铺并促成交易，降低了开店的门槛和复杂手续，且不收任何费用。另外，萌店具有海量一手正品货源供个人开店者分销，与众安保险合作提供商品正品保障，并且提供了多种推广渠道和多种支付方式，同时萌店无需囤货，一件代发，让开店变得更简单。

图 2-5　萌店 APP

（3）有赞微小店

从成立时间（2012 年）来看，"有赞"比"微盟"要早得多。从目前的产品架构来看，"有赞"与"微盟"是比较类似的，都有两大业务主线：B2C 模式的微商城搭建、B2C2C 模式的微分销体系（有赞微小店 APP）。有赞微小店（见图 2-6）与其他开店软件最大的区别是，微小店内提供了海量精选的分销商品，即使用户没有自己的货源渠道，也可以通过售卖分销商品，赚取利润。

图 2-6　有赞微小店

（4）拍拍小店

拍拍是京东集团全资控股公司，也是国内比较知名的移动社交电商平台。拍拍基于用户连接的核心——社交关系、中心化与去中心化相结合的流量渠道，根据移动社交场景重构电商生态。

从界面设置来看，京东拍拍小店（见图 2-7）和有赞微小店风格类似，采取了简洁的底部四大选项模块，分类清晰。而口袋购物的微店则采取了两页滑动来展示功能，所以显得有些复杂；

从功能来看，京东的拍拍小店功能相对较全，既有对自身小店的管理设置，又有微店市场的全景展现，同时还能发现附近的优质店铺以及店长笔记。此外，还具备一些其他微店平台不具备的功能，例如，转发赚钱、一键代理（搬家）、扫一扫等功能。

在整个开店的生态链当中，包括有供货商、分销商、个人等角色，而平台的作用就是要保证各方利益能够达到最好，分销商希望有大量的供货商提供好的货源，供货商希望有大量的分销商帮助销售商品，从这个角度来说，谁有大量的分销商资源或者供货商资源入驻平台，谁将会在微店市场中占据有利位置。

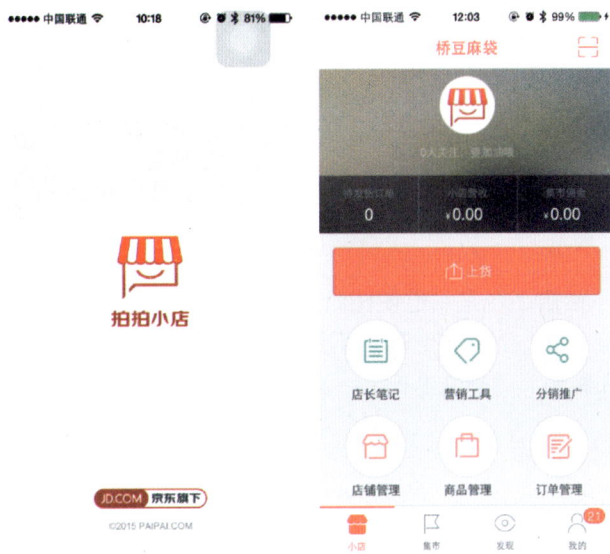

图 2-7　拍拍小店界面

3. 常见微店平台对比

微店平台优势分析见表 2-1。

表 2-1　微店平台优势分析

微店平台	有赞微小店	拍拍小店	微店	萌店
产品定位	去中心化的全民开店	全民开店分销	全民开店	开店全免费，一键分销
优势	1.基于微信公众号的CRM 2.丰富的营销工具与粉丝互动 3.订单处理体系 4.分销市场品质保证	1.腾讯商家提供足够多的流量 2.完善的京东电商，物流体系 3.商家与周边的商家链接	1.完善的微店体系，保证卖家和消费者利益 2.基于微信公众号的CRM 3.担保交易，七天退款等一应尽有	1.商家与周边商家链接 2.完善的教学体系 3.基于微信公众号的CRM
平台特色	自建厂家，分销商、个人、企业等平台形成行业壁垒。覆盖整个产业生态，强大的营销工具，建立商家自有CRM以此来对粉丝（微信、微博、朋友圈等）进行二次营销	除了京东腾讯背书，微信支付未收取代扣费用，淘宝京东一键搬家外，还有围绕商家经营的店长笔记，发现附近的微店，并能互相交流，购物社交囊括其中	微店拥有最多的商家，以及围绕卖家建立了一套完善的体系，有赞、拍拍小店有的功能微店都有，微店在围绕店家的广度上做了很多功能建设，目前下一步微店将布局微店买家版	即时通信，买家一键咨询，货源随时沟通，让买卖三方沟通无限。合伙人分佣，邀请合伙人加入，享受订单分佣，他赚你也赚。个性化装修，萌店域名个性化，店铺装修个性化，打造一个属于自己的萌店

4. 微店平台优势

作为一种变革创新的电子商务新模式，微店的出现突破了电子商务经营的原本界限，拉近了消费者和供应商的距离，降低了创业者投资的风险。所以，微店平台一经出现就得到了市场和消费者的双重认可，在全国范围内得到了迅速传播。不仅如此，对于供应商、创业者、消费者来讲，它还有以下具体优势：

（1）对供应商

对于供应商而言，微店平台是一条巨大的销售渠道，供应商只需把产品图片、价格、属性等定义出来，发布到微店云产品库，产品就有可能出现在无数个微店铺里。百万微店铺将销售该产品，由平台专业电商管理服务团队为供应商做宣传推广，将很大地提高供应商的品牌知名度和覆盖率。

（2）对创业者

对于创业者而言，微店平台无需押金，无需加盟费，前期投入较少。创业者无需到线下寻找货源，而是直接在云产品库中挑选商品进行线上或线下销售。微店平台拥有现成的正品商城，创业者无需招聘专业的设计师装修店铺，而且发货和售后服务均由供应商负责，无需操劳费心。

（3）对消费者

对于消费者而言，微店平台是一道便捷时尚的消费大餐。它是一种新型的电子商务平台，主要基于微信，同时兼有 PC 端综合性购物网站。它实现了消费者随时随地购物的灵活性，并且通过当今最有传播性和影响力的交流工具——微信完成购物流程，支付方式方便快捷。

2.2.2 微店搭建要点

（1）主题风格

目前，移动端用户活跃的主要人群还是 80、90 后，所以店铺的风格应该简约时尚，审美也要更符合他们的审美要求。

（2）封面

以宣传产品图为主，突出产品的功效，图片要配适当的文字描述。

（3）头像

企业微店就用自己的品牌 LOGO，个人用户尽量使用自己真实且清晰的大头照；

（4）昵称

最好带上品牌名称，能够突出卖的是什么，能够让目标用户第一眼就判断是否是自己需要或感兴趣的产品。

（5）个性签名

写出产品所具有的特点、卖点以及优势，也可以是自己或企业的主张，目的就是得到目标用户认同，增加信任感。

（6）产品图片

在上传图片时，通常以上传的第一张图为主图，而主图尺寸最好是 3∶4 的，分辨率在 1000px 以上的，并且图片尽可能的干净、清晰，这样才能够突出商品的品质。切记使用拍摄不清晰的产品图片，或者因为拉伸而变形的图片，那样用户体验效果会大打折扣。

2.3 案例解析——小熊维尼鲜花店微店搭建

小熊维尼鲜花店是一家经营鲜花、花篮、各类摆花为主的小店，为了适应移动电商的发展，方便客户沟通，决定开通微店，与微信公众账号进行绑定，以求宣传品牌，并为手机客服端的客户提供便利。

1. 店铺注册

通过简单的注册和基本信息的填写，微店店铺就注册成功了（见图 2-8）。

店铺注册成功后，接着对店招及公告等部分进行编辑，点击 "微店"，进入微店管理页面，点击微店头像进入店铺相关信息编辑，进入 "微店信息" 后，可以将微店头像设置为店铺LOGO（见图 2-9）。

图 2-8　店铺创建

图 2-9　微店信息

2. 微店装修

小熊维尼鲜花店微店的装修过程操作如图 2-10 ～ 图 2-13 所示。首先打开微店管理页面，可以看到在微店管理页面中有店铺装修栏目，点击店铺装修，为店铺添置商品（见图 2-10、图 2-11）。

商品添加结束后，进入自定义装修页面，点击插入图片导航，轮播广告，进行图片导航和轮播广告图片的设置（见图 2-12）。

图 2-10　店铺装修

图 2-11　自定义装修

图 2-12　编辑导航与轮播广告

　　接下来，点击装修页右上角，对店铺封面进行设置，小熊维尼鲜花店的店铺封面采用的主要元素是店铺主营产品——鲜花，封面设置完成如图 2-13 所示。

　　完成了以上步骤后，选择应用到店铺，就可以看到整体的装修效果，如图 2-14 所示。

图 2-13　店铺封面设置

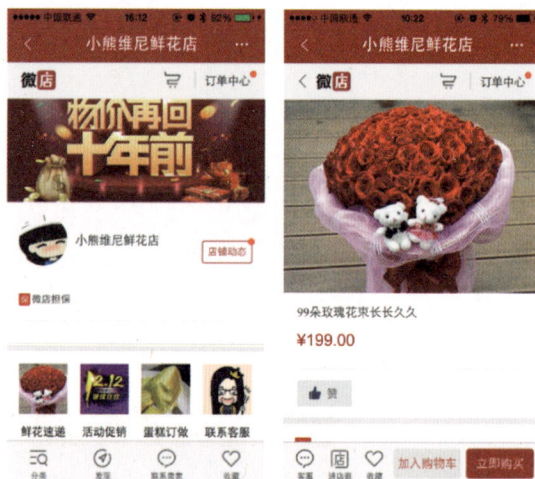

图 2-14　装修效果

3. 商品发布

　　小熊维尼鲜花店的商品发布分为两种类型：自营产品和分销商品。具体发布操作如下：

　　（1）自营产品发布

　　在首页中点击"商品"，在"添加商品"页面为商品添加图片、商品描述、价格及库存等内容，如图 2-15 所示。同时，在此页面也可以对商品的分类进行选择，如图 2-16 所示。

　　完成以上内容后，接下来进行店长推荐、是否包邮与商品标签的编辑，并可复制链接进行转发或直接点击分享渠道进行商品分享，如图 2-17 所示。

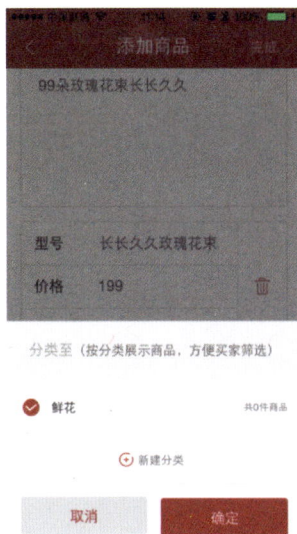

图 2-15　添加商品　　　　图 2-16　选择分类　　　　图 2-17　分享商品

完成商品发布之后，还需到微店出售页面细致检查，查看有无不妥之处。此处可点击预览进行该商品页面检查，如图 2-18 所示。

（2）商品分销

在微店 APP 的首页中可以看到分销按钮，点击分销按钮，选择适合自己店铺性质的商品，点击"我要代理"按钮进行添加即完成了分销商品的添加，如图 2-19 所示。

图 2-18　商品展示　　　　图 2-19　分销频道

2.4　同步训练

1. 实训概述

本章实训为微网站与微店搭建实训，学生通过本章的学习，能够利用移动端或 PC 端相关平台对微网站、微店进行搭建，并能够完成搭建后的基本设置。本章要求学生在完成知识模块内容学习后，能够独立进行微网站及微店的搭建，并独立完成店铺的美化及基本运营工作等。

2. 实训素材

（1）相关实训软件。

（2）智能手机实训设备。

（3）微网站搭建软件。

3. 实训内容

任务一 微网站搭建

（1）微网店策划

教师布置任务，学生在教师所提供的素材中选择合适的素材，进行微网站搭建前的前期策划，并完成表2-2。

表2-2 做网店策划任务表

网位位置	项目	项目说明		具体内容
首页	网站主题	网站的性质		
	网站色彩	网页主色调、色彩搭配		
	栏目设计	首页		
		…		
		…		
		…		
	页面布局	页面布局的初步构想		
内容页	页面布局	页面布局的初步构想		
	色彩搭配	网页主色调、色彩搭配		
	内容设置	确定内容如何进行排版、内容页的整体展现方式		

教师检查学生所搭建的移动微网站，安排小组之间互相进行评比。

（2）微网站搭建

学生处理相关网站图片，利用微网站搭建软件对网站进行搭建，模拟经营环节，完成图片处理、图片设置等过程。

教师对学生的微网站进行点评，并进行实训评比。

任务二 微店搭建

（1）微店平台搭建

教师布置任务，学生在教师所提供的移动电子商务平台中选择合适的平台进行微店搭建，完成表2-3并完成账号注册、微店装修等工作。

表2-3 微店平台搭建任务表

微店平台搭建任务	说　　明	具体分析
微店平台	学生所确定的移动电子商务平台	
选择原因	选择这个平台的原因	
微店名称	微店的名字	
经营商品	所要搭建的网店经营的产品	
选择原因	为什么要经营这类商品	
店铺风格	店铺装修风格的简单介绍	

教师检查学生所搭建的微店铺，安排小组之间互相评比。

（2）商品发布与运营

学生处理相关产品图片并进行商品发布，模拟经营环节，完成上货、补货、成交等过程。

教师根据学生的微店商品发布与运营状况，对学生的微店进行点评，并进行实训评比。

第 3 章　APP 营销平台搭建

得移动者得天下，移动端已成为各大电商争夺的主要入口，移动端的发展优势是投资人目前投资移动网络一个非常重要的参考因素。现在，企业之所以如此着急抢占移动互联网市场，一方面是因为 APP 充斥人们生活的各个方面，无论是娱乐、生活、社交、还是工作等，APP 的影响无处不在。另一方面，APP 营销已经成为很多企业营销布局的重要组成部分。以 APP 为载体，企业可以进行品牌推广、挖掘新的消费者，开展销售活动等一系列营销行为，从而使企业或品牌达到理想的宣传效果，其成本甚至比传统广告更低。

因此在 APP 的多赢局面下，各行各业争相开发自己的 APP，众多创业者也在开发自己的 APP 力争挖掘第一桶金。

通过本章的学习学生应达到以下目标：

知识目标

- 掌握 APP 需求分析的方法；
- 了解 APP 设计的规范；
- 掌握 APP 营销创意表现；
- 了解 APP 营销优势。

能力目标

- 具备 APP 需求分析能力；
- 具备 APP 设计分析能力。

3.1　APP 营销认知

3.1.1　认识 APP 营销

APP，是英语 Application 的简述，意指针对手机这种移动连接到互联网的业务或者无线网卡业务而开发的应用程序服务。简单地说就是手机或无线工具的应用服务。

目前，全球进入了一个移动互联网的时代，这是 IT 产业继互联网后开启的又一新时代。随着移动互联网的兴起，越来越多的互联网企业、电商平台将 APP 作为销售的主战场。目前 APP 给手机电商带来的流量超过了传统互联网（PC 端）的流量，通过 APP 进行盈利成了各大电商平台的发展主要方向（见图 3-1）。在移动互联网时代。APP 营销变得越来越火爆，对于企业来说，谁占领用户的手机桌面，谁就能成为"营销巨头"。

手机 APP 是整个 APP 营销的核心内容，是品牌与用户之间形成消费关系的重要渠道，也是连接线上线下的枢纽。作为一种符合时代发展趋势的营销工具，APP 迅速抢占了移动互联网营销的大平台，逐渐发展成为各大电商互相竞争的主流营销渠道，开启了 APP 营销时代。

APP 营销变得火热的的原因除了用户众多之外，还因为 APP 与 PC 端在用户体验、设计风格、登录方式、互动性等方面相比更具优势。

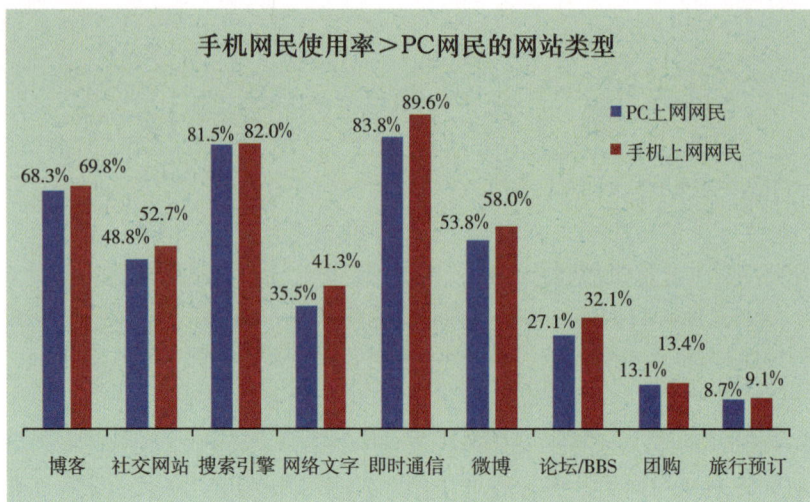

图 3-1　移动端与 PC 端使用率对比

1. 用户体验

用户体验方面更加人性化，满足用户的手机浏览习惯。普通的 PC 网站只适合电脑页面浏览，不适合手机页面浏览，一旦普通网站在手机上展示，就会不可避免地出现比例不协调，排版错位变形，甚至乱码的现象。而手机网站是针对手机屏幕和手机分辨率大小而定制的网站，文字和图片的显示比例都适合手机页面的浏览，吻合手机用户的视觉习惯和需求，因此 APP 已成为企业当今的刚性需求。

2. 设计风格

手机 APP 的设计简洁清晰，突出重点。普通的网站和 APP 的风格存在着"详"和"简"的区别，前者展示的是企业全面详细的信息，面面俱到是其的主要特点。而 APP 是基于电话、短信、定位、分享、留言本等基本功能上的产物，它只展示企业的核心信息，针对性和目标性强，传输数据量小，访问速度快，这些特点更有利于其在手机终端发挥营销价值。

3. 登录方式

众所周知，能满足客户惰性的产品更具生命力，更容易吸引客户，被客户所接受。访问普通的网站需要通过输入地址或者通过搜索引擎来进行访问，而 APP 网站的访问方式更新颖、方便。访问展示型 APP 可通过拍摄二维码直接登录访问，省去了手动输入网址的麻烦，很好地迎合了人们的惰性。

4. 互动性

与 PC 版普通网站相比，手机端 APP 留言、分享功能更能促进与客户的互动，增加客户的粘度。

3.1.2　APP 创意表现

APP 涉及手机阅读、手机电子商务、手机拍照、手机社交与手机游戏等多个领域，满足人们在交通、购物、社交、娱乐、学习方面的多种需求。APP 具有丰富的创意、卓越的多媒体表现以及能充分与消费者进行直接互动，已经发展成为企业进行互动营销传播的最新形式。APP 营销的创意主要体现在其互动营销的三个模式中。

1. 提供详尽信息，立体展示产品

这类 APP 针对消费者希望了解产品的需求，提供了一个能够在移动终端上观看产品的渠道。

用户只需下载相关 APP，利用智能终端摄像头扫描特定图形，就能通过增强现实技术，在智能终端上近距离、多角度、立体化地观看虚拟产品，了解产品的相关信息。

2. 虚拟产品体验，帮用户决策

这类 APP 给用户提供了一个虚拟体验产品的渠道，让用户模拟体验产品，帮助推进购买决策。用户打开 APP，然后用摄像头对准现实场景，就能看见虚拟产品与现实场景叠加的场景，仿佛看到产品摆放在现实环境中。

3. 给予社交服务，协助情感传递

这类 APP 针对消费者的社会属性，提供传递感情服务。用户使用这种 APP，能够更加方便地传达情感，通过社交获得快乐。

3.1.3　APP 营销的优势

1. 持续性强

以 APP 作为企业的主要营销方式已经成为了各大企业营销的常态。APP 营销的持续性强是其特有的优势之一。一旦用户将 APP 下载到手机成为客户端，那么持续性使用就会成为必然，建立一群满意度高的 APP 用户能更好地驱动 APP 成功，但这也意味着 APP 必须给用户带来很好的体验，功能必须有价值，这样才能让品牌在用户的下载和更长久的使用中获益。很多企业由于缺乏竞争性的营销战略，虽然在前期开发市场中投入了大量的资金、人力和物力，但是产生的效果并不明显。可能前期销售好，但由于策略缺乏变通，无法实现企业销售的可持续性、稳定性地增长。而 APP 营销明显可以弥补这一问题，只要 APP 做得够好，那么企业的营销思想就会一直存在用户的手机中。

2. 成本低

APP 营销的主要特点就是成本低，相比当下任何一种宣传方式，如电视、报纸甚至网络都要低很多。只要开发一个适合于本品牌的应用外加适当的推广费用即可，这种模式效果是电视、报纸甚至网络所不能替代的。

3. 促进销售

APP 营销是一种通过手机应用推送、传播的移动应用营销方式，所传播的信息营销受众者的意识、态度以及行为从而形成营销效果。由于 APP 营销具有网络媒体的一切特征，能随时随地接受信息、分享信息，所以它比互联网信息传播更具优势。有了 APP 的竞争优势，无疑增强了企业产品和业务的营销能力。

4. 信息全面

APP 能够全面地展示产品信息，让用户在没有购买产品之前就已经感受到产品的魅力，降低了对产品的抵抗情绪，通过对产品信息的了解，刺激用户购买欲望，提升转化率。

5. 灵活度高

APP 营销的灵活度非常高，比现有的任何一种宣传销售活动都简单灵活。例如用户只需要扫描商家二维码即可下载商家 APP，用户只需要在手机上点击商家 APP 即可看到商家的所有活动信息，并及时参与消费。对于商家来说，也可以随时随地用手机或者电脑发布、管理营销信息，查看实时的营销数据。另外，利用手机和网络，易于开展商家与个别用户之间的交流。用户的喜爱与厌恶的样式、格调和品味，也容易被商家悉数掌握。这些数据对产品大小、样式设计、定价、推广方式、服务安排等，均有重要意义。

3.2 APP 设计

3.2.1 APP 平台简介

APP 平台是提供用户数据、程序接口等给广大开发者的一个基础的环境，开发者可以开发 APP 在平台上供用户下载使用。但不同的 APP 平台都有着不同的优缺点，如表 3-1 所示。

表 3-1 不同 APP 平台优缺点比较

平台名称	优　点	缺　点
Windows	1. 用户体验一致，细节优化体验好，方便快捷。动态磁贴实时更新+滑动触屏（在全新Metro开始界面下，强调信息本身为主要对象，而非应用） 2. OFFICE中心，可实现Windows Phone和个人PC版本的Microsoft Office之间互相操作 3. 人际沟通联动更直观，强化了"人际"APP中的社交功能，具有各种社交更新等 4. 智能应用更安全，APP均由微软认证，更加安全	1. APP数量较少 2. 铃声与外放调节被绑定 3. 重力感应无法关闭 4. 没有消息中心
iOS	1. 丰富的APP，拥有全球最大最成熟的移动网上商店APP Store，现有APP已超过百万 2. 炫酷娱乐体验，iTunes支持大量音乐影视等文件下载与播放 3. 运行流畅，软硬件无缝搭配，优化程度好 4. 易用性好，界面直观简洁以及完善的多点触控技术，带来良好的用户体验 5. 安全性高，低层级的硬件与固件功能，高级的OS功能，加密网络通信	1. 大部分（超过75%）APP要收费，第三方免费APP偏少。非开发操作系统，固化存储，用户无法自由扩展 2. 蓝牙、U盘模式等功能品牌兼容性差 3. 产品过于单一，目前只支持苹果公司自己的产品 4. 受众面小，不能定制UI，只能进行功能解锁
Android	1. 良好的平台开放性，成本低。Android是一个完全开放的平台，拥有数量最多、种类最丰富的免费APP 2. 实现个性化APP设定，操作简便。Android系统用户可以自由设定屏幕上各种APP、小插件，操作直观方便，更符合使用习惯，打造完全符合自己使用需求的个性化手机 3. 与谷歌应用的无缝结合。Android与谷歌主导研发，完美结合了谷歌优秀的网络应用，如谷歌地图、谷歌搜索等，带来更好的互联网体验	1. 为建立完善的应用审核制度，有一定的安全隐患，如如何控制暴力血腥等方面的程序与游戏还是一个难题 2. 蓝牙设备、USB功能等兼容性不强 3. 版本太多，升级速度较快，导致用户体验不一致

无论是哪一个 APP 平台，它们都具有浏览时间碎片化、手势搭配化、屏幕与输入受限、耗费流量等特点。

1. 浏览时间碎片化

移动设备在方便携带的同时，也带来了浏览时间碎片化的特点。以智能手机为例，用户通常在短暂的时间里，利用手机完成一件任务或者进行一项娱乐活动，在这平均 5 ~ 30 min 的时间里，有时用户的思路会被打断，手机会经常被拿起放下，在这种时候，高效和轻交互就成为了移动设计时必须考虑的问题。

2. 触屏移动特点

移动触屏的产生，同时也带来了各种手势的搭配，这些手势的应用，相比于键盘、鼠标，更能加快速度做出响应，并且降低学习成本，让用户可以更加直观地与手机进行交流。但在进行触屏设计时，精准度以及不同的用户的指尖触碰面积的不同等细节也应该考虑到位。

3. 屏幕受限

设计移动平台就像是带着枷锁跳舞。这个枷锁不仅仅是来自各个 APP 平台系统的控件规范，还来自于屏幕空间的局限性。因此 APP 设计在单个界面的展示要注意简洁扼要，交互轻量与层级浅显。

4. 输入受限

由于智能手机屏幕大小的原因，在文字输入上会受到限制是必然的。很多时候，用户在使用智能手机和其他移动设备时，必须在不稳定的环境与碎片化时间下快速完成任务，在这种情况下，用户并不喜欢在手机上长时间敲击虚拟键盘，而是希望以更快的方式来完成传输任务输送。面对这些情况，企业在设计 APP 时就不得不考虑利用其他多种功能来完善智能手机输入的限制，比如语音功能。

5. 耗费流量

移动用户通常利用流量包来实现上网的乐趣，但由于现在各种 APP 软件流量费太大，迫使用户不得不采取卸载的方式来节省流量。针对 APP 耗费流量的情况，企业在设计 APP 的时候应该同时考虑流量与耗电的节约，尤其是合理的图片展示对流量的影响。

3.2.2　APP 开发不同阶段用户需求挖掘渠道

1. 产品开发前

（1）市场调研

任何一款产品的出现都是因为这个市场有需求，需求在哪，大旗就得往哪里挥。所以市场调研毫无疑问是需求挖掘最重要的事情。设计好调研问卷，利用网络渠道，如 QQ 群、帖吧、社区、微信群等；在线下，通过深入目标用户的群体进行走访调查，深入了解目标用户的需求。线上线下，深入目标人群，获得足够多的调查结果，并确保获得的需求具有一般性。

（2）产品分析

现在移动市场的商品已经有很多，可以说目前能够想到的产品已经有人在做了。所以要开发的产品难免会有类似的竞品。这时候就需要去分析这些竞品，找到共同点即已经被满足的需求，找到差异点，即未被满足的空白区。比如如果想要开发一款社交软件，那么就要寻找像微信、YY 语音、QQ、陌陌等一系列的社交产品作为竞品进行分析，在这些竞品中找到社交软件应该有的通用的功能，找到这些社交软件中没有的，同时用户又有需求的功能作为产品的差异点。

（3）数据分析

随着大数据时代的到来，数据在决策中的作用越来越大。用户的很多潜意识或者有意识的行为，都可以通过大数据体现出来。很多情况下，用户很难清楚地说明他们的实际需求，很多时候他们的判断与实际的需求是不一致的。显性的需求没办法很好地表达出来，更不要说那些用户觉察不到的隐藏的需求。所以数据，这个不会骗人的东西，可以很好地帮助我们去分析需求。通过对用户数据的分析，需求可以较清楚地被表现出来。在产品未开发之前，数据的来源可以有很多方面，各大搜索引擎的关键字排行榜，微博热搜榜，同行的数据报告，或者是一些数据网站的免费或者付费的数据报告，都可以成为数据分析来源。

2. 产品开发后

（1）搜索记录和用户行径

在产品上线后，用户的搜索行为和用户的行径是分析需求的一个重要来源。用户搜索过程提及的关键词，举个简单的例子，比如婚恋产品中，如果搜索词中"35 岁以后""北京户口"的搜索频率很高，那么我们就知道用户对对象筛选有需求，就可以考虑加入对象筛选这个功能。另一个是用户行径，哪个功能是重度使用功能，哪个功能使用率不高，哪个功能用户的中途放弃率最高，都是需求分析中的重要数据。

（2）用户日志和用户数据

如果拥有大量用户日志和用户数据，那么要好好地利用这笔难得的资源。找一个用户 IP 出来，检索目标行为，就能获得这个用户的访问和操作的完整轨迹，分析用户的操作行为，设身处地的理解用户的心情，理解用户的处境，从而发现自己的产品在运营中，是不是有一些不合适、不妥当的地方，真正把自己代入到用户的体验中，理解用户的不满，理解用户的挣扎，理解用户在使用中的困惑和障碍。

（3）用户反馈

产品在上线之后，通过各种渠道获取尽可能多的用户反馈或者邀请用户面对面进行产品的评测。通过用户反馈了解产品还没有满足的需求、产品中的伪需求或者说是冗余的功能是最直接最有效的方式。

3. 需求挖掘的思想方法

（1）头脑风暴法

在收集产品需求的过程中，最常使用的是头脑风暴法。让参与者敞开思想，集体讨论，相互启发、相互激励、相互弥补知识缺陷，引起创造性设想的连锁反应，产生尽可能多的创意。

（2）创意分合法

创意分合法是创意思维训练方法之一，主要是将原不相同亦无关联的元素加以整合，产生新的意念、面貌。分为两种心理运作过程：使熟悉的事物变得新奇（由合而分）、使新奇的事物变得熟悉（由分而合），主要是运用类推和比喻的技术来协助分析问题，并形成相异的观点。

（3）属性列举法

属性列举法即特性列举法，又称为分布改变法，特别适用于老产品的升级换代。其特点是将一种产品的特点列举出来，制成表格，然后再把改善这些特点的事项列成表。属性列举法是根据设计对象的构造及性能，按名词、动词、形容词等特性提出各种改进属性的思路，从而萌发新设想的一种方法。

（4）6W3H 问题法

面对庞杂的需求分析工作不知从何做起时，6W3H 分析法不仅有利于较系统和周密地思考问题，使思维具有条理性，也有利于较深入地发掘问题，有针对性地提出更多的可行性设想，帮助产品经理制定有效的目标。

6W3H 分别是：

• Who（什么人），产品的目标客户是谁？是一类群体还是几类群体？针对产品的用户群进行分析，了解目前用户群的年龄、性别、特征、区域、习惯、兴趣、爱好、收入、消费等情况。

• When（什么时间），用户可能会在什么时候使用到产品。产品推介必须选择合适的时机，同时还要考虑用户的停留时间、使用高峰时间、跳出时间。

• Where（什么地方），用户可能在那些条件和环境使用产品。针对什么样的环境条件，如针对不同的操作系统环境、不同的地理位置，要有不同的方案。

• Why（为什么），此法主要用于了解设计产品新功能的目的是什么？是现有产品没有满足用户需求还是为了满足用户的新需求，又或者仅仅是跟风凑热闹？

- What（是什么），产品功能分析。用来分析产品基本功能和辅助功能的相互关系，用户到底需要什么功能？
- Which（哪些），除了我们的产品，市场上还有可替代产品吗？
- How do（怎么做），用户怎么使用产品，使用产品的流程是什么，怎么样更省力，符合用户的使用习惯吗，体验怎样？
- How much（多少钱），用户使用产品需要付费吗，需要付多少，是否超出了用户的支付能力？
- How many（多少次），用户的使用频率是怎样的，经常使用、偶尔使用、还是不定期？

3.2.3　APP 用户体验设计技巧

1. 文字表达清晰明了

移动时代多为零碎时间，用户大多通过手机进行片段式阅读，这对 APP 界面的文字表达技巧要求要高，能够使用户在阅读的瞬间将准确无误的信息一眼捕捉出来，所以表达要足够简洁凝练，既要使用用户习惯的语言，又要能够将产品特征体现出来。

2. 尽量简化标签并与内容对应

APP 界面的标签页与内容密切关联，一个界面有二级标签就很合适了，如果还有更多层级并且每一级还有相关内容，切换起来就显得烦琐，不利于用户直接获取信息。

3. 引导页要大方美观

不少设计者费尽心思将引导页做的花里糊哨，目的在于吸引用户去发现他们新增或隐藏的某些功能，这方面要适度，要注意，太过花哨有时反而使重点被掩埋。如果是用户已经熟知的通用功能则无须引导，引导页要做的简洁美观。

4. 启动速度快

如果一个 APP 启动就缓慢，加载时间长，很多用户就会在一开始就失去耐心再继续等待。因而在 APP 设计的时候一定要考虑如何让 APP "轻装上阵，加速前进"，同时对于网络的问题也要分情况去处理。

5. 交互流程要清晰

交互设计方面，必须将主次任务分清，保证一个畅通无阻的流程，把握住流程，避免有太多的分支干扰。

6. 操作过程选择性显示

手机交互过程包含缩减、隐藏、附加、组织等，有些人为了凸显其强大会将所有的功能及操作都体现出来，其实这样往往适得其反，让用户觉得过于烦琐而失去耐心。

3.3　案例解析——蚂蜂窝自由行 APP

蚂蜂窝创立于 2006 年，起初只是一个社区平台，用户以游记的形式，分享旅行路书、攻略、经历等。2010 年正式作为商业项目开始运营，是目前中国领先的旅游社交网站。蚂蜂窝自由行 APP 是其核心产品，主要功能为游记攻略和问答评论社交，为用户提供决策依据。整个 APP 的核心竞争力就是依托海量的 UGC 内容大数据，以攻略形式为用户进行旅行地推荐及详细介绍，围绕旅行地提供酒店、门票、特价、购物、美食等周边服务，从而拓展盈利模式，如图 3-2 所示。

图 3-2　蚂蜂窝自由行 APP

作为旅游类应用按照用户需求划分为：资讯、预订、交通、分享四种类型，OTA（在线旅游社）预订市场发力多年，厮杀激烈，赚取佣金的商业模式相对稳定。随着手机、平板电脑等移动设备的普及，用户场景更加丰富，旅游类 APP 逐渐向前后延伸，填补用户出行的需求空白。蚂蜂窝自由行 APP 即属于协助用户规划行程的资讯类应用，蚂蜂窝自由行 APP 的开发主要过程如下。

1. 梳理业务

1）行业状况

根据艾瑞监测数据，2014 年中国在线旅游市场交易规模达 3 077.9 亿元，同比增长 38.9%；在线渗透率达 9.2%，较上一年增长 1.7 个百分点。在线旅游行业正在高速地发展，这将会是一个接近万亿元的市场，具有很大的发展空间。蚂蜂窝的旅游攻略是属于资讯类和分享类。资讯类主要是提供信息，为用户行程规划提供决策依据，传统形式大多以官方介绍为主，实际上为用户提供的需求信息很少，而 UCG 模式（用户生产内容）+ SNS（社会性网络服务）无疑是资讯类获得内容的最佳途径也是用户安排行程，做出选择的重要依据。分享类一般和资讯类是密不可分的。在此行业状况分析下，蚂蜂窝的主要模式将以 UCG 模式为核心。

2）用户需求

蚂蜂窝旅行网以"自由行"为"灵魂"，主要提供全球 60 000 个旅游目的地的旅游攻略、旅游问答、旅游点评等资讯，以及酒店、交通、当地游等自由行产品及服务，在用户需求分析上从用户刚需出发。

（1）抓住用户痛点：去哪儿玩？怎么玩？

蚂蜂窝自由行正是把握住了这个痛点，每天都有海量的世界各地的真实旅客们记录他们的行程和所见所闻所思，再由强大的团队进行编辑，为大家的行程提供了各种各样的参考方案，游客们可以根据自己的需要自己规划行程。

（2）价格攻略

在出行旅游时，作为游客，衣食住行都离不开经济支持。如何在陌生的环境下规划资金是旅游很重要的一环。针对这个问题，蚂蜂窝自由行的游记中将会涵盖吃喝玩乐住行各个方面，经济不太富裕的旅行者们或者不想被景点各种坑的旅行者们都能在游记中找到自己需要的资金分配方案，并且还有各种自由行的套餐可以选择。

2. 竞品分析

SWOT 模型是 APP 进行设计前很重要的一环。SWOT 分析即：分析企业优势（Strengths）、劣势（Weakness）、机会（Opportunity）和威胁（Threats）。因此，SWOT 分析实际上是将对企业内外部条件各方面内容进行综合和概括，进而分析组织的优劣势、面临的机会和威胁的一种方法。

（1）Strengths

蚂蜂窝自由行是蚂蜂窝进军移动端的拳头产品，手握海量 UGC 数据和攻略引擎技术。资讯类 APP 掌握信息就等于掌握了用户，蚂蜂窝 5 000 万用户，80% 来自移动端（即公司已开发的 APP 产品）。但市场不断在变化，数据也在不断地变化，而二八原则明确了公司在运营的过程中，投入和产出、努力与收获、原因和结果之间，普遍存在着不平衡关系。少的投入，可以得到多的产出；小的努力，可以获得大的成绩；关键的少数，往往是决定整个组织的产出、盈利和成败的主要因素。因此对于蚂蜂窝来说，攻略是其核心，用户意味着变现的资本，大数据可以通过预售的方式来反向定制旅游产品。

（2）Weakness

对于攻略社区类旅游网站来说，提供丰富多彩的内容并不是其发展的目的，网站的生存与发展最关键的还是盈利，所以攻略社区类旅游网站未来的成败还是在于如何将内容转化为销售，打通内容与销售之间的桥梁。

蚂蜂窝的核心是旅游攻略，攻略中的照片和文字信息都来自于真实旅行用户的反馈评价。攻略里边涵盖了旅行中食、住、行、游、购、娱、出入境等重要信息，还有用户旅行的真实体验评价。在攻略分享的基础上，蚂蜂窝自由行 APP 为用户提供旅游产品的在线预订服务，并且从中盈利。广告收入和佣金收入是蚂蜂窝的主要收入来源，其中广告收入主要是推广相关企业和机构的品牌与产品获得收益，佣金收入主要是为 OTA 提供酒店、机票预订平台获取佣金。

但这种"佣金＋广告"的盈利模式单一，有待进一步的开拓。

（3）Opportunity

旅行市场需求越来越大，人们越来越倾向于个性化自由行，OTA（在线旅游社）的标准旅游产品已经满足不了人民日益增长的精神文化需求，作为旅行资讯产品，比 OTA 更有优势提供定制旅行服务，优化完善用户根据行程规划匹配预定产品的体验。依托大数据可以用来预售旅游产品，优化供应链资源分配。

各种打车、餐饮 O2O 服务迅速发展，这些服务都属于旅行的重要场景，与 O2O 服务结合，可以将用户场景从出行前拓展到出行中，给用户更好的体验，也可以增加更多的盈利点。

（4）Threats

虽然早期的数据积累建立了一定的行业壁垒，短期内不可替代，但是目前的变现能力还能支持技术和运营走多远还有待考证。这里选择同为资讯类应用的穷游、百度旅游做对比（见表 3-2）。

表 3-2　同行业 APP 对比

对比内容	产品定位	目标群体特征	核心竞争力	盈利模式
蚂蜂自由行	提供高质量信息，帮助用户消费决策	年轻、追求个性化	数据结构化和强大的运营团队	成交佣金+广告收入
穷游APP	做中文海外自助，依靠用户贡献内容	年轻、追求个性化、国外自助游	高精度和深度的出境游信息	成交佣金+广告收入
百度旅游	旅游信息社区服务平台，帮助用户更好更快做出行前决策	年轻、追求个性化	百度地图	成交佣金+广告收入

从表 3-1 中可以看出，蚂蜂窝自由行、穷游和百度旅游的用户群体都是年轻人为主。蚂蜂窝注重自由行，穷游注重境外游，百度旅游注重定制行程，各有特色，但在 UGC（用户原创内容）上，无疑旅游攻略的内容产生和编辑更强大。

蚂蜂窝是比较早进入在线旅游业的，蚂蜂窝自由行 APP 在用户数量、内容数量等指标上都是处于领先地位，这便是蚂蜂窝自由行的核心竞争力。对于一款攻略游记产品，大量的评价、攻略等内容的参考，是用户最为关键的需求，这一点也是蚂蜂窝核心的优势所在。

此外蚂蜂窝自由行还有一个优势，对目的地的介绍和完整的攻略产出，是所有产品中做的最好的，是最适合用户在旅行前应用的产品。蚂蜂窝积累的内容数量巨大，离线攻略数量多且内容丰富，对目的地的介绍完善，大到景点美食，小到来去交通和穿衣。这些优势保证了蚂蜂窝自由行吸引到的用户更多。

3. APP 设计分析

（1）产品架构设计分析

产品架构设计是用于清晰需求分析与产品目标之后，把产品、人、环境放置于一定的场景之中，通过场景中人和产品发生的故事去推理产品应该有哪些功能和逻辑流程的细节。

穷游与百度旅游在产品架构设计基本相似，整体偏重系统内容与用户发表相结合的形式，而蚂蜂窝自由行的 APP 结构的设计以突出自身主要核心功能为主，全面围绕为用户提供目的地的旅游攻略下载和相关信息，以目的地分类的形式呈现给用户。信息内容以系统所整理的用户 UGC 内容为主，并提供锦囊下载离线查看，景点美食等列表，相关评论，游记的目标思路展开等。图 3-3 是蚂蜂窝自由行 APP 简略的大体层级架构图，从图中可以看出，架构横向三个板块并列，并具有一定的纵深，部分内容需要经过多层级才能到达最终面。

为了确保每个层级之间的关联，以及用户能从最底层页面回到一级导航，蚂蜂窝在每个页面都设置了相关的返回按钮，这个设计相比其他的旅游应用最大的优势在于从一定程度上给用户带来了便捷，并更有利于层级之间的清晰度。

（2）交互设计分析

判断 APP 的成功与否，用户体验很重要。APP 设计中用户体验来源于交互设计领域。在展开 APP 之前，企业必须充分了解用户需求，寻求 APP 设计的切入点。比如在进行 UI 设计时需要充分考虑布局的合理化问题，遵循用户从上而下，自左向右浏览、操作习惯，避免常用业务功能按键排列过于分散，以造成用户鼠标移动距离过长的弊端。多做"减法"运算，将不常用的功能区块隐藏，以保持界面的简洁，使用户专注于主要业务操作流程，有利于提高软件的易用性及可用性。

APP 界面要给人简洁整齐、条理清晰感也同样重要，其依靠的是界面元素的排版和间距设计。这里间距设计还要注意考虑适配不同的屏幕分辨率。一般解决方案有据屏幕等比放大缩小间距，或者固定某些界面元素的间距，让其他空间留空拉伸。为了满足屏幕分辨率较大的设备，有时甚至需要改变 APP 界面的页面布局。

如图 3-4 所示，穷游 APP 一共分为四个主要板块，分别为"推荐""目的地""社区"以及"我的"，其中穷游"目的地"中的具体行程内容来自于穷游网积累的大量用户和 UGC 内容，然后再通过系统总结用户的精华行程进行展示。行程的形式则是按时间和地点排列成列表，每天的内容含有景点、交通、酒店等信息，点击后有具体的介绍，行程表现形式直观且简单。但用户需要对目的地信息大体了解，才能查找到符合自己所需求的攻略，游记等作为参考。

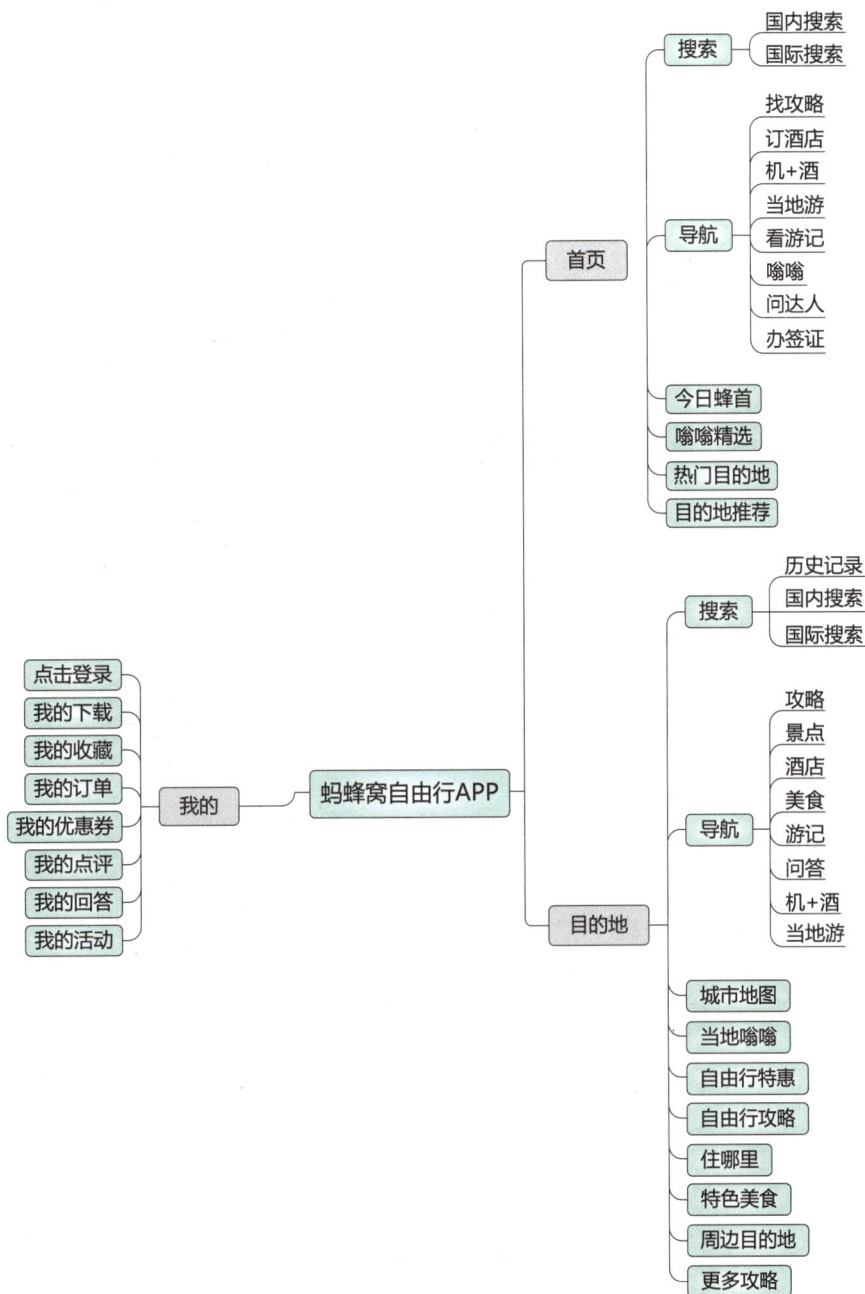

图 3-3　蚂蜂窝 APP 架构

如图 3-5 所示，百度旅游一共分为三个主要板块，分别为"发现""当地"以及"我的"，在"发现"页中的"找攻略"，"排行程"功能可以迅速帮助用户进行旅游决策，整个行程透明、可见性强。但其定制行程路线较单一，对目的地未有认知的用户使用较合适。同时，在用户进入 APP 首页后，没有一个指向性的引导，容易造成用户体验不佳。

相较前者，蚂蜂窝自由行 APP 着重在于将用户从痛苦的信息搜集过程解放出来，整体的结构化 UGC 内容，以及强大的运营编辑，把每个旅游地的详细介绍及周边吃住行购娱都挖深挖透。

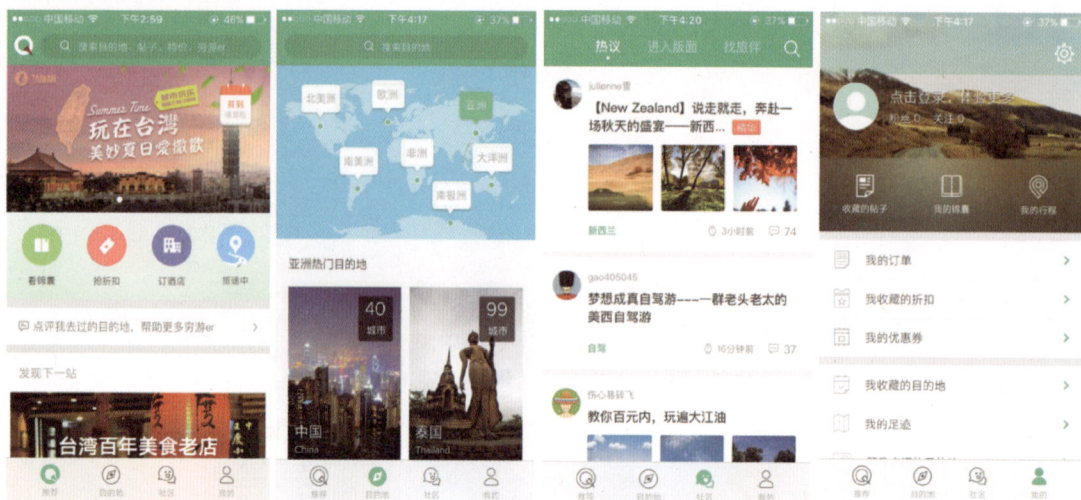

图 3-4　穷游 APP

图 3-5　百度旅游 APP

用户在打开蚂蜂窝自由行 APP 时，第一眼看到的是八个功能导航：找攻略、订酒店、机＋酒、当地游、看游记、嗡嗡、问达人、办签证，其通过这种直白简单的方式，在用户每次打开 APP 时，以最快的速度与用户需求达成一致，告知用户：蚂蜂窝能满足您哪些需求，您按照导航引导，就可以去寻找到自己想要的内容，从而建立友好的持续关系。

由于蚂蜂窝自由行 APP 目的是帮助用户决策，用户需要制定出行计划再去匹配最符合自己的机票酒店等旅行产品，繁杂的操作很容易引起用户的反感。试想，当你在做决策时，一堆繁炫的操作呈现在你的面前，无疑是多余的。如何准确快速地引导帮助完成决策，才是用户理想的体验标准。为达到用户体验期许，蚂蜂窝自由行 APP 选择将主导航固定于屏幕底部，二级导航在中间，让用户更方便快捷地了解出行目的地、制定合适的出行攻略，选择合适的机票、酒店等操作。

其次，蚂蜂窝自由行在介绍住宿的攻略文章内，融入了酒店销售的板块，链接直接跳到产品对应的目标网站，如携程、艺龙。实用信息与销售的结合大大增强，非常实用。相较其他的旅游应用，蚂蜂窝已经初步做到了"内容＋互动＋分享→流量→交易→盈利"一条龙。未来如何进一步将内容与销售结合在一起，将是一个 APP 营销重要的发展方向。

最后，落地页也是 APP 界面设计很重要的一部分。落地页是指访问者在其他地方看到你发出的某个具有明确主题的特定营销活动——通过 Email、社交媒体或广告发布的诱人优惠信息等，点击后被链接到应用的第一个页面。通过呈现一个特定页面，为用户指出一条明确的路径继续加深与应用的关系。

好的落地页面在进行制作时，应根据产品或服务选定一类推广关键词，分析搜索这类关键词的人关心什么内容，根据他们关心的内容准备说服的素材，材料的形式可以是图片、文字或是图文组合，也可以是视频等。蚂蜂窝自由行 APP 的落地页就运用了视频＋图文的方式，让用户在点开 APP 的第一时间，准确传达给用户 APP 的核心与卖点，如图 3-6 所示。

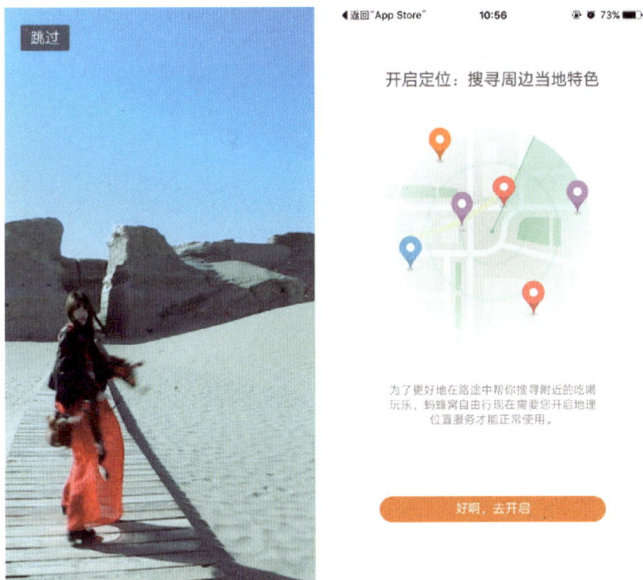

图 3-6　落地页展示

3.4　同步训练

1. 实训概述

学生根据教师给出的命题，挑选洗车类 APP 及竞品，运用相关的 APP 营销知识对 APP 进行营销分析，要求学生通过本项目实训，掌握 APP 营销分析的基本流程。

2. 实训素材

（1）洗车类 APP 及竞品。

（2）目标 APP 应用。

3. 实训内容

任务一　APP 需求分析

步骤 1：学生通过查找资料，确定 APP 竞品。

步骤 2：学生从梳理业务与竞品分析两方面对 APP 进行需求分析并填写表 3-3。

表 3-3　APP 需求分析任务表

APP需求分析	说　明	具体分析
行业状况分析	行业发展趋势分析	
用户需求分析	用户行为心理等方面分析	
产品概述	产品设计思路的整体介绍	
Strengths（优势）	与同行APP相比优势有哪些	
Weakness（劣势）	与同行APP相比劣势有哪些	
Opportunity（机会）	市场的机遇是什么	
Threats（威胁）	哪些问题是APP需要注意的	

任务二　APP 设计分析

步骤 1：依据竞品分析，进行目标 APP 产品架构设计。

步骤 2：对目标 APP 产品进行交互设计分析。

第3部分
移动互联网营销工具方法

　　2015年是中国移动互联网的爆发之年，腾讯董事局主席马化腾曾在一封致合作伙伴公开信中说："互联网不是新经济新领域独有的东西，最终它会像蒸汽机、电力等工业化时代的产物一样，成为可以给所有行业应用的工具。"如他所说，移动互联网的出现不仅改变了我们的消费习惯，更改变了我们的营销方式，同时也为我们提供了新的理念和营销工具，比如本部分要介绍的二维码与H5引流、内容营销、微信营销、微博营销、社群营销、移动广告等移动营销工具方法。

　　随着数字生活空间的普及，我们生活的一切都被精确到微毫，所有的东西都能被精准地描绘、预测、分析、管控。所以，在这样一个移动互联正改变一切的时代，我们在移动互联网营销工具方法上只有变动，才能真正掌握主动。

第 4 章 二维码与 H5 引流

随着近几年移动互联网的发展，"二维码"已经不是陌生的词汇，这个由黑白小方格组成的矩阵图案，只需用智能手机轻松一拍，就可获得意想不到的丰富信息。二维码营销方式因其创新性、互动性，让传统广告从"反感扰人"变得"亲切宜人"。

而另一种营销方式——H5 页面也在这几年异常火热，不管是"围住神经猫""打企鹅""2048"等 H5 游戏，还是"支付宝十年账单""京东白条周年庆"等 H5 活动，都吸引了众多用户参与进来，也让很多企业看到了移动互联网营销的新方式。在移动互联网时代，如何利用二维码、H5 等新型营销方式进行引流，已成为众多企业进行移动互联网营销的关键和难题。

学生通过本章的学习需要达到以下目标：

知识目标

- 了解二维码的应用领域；
- 熟悉二维码在移动互联网营销中的作用；
- 了解 H5 营销的表现形式。

能力目标

- 具备二维码营销的策划与实施能力；
- 掌握 H5 营销的前期策划、制作与传播方法；
- 能够完成 H5 营销的效果监控。

4.1 二维码营销

在日常生活中，二维码的应用非常广泛，我们在手机上团购的电影票，可以用二维码在取票机上取票；使用支付宝或者微信购买商品的时候，需要使用二维码进行支付；在商场、饭店等公共场所，都会有各种各样的二维码供人们扫描。二维码能够提供的内容形式多样，非常适于营销。使用二维码营销也成了各企业、个体进行营销时首先想到的营销方式。

4.1.1 二维码与二维码营销的定义

二维码是用特定的几何图形按一定规律以黑白相间的图案形式记录数据信息。在代码编制上巧妙地利用构成计算机内部逻辑基础的"0""1"比特流的概念，使用若干个与二进制相对应的几何形体来表示文字数值信息，通过图像输入设备或光电扫描设备自动识读以实现信息自动处理。它具有条码技术的一些共性：每种码制有其特定的字符集；每个字符占有一定的宽度；具有一定的校验功能等。同时还具有对不同行的信息自动识别功能及处理图形旋转变化点的功能。

二维码营销则是指通过二维码图案的传播，引导消费者扫描二维码，获取产品资讯、商家推广活动，并刺激消费者进行购买行为的新型营销方式。二维码营销常见的互动类型有视频、电商、订阅信息、社会化媒体、商店地址等。

4.1.2　二维码营销实施

不管是运用何种方式、使用哪种工具进行营销，营销过程都有其相似之处，如前期市场分析策划、营销内容设计与制作、不同渠道的投放等。二维码营销也不例外主要分为前期策划、二维码内容制作、二维码投放三个阶段。

1. 前期策划

前期策划在整个二维码营销实施过程中起到引导规划作用，在前期策划过程中，将工作内容分为三个方面：二维码内容确定；二维码的视觉展示；二维码投放途径的确定。

1）二维码内容确定

二维码存储的内容可分为文本、网址、名片、文件、图片等，在二维码营销之前需要先确定二维码的内容形式。

2）二维码视觉展示

（1）二维码图像个性化设置

通常情况下我们看到的二维码都是以黑色为主，但事实上彩色的二维码生成技术也并不复杂，并且备受年轻人的喜爱。可以根据情况选择黑色或者彩色的二维码。目前，已有网站使用彩色二维码在线生成免费服务，基于二维码的纠错功能，即使二维码部分被覆盖或丢失，扫描设备依然能够识别出其记录的完整信息。

（2）二维码的内容优化

不管是二维码的类型、尺寸还是颜色，或者是二维码中心的图片，都可以根据实际需要进行灵活设置。

除此之外，二维码的引导话术也是至关重要的，话术要求言简意赅，能引起用户关注，可根据营销产品进行创意。

3）二维码投放途径的确定

二维码的投放途径有线上和线下两种。线上投放包括网站和各大 APP 两种渠道，如在 PC 端的网页上通过扫描下载 APP 及关注微信公众账号，明星在微博中的二维码营销、微信公众账号内二维码营销等。

线下包括购物中心、广场、社区等地点的发放，一些卖家尝试用二维码刺激消费者二次购物，在快递包裹或者商品包装上加上店铺地址的二维码，并承诺扫描二维码再次购物有优惠，以此鼓励用户返回线上购物。

2. 二维码制作

完成前期策划后进入二维码制作阶段，通过互联网搜索"二维码制作"或"二维码生成器"，会出现很多工具，视觉码、美图GIF、草料二维码（见图 4-1）和联图网等，如草料二维码能实现电话、文本、短信、邮件、名片、Wi-Fi 的二维码，还通过云技术，实现了文件、图片、视频、音频的二维码生成。

3. 二维码投放

二维码的投放包括线上渠道与下线地推两个方面。

1）线上投放

（1）利用微博进行二维码投放

在微博推广时可以使用图文结合的方式，在文字中加入微博自带的动态表情吸引眼球，在

图 4-1　草料二维码生成器

图片中除二维码宣传图外，周围加上需要宣传的内容或商品，使得内容更具有吸引性，引起用户点击大图，从而扫描二维码进入店铺。除此之外，还可以利用微博的视频、话题、长微博等功能对店铺进行宣传。

（2）利用微信订阅号进行二维码投放

在微信订阅号图文消息中添加店铺二维码，通过用户转发、分享图文消息，增加阅读次数，从而增加流量。

（3）通过论坛社区做微信二维码推广

在论坛上推广自己的产品，可以选择一些宣传效果较好的论坛社区，如淘宝论坛、百度贴吧、开心网、人人网等。这里以淘宝论坛为例，进入淘宝论坛点击卖家之声，在这里回帖和发帖，为了防止"被踢"需要注册多个淘宝账号，在卖家之声中可以就目前小店的发展情况进行阐述，例如发表一篇关于"如何使用二维码为店铺引流"的文章，并在适当的位置加入二维码图片，这样既能防止被封贴，还能很好地推广自己的二维码。

（4）利用问答平台做微信二维码推广

目前主流的问答平台有百度知道、搜搜问问、新浪爱问、天涯问答、360问答、知乎等，但由于个别平台不断加大审核力度，是很难将二维码发布上去的，不妨挑选几个审核不太严格的问答平台，坚持发布一段时间，也会产生比较好的效果。

（5）充分利用网盘做微信二维码推广

在百度中搜索，会有很多免费网盘，尤其是在百度搜索前两页的网盘权重都很高，而且多数网盘还支持外链分享，可以充分结合客户的需求，制作一些电子文档，并且插入微信二维码，制作好以后，把文档上传至各大网盘中，一定要将网盘文件生成外链或设置成公开分享，这样才会被百度收录，文档被百度收录后，或许还会获得较好的排名。

2）线下投放

线下的二维码的投放渠道有很多，如广告屏、报纸、杂志、DM单、户外广告大屏幕、地区路牌、包装、名片、宣传单、灯箱等。例如，可以将设计好的二维码宣传页在各大购物中心发放，也可以将二维码印制在购物袋上等。

在电子商务营销过程中，二维码不仅仅具有店铺引流的功能，它还可以作为支付接口，进行现场支付，还可以是消费者手中的优惠券，顾客消费时只要向商家展示手机上的二维码优惠券，并通过商家的识读终端扫描、验证，就可以得到优惠。除此之外，还可以作为会议签到的凭证，省去了过去传统的签名、填表、会后再整理信息的麻烦，总之，二维码在电子商务营销中的位置至关重要，使用恰当会大大节省营销成本。

4.1.3　二维码营销注意事项

二维码营销最基础的目的是引导用户进入你的手机网站，直接让消费者看到你希望他看到的内容。但在实际运用移动二维码进行营销时，用户不是看到任何二维码都会进行扫描，只有对产品或活动感兴趣，才会扫描。从这点出发，商家必须在制作、展示、用户扫描、查看等每一个环节，充分考虑用户的心理和习惯。因此在移动二维码营销过程中，有以下因素是必须要考虑的。

1. 为用户提供有价值的扫码理由

二维码所对应的内容必须有足够的诱惑力，能够解决顾客的问题，如优惠、售后服务、顾客感兴趣的阅读信息等。

2.把二维码放在合适的地点

二维码放置的位置非常关键，如果选择把二维码放在过道的广告牌、路边的橱窗上，匆匆而过的人们很少会驻足来扫描。楼顶灯箱广告上就更不靠谱了，自己扫一扫就知道有多难。最适合的地方就是大家比较闲的地方，例如公交车站的灯箱，餐厅的桌角，电影院排队的地方等。

3.建立移动版网页

当顾客扫描完二维码后，满怀期待地等待，居然迟迟无法打开，好不容易打开，居然是计算机桌面版的网站，你的营销就丧失了意义和机会。所以，建立移动版网页是必须的，能使用手机快速加载页面，并且适应不同的手机浏览器类型和屏幕大小至关重要。

4.内容编排要简洁

扫描二维码后进入的网页不要设计得太过繁复，因为用户扫码是有明确目的的，他们需要立即在他的小屏幕中找到所需的内容。所以牢记一个原则：简单而清晰。

4.2　H5 营销

H5 页面就是 HTML5 页面，HTML5 是万维网的核心语言、标准通用标记语言下的一个应用超文本标记语言（HTML）的第五次重大修改。HTML5 的设计目的是为了在移动设备上支持多媒体。新的语法特征被引进以支持这一点，如 video、audio 和 canvas 标记。HTML5 还引进了新的功能，可以真正改变用户与文档的交互方式。

2014 年起，H5 页面正式进入人们视野，无论是基于 H5 页面开发的小游戏还是邀请函、招聘公告，乃至网易、腾讯、人民网等大型网站开发的 H5 新闻页面，都试图通过这种以触碰、滑动为第一接触方式的页面技术向用户推荐产品、传播信息。当前 H5 页面也成为各大共管机构和网络公关传播者普遍采取的是表现形式。在移动端各个领域，H5 页面有多个名称，会被称为翻翻看、手机微杂志、广告页、场景应用、海报、画报（动态海报、指尖海报、掌中海报、动画海报、微画报、微海报）等。

4.2.1　H5 营销的特点

目前 H5 营销主要有以下 3 大特点：

1.文化价值传达为主，文字叙述为辅

H5 页面是一种根植于智能手机的表现形式，离开了移动设备，H5 页面显得内容呆板、互动性极差。为了更加适配于移动设备，H5 产品往往选择丰富的表现形式和简短的文字去吸引用户注意力。H5 支持滑动阅读，但是却不侧重于用户在页面滑动过程中阅读过度的文字和图片信息，而力图通过动画、音乐、情节的设置去吸引用户的注意力，使他们身临其境，获得极大的参与感或者共鸣。之所以这样做，是因为 H5 营销，本质上仍然是一种依赖于社交网络的病毒式营销。设计者的根本思路是通过更多用户的分享，达到品牌宣传或者理念传达的目的。不需要用户进行深度阅读和理解，仅仅希望给他们以简短有趣的印象，便于分享。以大众点评网为电影《失孤》做的 H5 页面为例（见图 4-2），这则 H5 作品结构相当简单，仅仅包含 3 个画面：第一步，用户可以输入自己和父亲的生日；第二步，系统自动根据用户输入的年份，推算父亲与孩子的生肖属相，形成两个生肖共同构成的趣味动画，系统将之命名为"和老爸的合影"；第三步，系统用户鼓励用户将合影分享到朋友圈等平台，并@自己的老爸，在这里，一旦用户选择了分享就可以看到电影《失孤》的海报和在线购买电影票并选择的功能按钮。这则小小的设计结合

需要宣传的电影主题，通过极其简单的画面和文字，抓住了现代人远离父母，急需情感倾诉与共鸣的内在需求，取得了意想不到的营销效果。

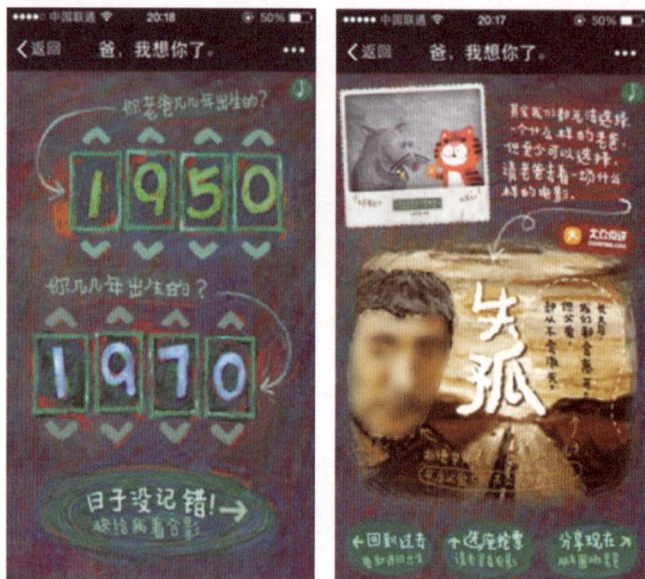

图 4-2   电影 H5 宣传页面

2. 注重隐藏流量、消耗时间，注重推出时机

H5 页面在生存和传播形态上有着鲜明的弱点：一方面，H5 页面由于包含了较多的媒体形式，必然存在着打开较为缓慢，消耗流量较大的问题；另一方面，由于本身依靠社交媒体传播，使得 H5 页面具有极大的易逝性，除了极少数核心用户会通过 PC 端、新闻客户端等方式去追寻某个 H5 页面的所在，绝大多数用户不关心这个页面的来源，看过或者分享后也很少二次传播。

为了克服这个问题，设计者通常通过舒缓的音乐、可爱的卡通形象，或者某种情感期待来留住用户，同时尽量将每一屏画面设计得各具特色，从色彩、构图、文字上吸引用户继续翻屏。同时，为了确保 H5 页面能够在特定时间段取得预期的传播效果，H5 页面的推出往往采取"早启动、重人工、巧推广"的方式发布。从时间上看，H5 页面在社交媒体平台的启动往往早于营销对象本身，如电影的预热、大型会展互动的邀约、招聘的前期宣传等，早期通过核心人群和影响力的个人、公众账号、自媒体账号对 H5 页面的传播，带动二轮、三轮用户的病毒式传播，以达到在营销对象最需要推广的时候，相应的 H5 页面刚好出现在他的社交媒体圈，或者当用户还不了解某个产品时，H5 页面通过简单的游戏活动促使他们对产品有了初步的认识。从 H5 的生存周期来看，一个 H5 页面的爆发式增长时间不会超过 1 周，1 周之后，用户基本会对产品感到厌倦，从而自然而然地终止分享。

3. 新媒体内容推广为主，经济价值暂未显现

新闻媒体利用 H5 技术制作一些精美的新闻页面已经不再新鲜，对于新闻媒体而言，H5 页面的新闻几乎不需要严谨的内容和导语，也不追求即时性和深度，更像是一种配合主流报道做的新闻小品，使读者在阅读严肃新闻的同时可以会心一笑，参与到新闻事件的科普与传播当中。从经济价值来看，由于 H5 页面的生存周期较短，传播效果不可控，也使得广告投放工作不容易找准定位和价值。

4.2.2　H5 营销的表现方式

H5 营销的表现方式可以分为幻灯片式、交互式、功能型等方式，每种表现方式都各有特点，使用场景也有所区别。

1. 幻灯片式

这是 H5 最初期也是最典型的形式，由于简单、实用，所以至今还很流行。其效果就是简单的图片展现、翻页交互，终究整体的表现很像幻灯片展现。其实幻灯片式的 H5 现在已出现了很多在线制作软件供大家使用，所以制作成本几近等于零。

由于制作简单，周期短，这类 H5 展现情势适用于频繁、小型的需求。用在线编辑器的话，不需要任何开发，只需要配备 1 名设计和文案。幻灯片式 H5 到目前为止有以下使用场景：

（1）定期发布的内容，几近零预算

这些内容相对而言比较常规，如新上线的产品或功能、活动邀约、活动相册等，微信图文信息无法到达理想效果，通过 H5 页面的形势会更容易于传播。

（2）结合热门的营销，周期极短

这类情况下，时效性是非常重要的，如果开发 1 个 H5 用了半个月，热门想必也结冰了。所以，应当以最快的速度推出才是明智的选择，而这时候候引发广泛传播的关键就在于文案和设计。

2. 交互式

可口可乐的 H5 营销（见图 4-3）是应用 H5 绘图功能的典型例子，全部可口可乐的时间轴是随着用户向上滑动页面"绘制"出来的，整个过程交互比较简单，页面特点体现在交互式动画的制作上。

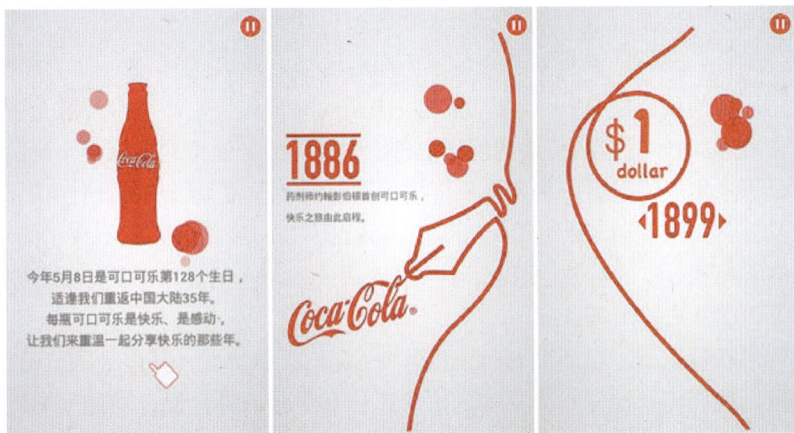

图 4-3　可口可乐的 H5 营销

其实除这类叙事型的 H5 动画，我们能看到的大多数 H5 游戏也都属于这一类，比如"财务包子铺"，在这个游戏中用户扮演包子铺的创业老板，在事业发展的不同阶段做出经营决策，虽然游戏中植入产品（知乎的 1 本新书），但最后还是获得了 3 天破 300 万 PV（点击量）的成绩。

这些类型各异的 H5 利用，本质上都是基于 H5 的动画技术做的。它们所触及的相关动画技术主要有 H5 的 Canvas/SVG 和 JavaScript、CSS3，目前大部分 H5 的动画效果还是用 JavaScript 实现的，实现的效果类似 PPT 中的动画功能，只能实现元素的平移、旋转、隐现等。事实上通过 JavaScript+Canvas/SVG+CSS3 可以实现非常复杂的交互式动画，最直观的就是 H5 游戏。以下为交互式使用场景：

①中小型活动／品牌事件的传播，预算不多、周期较短。这类情况一般就是某些新品发布、企业招聘、公关事件、中型会议等的传播。此时你需要权衡周期和本钱的因素。

②大型活动／品牌事件的传播，预算充足、计划性强、周期较长。一般大家看到那些极具传播性的 H5 基本上都属于这一类，比如上文提到的可口可乐"分享快乐 128 年"，像这类在美学、交互和故事性上都表现突出的案例，需要两周以上的时间才能完成。

3. 功能型

举两个例子见图 4-4，第一个是百度针对地铁涨价做的 H5，它可以计算你每天坐地铁要多少钱并且实时显示大家的评论；第二个是 STC 的社交移动风云榜，很简单，就是精品 H5 的展现。

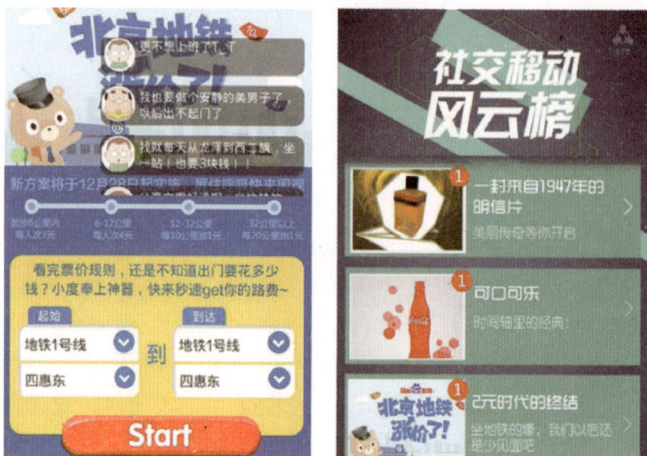

图 4-4　精品 H5 例子

这两个 H5 都有一个特点，除针对受众的热门内容传播之外，它们很像一个"供用户重复使用"的产品，这就是所谓的功能型 H5。所谓功能型 H5 是同时聚焦于用户需求并且重视传播性的 H5 轻利用，在设计 H5 的时候除斟酌传播的问题之外，也要思考如何把它变成一个延续运营的产品。这里面实际上是思考角度的问题，从"我要传播什么"到"我希望用户传播什么"的转变。

轻交互重功能的功能型 H5 制作周期较短、本钱也不高，成功的关键不在于酷炫的交互，而在于用户需求的掌控和后续的运营。因此，这类 H5 需要的是一名高水平的产品经理，而以设计、开发为辅。以下为交互式使用场景：

①品牌账号的粉丝运营。功能型 H5 由于具有一定的产品特性，其最大的价值就是提高粉丝活跃度和虔诚度。我们需要根据本身品牌的形象定位和受众的特性设计功能型 H5，要将品牌或产品的功能性特点抽象到生活方式或精神寻求的层次。

②结合热门内容的品牌传播。这类类型的传播是最多见的，但是常常很多结合热门的 H5 传播都是一次性文娱消费，存活时间较短。其实如果能从用户需求发掘和产品运营的角度去思考，许多针对热门的 H5 传播都有很大提升的空间。

4.2.3　H5 营销实施

1. 前期策划

H5 从立意、创意、设计，到制作、传播，是一个一气呵成的系统工程，技术的把握、创意与文案的优化、传播的执行不可或缺，所以在 H5 营销的前期策划中需要做的主要工作为确定页面主题、页面内容、传播方式、形式。

（1）确定主题

为吸引用户关注，主题需突出产品特点的同时增加创意、避免抄袭。

（2）确定内容

在确定内容时主要从用户角度考虑，通过图文并茂并添加用户互动功能，促使用户点击，提高粉丝活跃度和忠诚度，根据本身产品定位以及受众的特性设计 H5 作品，在文案设计中抓住用户心理，添加用户感兴趣的词汇，同时可根据用户群的不同特点编写标题。

（3）传播

目前比较常用的 H5 页面推广方式有公众号的图文群发推广、微信群推广、线下二维码推广，以及 KOL（意见领袖、微博达人）转发和投稿等。

（4）确定形式

H5 的形式非常多样，幻灯片式、小游戏、海报等各种形式，可以选择最合适的形式进行营销。

2. H5 页面制作

1）制作工具的选择

H5 制作的工具很多，如 MAKA、易企秀、epub360 意派等。按照 H5 工具的自主定制空间及使用方式等可将 H5 工具分为以下三类：完全自主定制（如 epub360、vxplo 互动大师等）、自主定制类、非自主定制类，不同类型有各自的优缺点。完全自主定制和自主定制类的优势是完全自主定制可操作性强，劣势在于功能较多，学习时间成本较大。非自主定制类的优势在于操作简单、随学随用，劣势为只能选择使用，不能定制功能和交互效果。

不同工具在模式上也有不同，一般可分为免费和付费版，免费版中包括部分广告，如需去除广告需支付相应费用，广告形式主要有两种：一种是在加载页显示对应 LOGO 和"由 XX 提供技术支持"字样；另一种是在最后一页显示"免费创建这样的展示""点击制作我的 XX"等。

这里介绍四款常用的 H5 页面制作工具：

（1）初页

初页见图 4-5 作为手机端制作动态海报的 APP，门槛比较低的，容易上手，可以直接在手机上编辑，制作极为便利，图文混排的模板也很丰富。可免费下载安卓版和苹果版初页 App，或通过计算机在线创建、编辑，轻松创作优雅、炫酷，利于微信传播的 H5 海报。

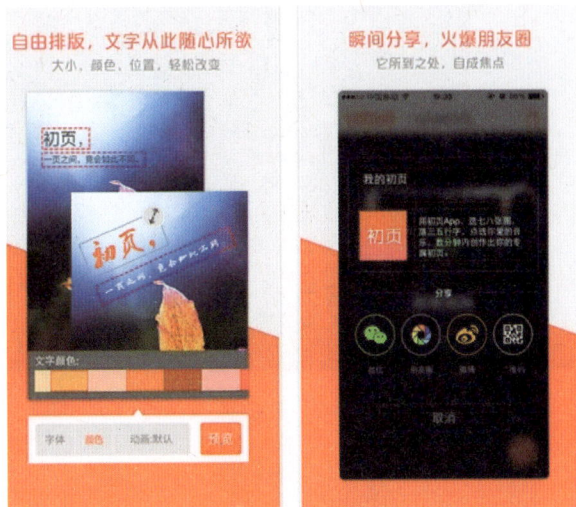

图 4-5　初页

（2）MAKA

在 MAKA（见图 4-6）这个平台上制作 H5 相对简单，编辑界面有新手（有模板）和高阶（无模板）两种编辑模式，提供一些特效模板，都是设置好的效果。MAKA 的劣势在于它的模板比较少，并且预览页面也比较小，看起来比较费劲。MAKA 除收费版外提供免费版，不过免费版不提供自定义动效、支付、导航、预约等服务，也不能添加外链。

图 4-6　MAKA

（3）易企秀

易企秀（见图 4-7）是比较早期发展起来的 H5 页面制作工具，所以功能上比较齐全。由于起步较早，易企秀俨然是目前国内市面上使用最频繁的 H5 微场景制作工具。不过由于适配的原因，做出来在手机上观看两边会有留白。解决方法是将图片变成背景。易企秀也是免费的，有多种动态模板，可以简单、轻松制作基于 HTML5 的精美手机幻灯片页面。

图 4-7　易企秀

（4）epub360 意派

epub360 意派（见图 4-8）的交互功能极为强大，可以说更适合专业的设计师打造的交互设计，动画效果出色，虽然简单傻瓜式的模板不多，但自由度相对较高。不过如果只是制作简单的单页，上手也并不是很复杂。只是免费版作品数量限制为 10 个，导出有 LOGO。

图 4-8　epub360 意派

2）H5 活动设计

在设计 H5 活动页面时要避免以下误区：

（1）不设定目标

任何设计项目开始前，设计者必要弄清楚项目的核心目标是什么，在项目进行中再去确认目标，即使发现问题，也很难跳出已有的思维框架。现有的 H5 活动虽然内容较为丰富多变，但万变不离其宗，基本可以分为三类：拉新、曝光、促活。

①拉新，通过 H5 传播，引导新用户访问最终进行转化。

②曝光，利用 H5 跨平台、兼容性高、易传播的特性，引导用户通过关系网络进行分享和传播，目标优先级：参与 > 分享 > 下载。

③促活，这种主要针对社交类产品，通过持续的站内活动保持用户活跃的稳定。目标优先级：参与 > 分享 > 下载。

（2）不考虑真实场景套用一般模式

任何一种方式都只能适用于一定的场景。例如，在微信或微博的传播中，最常用的登录方式就是授权登录，这样可以大大降低用户的参与门槛，但是授权登录并不是万能的，只能获取用户头像、昵称等基本信息，并没有任何联系方式，对于存在奖励/派奖的 H5 活动并不一定适用。在真实场景下，用户参加完活动后再次访问的可能性是很低的，更不会手动收藏 H5 链接，如果你的活动存在奖励，就一定要引导用户留下手机号或引导用户下载 APP，这样才能确保奖励及时、有效的触达用户。

（3）过分考虑成本忽视体验

活动成本的考虑是所有策划者无法避开的环节，但过分考虑成本而忽视活动体验将会产生一个本末倒置的结果，即分享、下载、促活这三个目标，一个也达不到。例如在某 APP 中看到一个新用户拿红包活动，虽然以拉新为目的，但是参与活动的前提需要上传一张线下彩票店的彩票照片，该活动的本意应该是希望以这种方式筛选目标用户以节约成本，但是线下购彩票再线上上传方案的方式，不但极大的提高了真实用户的参与门槛，而且存在伪造、刷单等漏洞，在无形中提高了活动成本。

（4）行为引导不唯一

在用户参与活动结束后，需要对用户的行为进行引导，例如分享、下载、再玩一次等。一个活动只能有一个核心目标，因此在活动结束页面中，应尽量避免让用户选择，当出现两种行为引导时，核心目标一定会被次要行为分流而受到影响。

3）H5 页面设计要素

（1）背景图片须采用 CSS 中"background-size:cover；"属性来实现。

（2）在进行 H5 页面内容规划布局设计的时候，不能将重要内容放在太偏下的位置或者偏上，否则前端布局时可能出现内容显示不全的情况。

移动端 H5 页面的设计稿尺寸大小规范内容如下：

任何图片作为数据信息被保存在存储盘中时，只有宽高像素数是有意义的，此时的 ppi（即像素每英寸，又称像素密度）对于图片来说时没有任何意义，也并不能描述这个图片有多少英寸的宽度或者高度，而只有在被打印出来后才有 ppi 的意义，被打印出来才可以描述这张图片有多高多宽。

平时制作 H5 页面时设计原型时，一般原型稿建议屏宽为 320 px，用这个尺寸一是为了浏览方便（现在很多手机的屏宽达到 1 440 px，用这个尺寸去模拟显然不现实），二是以 iPhone 5S 为标准的手机屏宽较小，进行内容排版布局时屏宽应该向下兼容。

制作设计稿时，设计师应该把原型稿上的所有尺寸进行 2 倍处理。这样设计稿在移动设备上预览便可保证清晰。而前端切片时，按照现在流行的做法，可以直接使用原型稿上的尺寸，也就是设计稿上的 1/2。

一般情况下，H5 页面设计稿做成 640×1 136 px 是最为稳妥的尺寸，在 812 px 高度处增加一条安全线，重要内容在此线之上，既保证了在移动设备上显示清晰，也保证了素材的最小尺寸。

3. 页面推广

影响 H5 传播量有两大重要因素：转发率（内容）和打开率（标题和转发文案）。

转发率取决于内容，除了内容要贴合受众场景，要有创意之外，最重要的是参与感。在 ih5.cn 网站上统计的排名前 1 000 个作品当中，传播最广的几类：心灵鸡汤、测试题、社交互动。前十名都在百万以上，最高达 5 000 万传播。鸡汤能产生共鸣，测试题反馈结果，社交互动跟好友 PK，这些都是参与感的体现。

打开率是非常重要的因素，但同时也是最难把控的。因为决定打开率的，就是短短几十个字的标题和转发文案。

除了提升 H5 本身的转发率和打开率，渠道也是影响传播的重大因素。好的 H5 就如同一个产品，如何把它传播出去，触及更多用户，需要媒介的作用，据不完全统计，H5 推广的方式主要有：微信公众号、朋友圈、微信群、微信广告、微博、QQ 群、QQ 空间、新闻客户端、App 广告、广点通、线下海报等。在传播这个过程中，可以多种方式让 H5 与用户连接：

（1）线上线下的结合传播

线下活动推广，扫二维码玩游戏送礼品，通过 H5 有趣的互动可以引发粉丝互动转发朋友圈、微博等。H5 独特价值在于除了具备传播性以外，它通过用户的重复使用行为使得 H5 的传播是一个持续不断的过程。

（2）品牌微信公众号推广

"软文 +H5 落地页"推广。从用户角度挖掘 H5 的价值点，写一篇软文，通过图文群发来推广 H5 无疑是最重要的方式。

一个好的 H5 一定具备打动用户的价值点，从一个角度切入写一篇软文，无论通过投稿的方式还是大号转发都能带来意想不到的传播效果。投入再大再精彩的 H5，如果没有好的推广就只能孤芳自赏。

（3）充分利用"阅读原文"

由于微信的限制，图文中唯一能跳转的链接就是"阅读原文"。关于如何利用好"阅读原文"有三点小技巧：

①不要浪费每一篇图文的「阅读原文」，可能的话对于每一篇图文用不同的文案引导点击。

②如果你的目的是推广 H5，不要在阅读原文的提示之后或者阅读原文引导和正文之间插播公众号的广告。

③通过字体或者颜色的视觉跳跃引起读者的注意，而且不要长期使用同一个格式，因为当用户习惯了固定的格式之后会不自觉的忽略这些内容。

（4）微信自定义菜单

自定义菜单也是需要充分利用的功能，一般来说新增粉丝都会浏览一遍公众号的菜单，根据数据监测，平均每个菜单项会有 20% 的新增粉丝点击。假如你的账号每天能有 500 个粉丝增长，就会有 100 个人以上点击了菜单的某一项，因为这是持续进行的主动行为，由此为 H5 带来的浏览量可能比图文群发还要高。

（5）利用身边社群

尽可能利用所有能推广 H5 的渠道。目前比较常用的方式：通过公众号的图文群发推广、微信群推广、线下二维码推广。

首先需要列出所有能用到的资源，并发动内部人员转发，每个微信群其实都有自己的定位——工作、生活或者闲聊扯淡，所以为了提升打开率可以适当的为不同的微信群定制转发的文案。

（6）微信大号推广

例如米汇——有米传媒旗下专注效果的社会化媒体营销平台。拥有超过 1 000 个意见领袖，50 000 万微信公众大号，100 000 微信大号，强大的流量导入能力，受众准、传播广、转化高。

（7）朋友圈互动推广

朋友圈推广则是生活属性为主，有趣、好玩，有参与感是关键。朋友圈的传播完全依靠用户自愿，没有任何讨巧的办法，唯一能做的就是优化标题和内容，同样的 H5，换一个标题，产生的流量是大大不同的。而朋友圈的转发，仅仅依靠个人力量毕竟是有限的，可以发一些红包请朋友转发。但是能不能产生二次传播，就完全依赖于内容了。

（8）名人营销

"名人营销"指的就是利用名人作为营销手段帮助企业作宣传来推动产品销售的营销方式。在名人营销策略制定过程当中，名人的选择不仅仅是一个必不可少的重要环节，更是一种技巧与策略。选对了，粉丝经济可以达到最大化，自然宣传效果就更大。

4.2.4　H5 营销技巧

H5 营销技巧主要有以下 3 个方面。

第一个方面，要在创意和内容上追新求异。

一个让人眼前一亮的 H5 营销一定是一个会制造话题的技术活。创意上要结合品牌调性，达到视、听创新；内容上要做到有趣、好玩、实用、有价值，另外还需紧跟热点，利用话题效应，只有这样才能抓住用户的眼球，才能促使用户进行分享、传播，达到营销效果。

第二个方面，要深挖 H5 的价值点。

一个好的 H5 一定具备打动用户的价值点，尤其是功能型 H5，需要根据本身品牌的形象定位以及受众的特性设计，要将品牌或产品的功能性特征抽象到生活方式或者精神追求的层次，只有这样才能与用户产生共鸣。例如，卖体育用品的可以抽象为体育锻炼与健康生活方式，设计一个改善身体健康状态的功能型 H5。

第三个方面，要从技术上寻求突破。

要想让 H5 营销脱颖而出，其核心应用技术也必须"高大上"，必须大胆应用其多媒体特性、三维图形制作及 3D 特效等功能属性，而不是仅体现在触摸、滑动等传统 PPT 幻灯片的简单操作上。

第四个方面，多渠道推广 H5 页面。

可以充分调动身边任何可以利用的渠道资源，进行多种形式的推广，比如通过公众号进行图文群发推广、微信群推广、线上线下二维码推广，以及 KOL（意见领袖）转发和投稿等。另外，可以策划开展多样线上线下活动，促进用户品牌倾向性。

4.3 案例解析——嘎嘎秀商城二维码与 H5 营销案例

嘎嘎秀商城是一家刚起步不久的服装商城，主营潮流女装，作为微店中的新秀，注重以市场为导向，在强化科学化和规范化管理的基础上建立了良好的运营机制，开店初期通过"移动端店铺 +PC 端店铺"双渠道开展营销活动，并通过微信、新浪微博、QQ 空间、社区贴吧等社交网络平台发布带有二维码图片的图文消息进行推广，其次制作 H5 页面宣传页面，以此来为店铺带来更多流量。

4.3.1 二维码营销

嘎嘎秀商城利用二维码储存网址的形式进行本次营销，并确定网址为店铺首页链接。

由于嘎嘎秀商城的用户大多数是年轻人，所以在二维码视觉传达上使用了彩色的二维码，并将其与一些图案进行合成，得到个性化并能被扫描设备识别的二维码。

由于嘎嘎秀商城店铺链接较长，所以在设置时将长链接转变成短连接，减少链接的长度，降低二维码的密度，避免了因二维码过密无法扫码的困扰。在引导术语方面，嘎嘎秀商城这次主要营销的产品为女装，将二维码的引导术语写为"扫掉平庸，扫出不凡，长按识别二维码"。

1. 二维码制作

嘎嘎秀商城利用草料二维码制作平台制作了自己的二维码，并添加商城广告图为背景图，以商城广告语为引导话术，形成最终效果图，如图 4-9 所示。

图 4-9 嘎嘎秀商城二维码最终效果

2. 二维码投放

在完成了二维码制作之后，接下来嘎嘎商城根据不同的投放渠道进行营销二维码的植入，包括线上渠道：微信、微博、下线地推等。

（1）线上投放

嘎嘎秀商城通过已经注册好的微博账号对二维码进行编辑宣传，如图 4-10 所示。嘎嘎秀商城在微博推广时使用图文结合，在文字中加入微博自带的动态表情吸引眼球，在图片中除二维码宣传图外，周围加上店中其他热销的服装图片，使得内容更具有吸引性，购买欲，引起用户点击大图，从而扫描二维码进入店铺。

图 4-10　微博推广

嘎嘎秀商城还利用了微博的视频、话题、长微博等功能对店铺进行了宣传，如图 4-11 所示。

图 4-11　微博功能

除微博外，嘎嘎商城也在自己的微信订阅号图文消息中添加店铺二维码，通过用户转发、分享图文消息，增加阅读次数，从而增加店铺流量，使其他新用户能够快速关注嘎嘎商城订阅号和店铺名称，如图 4-12 所示。

嘎嘎秀商城在做二维码 BBS 论坛引流时以淘宝论坛、蘑菇街的社区达人推荐、美丽论坛为主，进入淘宝论坛点击卖家之声，发表一篇关于"如何使用二维码为店铺引流"的文章，并在适当的位置加入二维码图片，如图 4-13 和图 4-14 所示。

（2）线下投放

嘎嘎秀商城根据设计好的二维码宣传页在各大购物中心发放并赠送小礼品，通过扫描进入店铺的用户可以享受返现优惠。并联系外包装生产商，将二维码批量印制在购物包装带上，如图 4-15 所示。

图 4-12　二维码微信营销

图 4-13　淘宝论坛

淘宝论坛 〉 卖家之声 〉 发表帖子

图 4-14　论坛引流

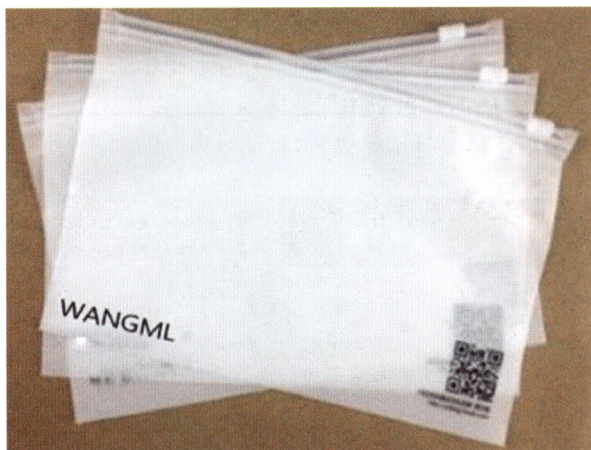

图 4-15　批量生产的二维码包装袋

3. 效果监控

嘎嘎秀商城在做效果监控工作时，主要查看微信公众账号和微小店后台的数据统计，包括微信订阅号的用户来源，用户增长人数、文章阅读次数、二维码的扫码次数，店铺内访问次数、访问人数、扫码进入店铺后浏览页面数量、订单数等。

4.3.2　H5 营销

嘎嘎秀商城根据店铺产品特点将这次 H5 营销的主题定为"穿对，到哪都是焦点"。

嘎嘎秀商城在确定 H5 内容时主要从用户角度考虑，通过图文并茂并添加用户互动功能，促使用户点击，提高粉丝活跃度和忠诚度，根据本身产品定位以及受众的特性设计 H5 作品，在文案设计中抓住用户心理，添加用户感兴趣的词汇，如"显瘦、小资、潮流、前卫"等词，同时可根据用户群的不同特点编写标题，如这次的产品宣传，如果是高级白领为主的微信群可以是"从路人到女神，这样穿就可以了"，如果是学生为主的群就可以是"2015 年冬季流行这样穿"之类的标题吸引用户点击阅读。

1. H5 页面制作

嘎嘎秀商城在选择工具时根据自己的产品及用途，选择了操作简单的易企秀作为这次制作工具，制作了 H5 活动页面（见图 4-16）。

图 4-16　H5 场景设计

　　根据前期策划来制作 H5 页面，打开易企秀，点击栏目中 H5 场景下"创建"按钮，进入设计界面，在模板中心选择用途、功能和风格，在模板列表图中选择适合自己的模板进行编辑。在模板上编写自己的店铺标识、店名和本次主题，完成对背景图及产品图片的制作与上传，并可通过调整图片位置、增加播放动画等操作完善 H5 页面效果，最终完成图如图 4-17 和图 4-18 所示。

图 4-17　增加动画

图 4-18　其余页面展示

　　在 H5 尾页添加店铺二维码的同时将店铺名生成连接，进入发布页后使用手机扫描二维码进行预览，也可以点击预览场景在 PC 端预览，查看播放是否流畅、有无错别字、排版是否有误，检查无误后下载或截图保存二维码、复制链接，以备后期推广，如图 4-19 和图 4-20 所示。

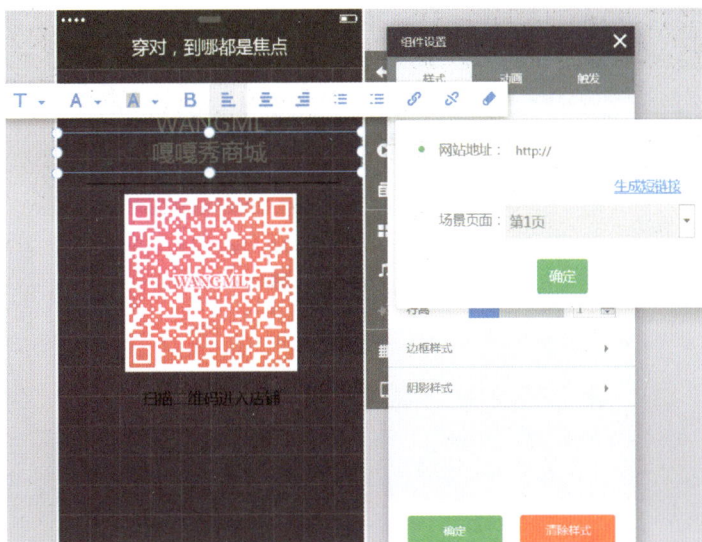

图 4-19　添加店铺连接

图 4-20　分享推广

2. 页面推广

嘎嘎秀商城在 H5 页面推广上主要借助微信与微博，以微信推广为例，首先需要列出所有能用到的资源，并发动内部人员转发，复制链接到目标用户群，并转发朋友圈，如图 4-21 所示，在微信中点击右上方分享按钮，发送给朋友以及分享朋友圈。

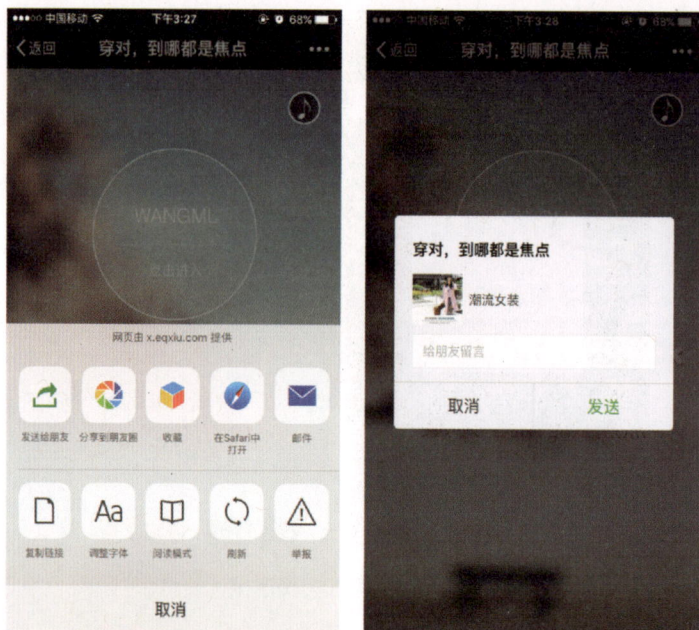

图 4-21　H5 页面微信推广

其次利用微信公众账号中的链接"阅读全文"进行推广，如图 4-22 所示，打开微信公众账号后台点击群发，在编辑框中编写导语并上传封面，将 H5 页面的链接复制到原文链接中，最终效果图如图 4-23 所示。

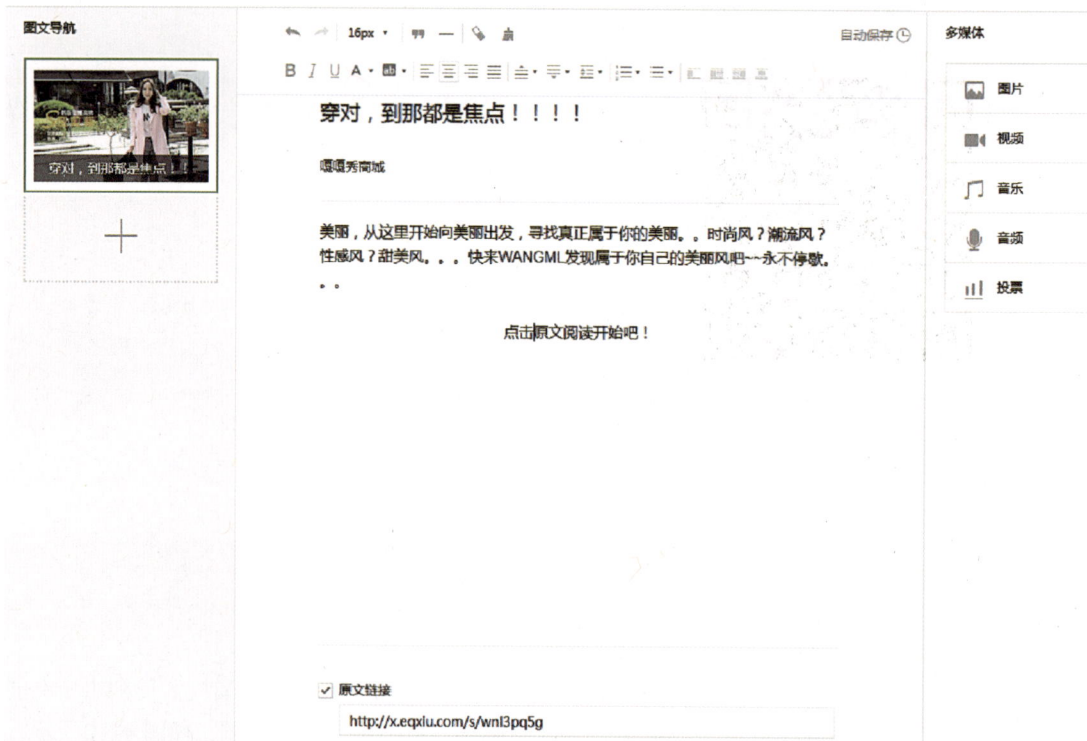

图 4-22　发送微信公众账号

图 4-23　最终效果图

3. 效果监控

嘎嘎秀商城根据 H5 的推广途径监控其流量，如图 4-24 所示，在微信公众账号后台的统计栏目中有用户分析、图文分析、菜单分析等，点击用户分析，统计自实施 H5 营销后用户来源及增长情况。

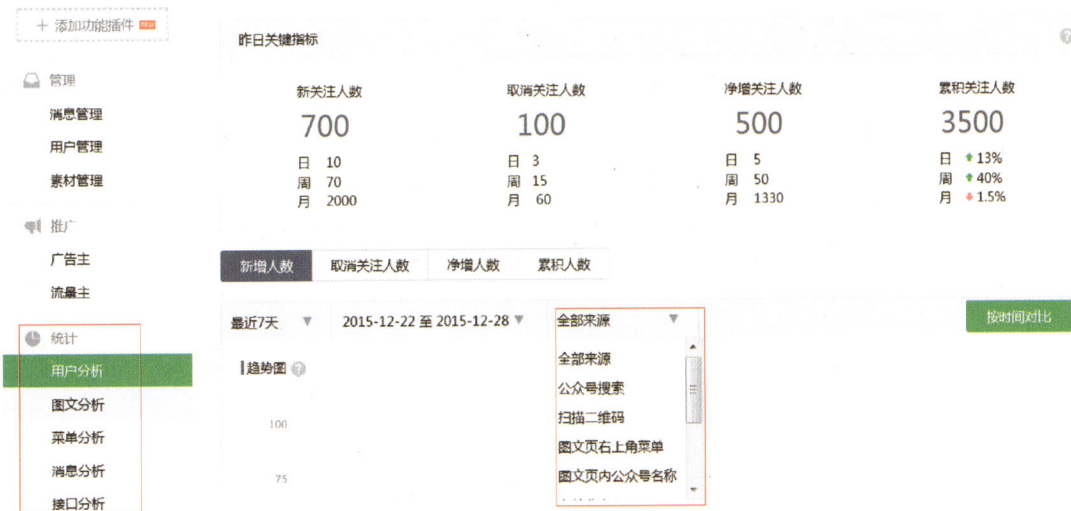

图 4-24　微信数据监控

也可使用易企秀的效果统计，查看近期的访问概况及移动端访问次数，如图 4-25 所示。

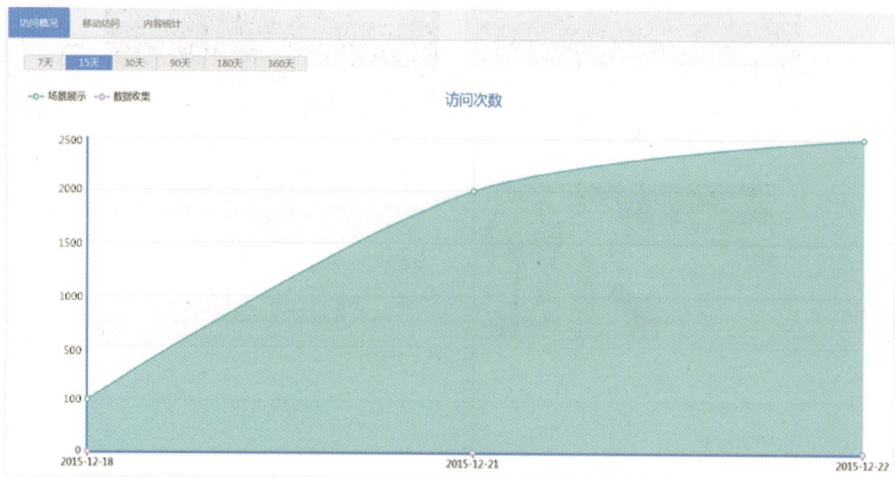

图 4-25　易企秀 H5 效果统计

4.4　同步训练

1. 实训概述

本章实训为二维码与 H5 引流实训，学生通过本章的学习，能够利用相关工具进行二维码与 H5 营销，能够掌握两种营销方式的实施过程，包括前期策划、内容制作、推广、监控等一系列操作，从而把握二维码与 H5 营销的技能要点。

2. 实训素材

（1）相关实训软件。

（2）智能手机实训设备。

（3）二维码制作工具。

（4）H5 页面制作工具。

3. 实训内容

任务一　二维码营销

教师根据案例背景布置实训任务，可将学生分组，以组为单位完成实训。

（1）前期策划

学生阅读案例，并按照要求详细说明二维码的创意、策略、实现手段、要素与实施细则，并完成表 4-1。

表 4-1　二维码营销前期策划实施细则

二维码营销前期策划实施细则	说　　明	具体分析
二维码营销受众	受众是谁	
二维码营销文案	二维码中需要储存什么信息，以及二维码在营销过程的中引导语	
二维码营销创意	描述二维码的创意点	
二维码营销规格	二维码视觉化表现的具体尺寸是多少，格式是什么等	
二维码营销投放时间	什么时间或者什么时候进行投放，给出理由	

（2）二维码制作

学生根据文案策划进行二维码的制作，包括二维码制作工具的选择、二维码的基本设置与美化，完成表 4-2。

表 4-2　二维码制作

二维码制作	说　　明	具体分析
选择的工具	简单说明选择其原因	
二维码基本设置及美化	描述基本设置的内容都哪些，如何完成进一步美化	
二维码营销图片	（截图）	

（3）二维码投放

学生根据分析不同投放途径的优缺点做针对性投放，完成表 4-3。

表 4-3　二维码投放

发布平台	选择其原因
微信	
微博	
美丽说	
…	

任务二　H5 营销

教师根据案例背景布置实训任务，可将学生分组，以组为单位完成实训。

（1）前期策划

学生阅读案例，并按照要求详细说明 H5 的创意、策略、实现手段、要素与实施细则，并完成表 4-4。

表 4-4　H5 营销前期策划实施细则

H5营销前期策划实施细则	说　　明	具体分析
H5营销主题	确定本次营销的主题是什么	
H5营销内容	根据主题编写H5营销文案，包括每一页的图片文字以及翻页方式等	
H5营销创意	描述H5营销的创意点	
H5传播途径	确定二维码的投放途径，并给出理由	
H5表现形式	描述本次H5营销的表现形式	
H5营销投放时间	什么时间或者什么时候进行投放，给出理由	

（2）H5 页面制作

学生根据文案策划进行 H5 页面的制作，包括 H5 制作工具的选择、页面设置等，完成表 4-5。

表 4-5　H5 页面制作

H5页面制作	说　　明	具体分析
选择的工具	简单说明选择其原因	
H5页面	（截图）	

（3）页面推广

学生根据分析不同投放途径的优缺点做针对性投放，完成表 4-6。

表 4-6　页面推广

发布平台	选择其原因
微信公众平台	
微博	
…	

（4）效果监控

学生通过数据统计工具监控 H5 营销的效果，包括访问次数、时间段、转发量等，完成表 4-7。

表 4-7　效果监控

效果监控	说　　明
数据统计工具的选择	
数据变化	（截图）

第 5 章　内容营销

SEO 推广经常说到一句话是："内容为王，外链为皇"，作为内容的载体：媒体、视频、社区、社交在不断延伸出新的交互属性，用户接收和传播的内容也在不自觉的发生着变化，从门户到社区到自媒体，用户的传统观念也在一遍一遍的被冲刷，然而不变的是内容营销一直繁荣的景象。

内容营销已经成为企业营销中的"空气"——无处不在，随着移动互联的不断发展，能同时打破时间、地域、空间限制的移动端网络营销成为电商企业青睐的重要营销手段，移动端内容营销竞争也由此变得日益激烈。因此，企业该怎么做好移动端内容营销，将企业想要的内容传递出去，并和消费者形成良好互动，已成为学好内容营销的关键点。

学生通过本章的学习应达到以下目标：

知识目标

- 了解内容营销的策略；
- 掌握内容营销的策划与市场分析方法；
- 掌握软文的编辑要点；
- 明确内容营销的实施步骤。

能力目标

- 能够熟练掌握内容营销的策划方法；
- 能明确内容营销的实施流程；
- 能够掌握软文的编辑技巧；
- 能够合理选择软文投放平台；
- 能做出合理有效的效果监测与分析。

5.1　认识内容营销

5.1.1　内容营销的定义和表现形式

1. 内容营销的定义

内容营销是一种通过生产发布有价值的、与目标人群有关联的、持续性的内容来吸引目标人群，改变或强化目标人群的行为，以产生商业转化为目的的营销方式。成功的内容营销应该以受众为中心，提供有价值的、相关的内容。

2. 内容营销的表现形式

内容营销主要是拿来形容企业以内容来做营销，包含很多种方式，譬如可以自己发电子报、自己发杂志、DM（快讯商品广告）、企业博客等的品牌客制化媒体来做，也可以四处找人写文章、找杂志合作介绍新产品等。内容营销并不追求短期或立即性的不理性的直接的行为改变，而是理性的、倾向长期的那些内容教育，最后，内容营销可帮助企业达到思想领导的角色，扎实的提高品牌的忠诚度、黏度。

内容营销是借助娱乐化的内容进行的营销模式。如知名的运动品牌——特步就曾凭借长期为电视节目"天天向上"冠名，并辅以其他的广告投放模式而声名远扬。强视听冲击力和大信息承载是其营销的基础，优质的内容和一定的用户基数是其营销的核心。企业有很多方式可以进行内容营销，如社交媒体、新闻稿、信息图等。但哪些方式对企业来说是最好的营销手段，得取决于企业提供的产品和服务以及目标消费群体。如图 5-1 所示，有 16 种内容营销方式可供企业选择 ()，分别是社交媒体、新闻稿、音频、播客、博客、白皮书、音乐、动画、图片、信息图、在线教学或电视广播、幻灯片、视频、研讨会、APP、游戏。

图 5-1　内容营销的常见方式

5.1.2　移动端营销内容的三大特征

在移动端的网络营销中，内容是移动端营销传播的核心载体，移动端的内容要获得好的传播效果，至少需要满足 3 个特征，这 3 个特征也是未来移动端营销中信息载体——营销内容的发展趋势。

1. 友好

在移动平台上做营销，友好的内容将是必不可少的，页面是否对移动端友好主要是基于页面使用字体的大小是否合适、页面布局是否合理、内容可读性等方面来判断的。

由于智能手机和平板电脑的迅速发展，对企业来说有必要专门为移动用户创建可访问的内容。无论是创建一个网站的备用移动版本，或者是利用响应性的网页设计，在用户通过移动设备浏览网站时提供正面的友好体验都至关重要。否则，很容易将适应这种趋势的潜在客户拱手让给竞争对手。

即使在 PC 端占据主导地位的搜索引擎都已经意识到了这种变化，百度推出的轻应用（见图 5-2）和移动化平台就是专门针对移动端设备作出的主动应变。

图 5-2　手机百度的轻应用界面

　　轻应用表现出了四大特点分别是：无须下载，即搜即用；破壳检索，智能分发；功能强大，全能体验；订阅推送，沉淀用户。例如在 58 同城接入轻应用服务后（见图 5-3），大大缓解了其在无线领域面临的困惑，同时 58 同城的用户不但可以在移动端享受到与 PC 端一样丰富快捷的信息服务，还无需担心因 APP 下载导致的流量费用。

图 5-3　58 同城轻应用展示

2. 简单

　　移动手机和平板电脑的流行，直接导致移动社交应用代替 SNS 网站成为主流。而在这些移动端应用上呈现的内容，都有一个共同的特性，那就是简单。

最新一个通过营造简单内容而获得成功的案例是微视（见图 5-4），微视是微博推出的独立 APP，定位是基于开放关系链的 8 s 短视频分享社区，其中的关键特征就是 8 min，这既提高了上传和阅读的速度，又有利于移动端的传播，最主要的是，8 秒钟的视频内容足够简短，但对移动端用户来说，已经足够可以承载有趣和感兴趣的信息了。

图 5-4　微视里的精彩视频

3. 有趣

每个人都喜欢有趣的内容，有趣的内容不但能获得用户更好的转发传播，也能拉近与粉丝之间的距离。尤其在移动端，这种发展趋势越发明显。

早期移动平台上有趣的内容多是通过一些段子手制造并获得快速传播，现在，通过有趣的内容开展营销，已经成为企业在移动社交平台上营销的入门课。Uber 就用了简单、有趣的内容，吸引了广大用户的关注（见图 5-5）。

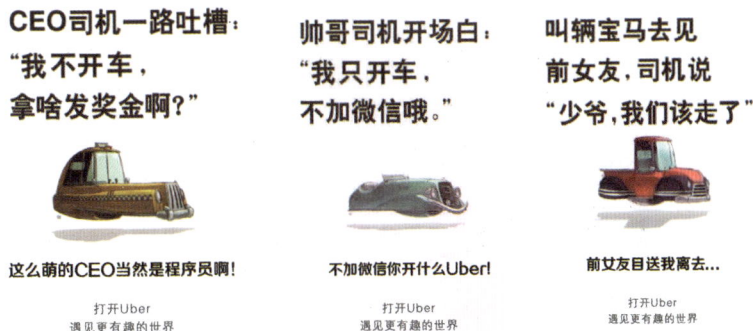

图 5-5　Uber 营销页面

除了搞笑段子，企业还可以利用企业微信和微博发布自身的文化介绍，公司员工的生活信息，业余时间的活动趣事等，可以让用户感受到这是一个立体的公司，有血有肉的企业。更透明的把企业呈现在用户面前，让用户感觉在企业微博后面，有一群热情可爱的人。

5.2　内容营销的设计

5.2.1　内容营销的实施步骤

内容营销主要分四步实施：

第一步，了解顾客遇到了什么问题，这里的关键点在于给用户提供解决方案而不是单纯提供产品信息。以 Zaker 为例（见图 5-6），它是一款分享和个性化定制的阅读软件，它可以将微博、博客、报纸杂志、网络新闻、图片、RSS 等众多内容，按照用户个人的意愿聚合到一款软件上，解决了用户手机软件繁杂不能很好归类的问题。

图 5-6　Zaker 界面

第二步，考虑给用户带来什么利益，很直接、很简洁地把它提出来，其实现在整个的传播环境非常过剩，信息非常过剩，如果说不能在 9 s 之内抓住用户的注意力，这个时候就很可能就失去他。例如，ZAKER 4.0 推出了智能的记忆功能，可以根据用户的阅读记录、添加的偏好关键词、时下热门事件等多种方式，为用户自动推荐文章，大大节省了用户的搜索时间，同时方便了用户的即时阅读（见图 5-7）。

图 5-7　Zaker 的智能推荐

　　第三步，把自有媒体变成品类的入口，传统营销的方式是把事先策划好的创意、广告等通过很多媒体发布出去。但是内容营销不一样，内容营销是用内容吸引用户，让他们到企业的自有平台上来。

　　第四步，内容的传播，在传播的过程中要注意以下两点：

　　（1）吸引用户搜索信息，让他们主动获取信息，而不是强制推送给他们。

　　（2）刺激用户去分享，当设置一个环节、一个机制，让粉丝、用户去分享的时候，传播就有了一个自营销的能力。

　　依旧以 Zaker 为例，Zaker 中的每一篇文章都可被分享，只要是用户在 Zaker 分享至新浪微博的内容，该内容就可显示在"个人主页中"（见图 5-8）。当用户分享完内容后，该内容也会显示在"粉丝"的信息流中。同时，所分享内容下面也会同时出现用户的头像及评论。在不断分享和评论的过程中让更多人了解到了 Zaker，体现了其自营销的能力。

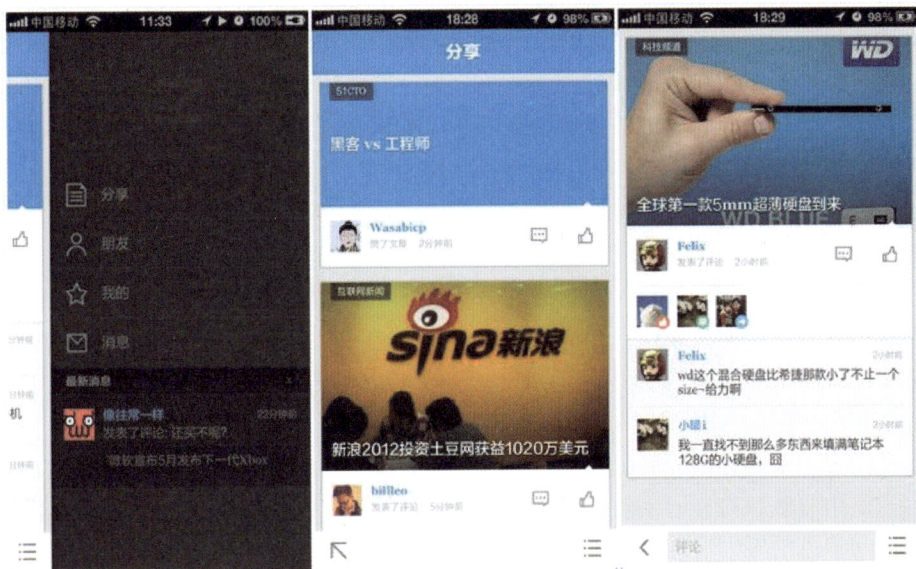

图 5-8　Zaker 的分享功能

5.2.2　内容营销策划技巧

1. 内容载体的选择

　　内容的载体可以有很多种，如视频、电子书、信息图、档案、报告、滑动页面（H5 或 ppt）等。不同的载体会对不同人群和场合有完全不一样的作用，接下来将简单对几种常用载体进行剖析。

　　（1）电子书

　　最常见的一种内容营销手段，特别是在 B2B 模式里。

　　目前最为常用的电子书格式是 epub，能在 PC 端或移动端根据屏幕等自动调整，实现翻页，插图等功能，目前可以制作此类电子书的软件有 sigil，escape，epubbuilder，epuSTAR 等软件；跨平台的开源 epub 电子书编辑器，支持 Windows、Linux 和 Mac 系统。

　　（2）信息图

　　使用图片和文本的合并来呈现并简化复杂的信息，使得内容更加生动，营销人员一般采用这种载体来吸引消费者，简化信息，如说明书等。

（3）HTML5

HTML5可以直接在移动端打开，交互性强，适用多种场景，制作成本视展示效果而定，受移动端接口限制性较大。

（4）视频

视频能实现多种功能，提高品牌知名度，可以回答问题、论证说明等。但是花费成本较高，周期较长，可与其他载体相互搭配使用，发挥最大化效用。

（5）博客

博客是一个展示品牌的很好的平台，但是维持一个博客与其他载体存在一定的不同，企业更需要考虑到品牌风格的一致性。

2. 内容营销策略

（1）热点性内容

热点性内容即某段时间内搜索量迅速提高、人气关注度节节攀升的内容。合理利用热门事件能够迅速带动网站流量的提升，当然热门事件的利用一定要恰到好处。对于何为热门事件，营销者们都可以借助平台通过数据进行分析，比如：百度搜索风云榜，搜狗热搜榜等都是不错的利用工具，当然热点性内容可以根据自身网站权重而定，了解竞争力大小，是否符合网站主题非常重要。利用热点性内容能够在短时间内为网站创造流量，获得非常不错的利益。

（2）时效性内容

时效性内容是指在特定的某段时间内具有最高价值的内容，时效性内容越来越被营销者们所重视，并且逐渐加以利用使其效益最大化，营销者利用时效性创造有价值的内容展现给用户，所发生的事物具备一定的时效性，在特定的时间段拥有一定的人气关注度，作为一名合格的营销者，必须合理把握和利用该时间段，创造丰富的主题内容。

（3）即时性内容

即时性内容是指内容充分展现当下所发生的物和事。当然，即时性内容策略一定要做到及时有效，若发生的事和物有记录的价值，必须第一时间完成内容写作，其原因在于第一时间报道和第二时间报道的区别比想象中大很多，其所带来的价值更不一样。就软文投稿而言，即时性内容审核通过率也有所提高，比较容易得到认可与支持。不仅如此，就搜索引擎而言，即时性内容无论是排名效果还是带来的流量都远远大于转载或相同类型的文章。

（4）持续性内容

持续性内容是指内容含金量不受时间变化而变化，无论在哪个时间段内容都不受时效性限制。持续性内容作为内容策略中的中流砥柱，不得不引起高度重视。持续性内容带来的价值是连续持久性的，持续性内容已经作为丰富网站内容的主打，在众多不同类型的内容中占据一定份额。就百度搜索引擎而言，内容时间越长久，获得的排名效果相比而言越好，带来的流量也是不可估量，因此营销者们越来越关注持续性内容的发展以及充实。

（5）方案性内容

方案性内容即具有一定逻辑符合营销策略的方案内容，方案的制定需要考虑很多因素，其中受众人群的定位、目标的把握、主题的确定、营销平台、预期效果等都必须在方案中有所体现，然而这些因素必须通过市场调查，通过数据对比分析，并且需要依靠丰富经验。作为方案性内容而言，它的价值非常大，对于用户来说，内容中含金量非常高，用户能够从中学习经验，充实自我，提升自身行业综合竞争力。缺点是方案性内容写作上存在难点，需要丰富经验的营销者才能够很好把握，互联网上方案性内容相比而言较少，因此获得的关注更多。

（6）实战性内容

实战性内容是指通过不断实践在实战过程中积累的丰富经验而产生的内容。实战性内容的创造需要营销者具有一定的实战功底，具有丰富经验的营销人员才能够做到真实性，内容中能够充分展现实践过程中遇到的问题，让读者从中获得有价值的信息，能够得到学习锻炼的机会。因为实战性内容是真正的经验分享，所以能够获得更多用户的关注。

（7）促销性内容

促销性内容即在特定时间内进行促销活动产生的营销内容，特定时间主要把握在节日前后，促销性内容主要是营销者利用人们需求心理而制定的方案内容，内容中能够充分体现优惠活动，利用人们普遍贪便宜的心理做好促销活动，促销性内容价值往往体现在提高企业更加快速促销产品，提升企业形象上。

3. 移动端内容营销平台选择

移动端常见的转化平台：微信、微博、移动互联网门户网站、企业移动端 APP 等。

1）微信

微信平台的优势在于造价成本较低，客户容易接受；劣势在于数据无论怎么独立都会和腾讯交融，太多营销内容可能会被封号。

（1）微信个人平台

关于微信的使用已经很普及，在此不过多介绍。能和营销有关系的主要是名字、签名、头像、二维码、微信号。

（2）微信朋友圈

微信朋友圈拥有天然的 SNS 属性，在朋友圈发完产品信息，就可以直接通过微信私聊，不用切换工具。微信是一个私密性特别强的地方，不是好友的两个人对同一消息的评价是互相看不见的，哪怕评论是对产品不利的，其他人也看不见。另外，爱玩微信朋友圈的人都有一个属性，就是爱分享，在分享的过程中无形地做了一次免费的广告。而当客户分享了内容以后，也可以去点赞，可以去评论，通过这样的运营，与客户之间就形成了一种交流方式，让客户与企业之间变得便于沟通联系。

（3）微信公众平台

在微信公众平台上，每个人都可以用一个 qq 号码打造自己的微信公众账号，并在微信平台上实现和特定群体的文字、图片、语音的全方位沟通和互动。微信公众平台分为服务号和订阅号。目前，若干生活和工作中的事务都可以在微信里面实现，顺势相关第三方公司也都纷纷开通了自己的微信公众服务平台。

2）微博

微博操作简单，信息发布便捷。只需简单的构思，就可以完成一条微博信息的发布；互动性强，能与粉丝即时沟通，及时获得用户反馈；低成本，做微博营销的成本比做博客营销或是做论坛营销的成本低。

同时微博营销也存在有很多劣势，微博的发送者需要有足够的粉丝才能达到传播的效果，人气是微博营销的基础。在没有任何知名度和人气的情况下去通过微博营销是很难的，微博里新内容产生的速度太快，所以如果发布的信息粉丝没有及时关注到，那就很可能被埋没在海量的信息中。同时微博的传播力也是有限的，其信息仅限于在信息所在平台传播，很难像博客文章那样，被大量转载。同时由于微博缺乏足够的趣味性和娱乐性，所以一条信息也很难被大量转贴。

3）营销型移动互联网门户

很多企业都想把自己的内容营销平台选择在搜狐、新浪、网易等门户网站上，这些网站的访问量确实巨大，一旦能够成功效果自然显著，但是企业如果与之没有经常性的合作的话，操作的难度和费用会很高。而其他中小型网站投放广告内容，又需要联络许多家网站同时进行内容投放才会有显著的效果，这样分别进行沟通洽谈的时间成本也是相当高昂。这个时候应该根据内容营销的不同类型选择不同的平台，内容营销的目的就是为了提升企业的品牌知名度，要考虑内容发布网站的用户的类型和在特定领域的影响力。

4）企业移动客户端 APP

在做内容营销的时候如果企业已经有了自己的 APP 平台，在自有的 APP 平台做内容推广自然是好，APP 作为自己企业的独立平台，数据独立，运用自己的算法，完全由自己说了算。但是对于一般企业来说 APP 造价成本高，推广起来难度也比较大。企业也可在其他第三方 APP 平台例如知乎、豆瓣、果壳等结合活动营销、问答营销来做内容营销，这样就能把多平台的优势结合起来。

4. 内容营销六大方法

方法一：内容营销必须是整合营销

如今，无论是将企业信息融入到好的内容中，还是将企业自制好的内容融合到媒体平台中，这两个最基本的内容营销方法都无法单独存在。媒体平台上的好内容不能通过简单的冠名赞助、硬广等自然变成企业的内容，而必须通过与企业相关的社交媒体、线下活动、话题事件等方式，将企业和内容完美融合。同样道理，企业自制的内容必须和社会热点结合，利用社交媒体进行整合传播。

在媒体高度发达的时代，媒体越多的同时也越细分，单个媒体作为载体的价值就越低，内容和表达形式就变得越来越重要。当大众媒体已不再那么大众时，找到与核心受众沟通的最佳平台，并通过最能引起他们共鸣的内容，将品牌故事讲述给受众，从而达到品牌核心信息、价值观有效传达的效果，这样的营销越来越重要，营销公司需要为企业整合资源、设计资源。

方法二：借助科学评估工具提高准确度

想在热点内容里融入企业信息，选择好的热点内容就十分关键，这需要从多个维度审核新内容是否符合企业选择内容的诉求。

方法三：跟随潮流，把握时事热点，快速响应市场

要做到随时随地与受众亲密互动，就需要紧跟时事热点，这对企业把握热点和迅速反应的能力提出了更高要求。

方法四：大规模创造个性化内容并利用社交媒体分享扩散

与等待热点内容出现不同，自制内容往往视为一种自动化工具，由于其传达内容操作简单，有规律可循，会越来越广泛。比如，2015 年曾红极一时的足记 APP，能够将照片做成高格调的电影大片效果，生活即电影，自己当主角，让用户大呼过瘾。有趣的个性化内容不仅能够激发用户主动分享和扩散，甚至能够提供零广告费的传播效果。

方法五：提高用户转化率

无论是赞助好内容还是自制好内容，对企业的挑战都只有一个：如何将受众对内容的注意力转化为对企业本身的关注，最终转化为产品（服务）的购买者。营销人员必须厘清从关注到消费的整个链条，在每个环节根据不同的情景设置可转化的激励因素和通路，才能提高转化率。

方法六：内容营销的规划与销售策略规划并行

很多企业，尤其是过去使用传统媒体获利颇丰的企业，往往将内容营销规划放在媒体计划环节，然而最好的方式应该是在拟定沟通策略乃至整体市场销售策略阶段，积极和内容营销部门沟通，将内容营销策划为整合营销。对于大多数 2C 产品（面向个人用户的产品）而言，整个内容传播过程都有可能产生即时销售或获得大量销售线索。

5.2.3　软文的编辑与投放

软文作为内容营销最重要的一种表现形式，掌握其的编辑要点与投放技巧是学习内容营销不可或缺的部分。

1. 软文内容的编辑技巧

（1）标题策划

衡量一个好标题的依据是：要突出关键词；具有很强的吸引力；短小简练易记；要具体不要太抽象。在传统媒体中，标题的设计一样很重要，现在是信息时代，不可能要求人们用太多时间去阅读内容。标题是软文的眼睛，标题是否有吸引力，也是软文成功与否的一个关键因素。软文标题要做到生动、有创意，但不另类，只有具有穿透力的标题，才能深深地吸引网友记住网站，好的软文标题也就成功了一半。像"网站初期运营的三大策略"这类标题，很容易迎合新手站长的注意，可以让受众在文章之中找到有价值的信息，迎合受众心理，既能为网友带来有价值的信息，也会对网站产生积极影响。

（2）题材和内容要新颖、奇特，具备新闻性

标题只能是一种引导，最主要的是软文内容。如何将广告嵌入内容是一个考验创意的地方，如果软文广告嵌入的太过生硬，让人一眼看出来是为了广告而写文章的，势必会引起读者的反感，如果产生负面的影响就得不偿失了。所以说，写与自己网站有关的文章，然后带上网站链接，这个就属于自己价值观的一种表达，而且通过这样的软文，不仅可以表达自己的观点，还可以宣传网站，吸引相同观点的朋友共同讨论进步。

（3）注重原创

软文原创的难度相对来说比较困难，偶尔采取转载别人的文章加以修改也是不错的办法。这就要求自己手动去不同网站寻找适合的文章手动修改，不过修改时得注意技巧，要按照自己的思维来调整软文的内容，这样的话一篇文章就不只是伪原创了。

（4）图文并茂

根据软文发布的对象不同，内容要求也不同，但是有一点是相同的——讲究软文的图文并茂，精美的文字辅助以精美的图片，更能给浏览者留下深刻的印象。

（5）做好链接

软文链接也是非常必要的，一般来讲，软文底部写上转载请保留链接的话，10% 能保存下来就不错了，但是把链接保留在软文中间部分可达 50% 左右。如果添加的比较隐蔽，每个转载者都能把链接保留的话，起到的营销效果必定是很好的。

2. 内容搭配"食谱"

每天都会有大量内容推送给用户，如何更好搭配内容，以更加易于接受的方式呈现给用户，是十分重要的。如果将内容想象成一道盛宴，那么要给用户呈现的，是怎样一个"食谱"呢？

"早餐"：内容营销中的早餐，指的是那些每天都推送给消费者的内容，这部分内容必须保证简单、易于消化、风格一致，目的是让消费者保持活力。

"主食"：这部分内容传递品牌的价值主张，应该占据内容的绝大份额，必须将大部分精力花在这个上面，并用主要的营销渠道来推广和宣传。

"蔬菜"：蔬菜是为了让膳食更为营养和健康，时不时推送对用户有价值、富含维生素的内容，这些内容并非经常有产出，却是对消费者很有价值的内容。例如行业报告、商业洞察等，也是非常必要的。

"甜点"：甜点是指推送给用户的优惠或促销活动等，甜点的存在将会让营销菜谱更加人性化，也会吸引更多"吃货"聚集。

"调味品"：正如菜品不能缺少油盐醋一样。内容营销同样需要类似的调味品，可以通过设置与品牌相关的高难度挑战、具有争议性的话题等来刺激受众的味蕾，从而提高用户兴趣，内容的阅读量和转发率也会不断提高。

3. 软文的投放

消费者的定位决定了营销过程中软文风格的设计、软文发布渠道的选择方向，从而保证良好的用户体验以及高效的投放效果。针对消费者的兴趣和爱好制定的特定风格、创意并且投放在消费群体聚集区域的软文，将取得最佳的投放效果。而这种定向的、精确性的软文投放方式相对于轰炸式软文投放，具有更加高效、节约的优势。

在软文投放时间上，企业可以制定一个时间规划表，可以是一个共享表格，也可以只简单写在黑板上，重要的是这个日程表可以给企业提供一个视角，帮助其检查所做内容的方向是否正确，时间是否可控，是要在几个月内完成还是一年内完成。总的来说，规划表可以达到以下目标：

（1）有效组织

时间规划表不仅能让团队对未来计划心中有数，也能对以前的营销记录了然于胸。

（2）可视化

让团队成员清晰地了解需要做什么事情，有效实施多渠道营销战役的组织和管理。

（3）权责分明

制定截止日期，并经常性翻阅，可以确保团队都对日期有明确的概念，减少不必要的烦琐工作。

5.3 案例解析——上海大众公司内容营销策划案例

上海大众公司成立于 1985 年，目前是国内规模最大的现代化轿车生产基地之一。该公司最受欢迎的 SUV 车型途观的换代车型于 2015 年上市，为了使新途观在巨大的乘用车市场中保持活力和竞争优势，在上市之后能快速受到密集关注，大众公司选择以内容产品为兵刃，通过娱乐化的传播方式攻破受众的心理防线，拉近距离，营造独特而专属的品牌体验。

1. 内容营销活动策划

国家提出了建设"新丝绸之路经济带"和"21 世纪海上丝绸之路"的战略构想，为了响应这一重大战略构想，在新途观上市之前，上海大众公司与新华社合作组织了"新丝路，新梦想"重走丝绸之路的活动，欲借此活动为新途观的上市造势宣传。此次活动面向社会招募志愿者组成车队，于 2014 年 6 月 8 日在丝路起点——西安大唐西市启程，10 辆上海大众途观组成的全媒体报道团车队将横跨亚欧大陆，进行一次行程长达数万公里的行进式采访活动。在此次活动结束之后收集志愿者感悟并编写成软文的方式进行发布。

2. 软文编写

大众公司本次软文以"28 人跋涉了 53 天、20 000 公里，只为一场梦"为标题，抓住了"新丝绸之路"的时事热点，利用热门事件和流行词为话题，同时也正好照应了上海大众"新丝路，新梦想，新途观"的广告语（见图 5-9），及"'途'有境，心有垠"的设计理念。

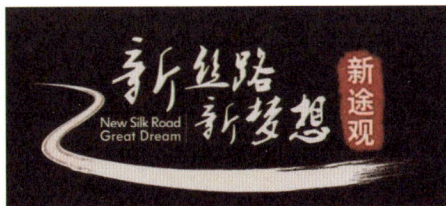

图 5-9 新途观广告语

软文以消费者第三人称口吻对本款车型进行全方位的介绍，用切身体验和感悟引起消费者对新途观产生美好联想和购买的冲动。软文具体内容如下：

在得到那个消息之后，我的心几乎要跳出来了。

我从没想过，在 30 出头的时候，梦想，就可以离得这么近。

从洛阳到西安，沿途的夕阳晒在公路上，掀起余下的一丝热浪。到达，下车。有着沉重历史感的古城墙上"古城西安欢迎你"的大红刻字灼然入眼。

"嘿，走啦，杨贵妃不在这儿。"同行的赛买提说道，嘴角勾起一抹狡黠。

我笑着跟他走进了旅馆。

我是一名摄影师，为了将大好河山逐一记录，也算是浪迹天涯，踏遍了五湖四海。苍莽的草原升腾了我的热血，温柔的西湖陶醉了我的灵魂。而这一次，我跟随途观的新丝路车队，终于踏上了那令我日思夜想的凿空之旅，带着对古王朝的敬畏与好奇，重走丝绸之路。

我对西北有着近乎痴狂的执着，四千年的飞沙走石、草原上的铁马疾风，无一不策动着我去追逐。从华清池到大秦古罗马，绵延的沙漠中央，连通的这条古道，沉睡着金银财宝和生死纠葛的灵魂。罗马女人最爱的丝绸，走过这条古道，拂过数场风沙，来自遥远的古代中国。丝绸之路，埋葬着无数碎梦与荣耀。

曾经的大唐西市经过了岁月的洗礼，依旧明艳动人。文玩街附近的浆水鱼鱼勾引着饥饿的食客，人头攒动的回民街烟气升腾，四处可见的钟楼时刻提醒着曾经长安城里辉煌的过往。

离开西安前往兰州的路上，兰新铁路在窗外蜿蜒而过，向北绵延着广袤的草原，向西抵达万里黄沙。这条经过戈壁荒滩的铁路，曾经是中国铁路历史上最大的工程，河西走廊没有铁路的历史自那时起永远结束。

车队在沙坡上颠簸前进的途中突然停了下来。

"嘿，怎么了？"

"前面有辆车没注意，卡沙坑里了。等等吧。"

"我就说，这翻山越岭的没事开什么家庭 SUV，这不给自己整事儿嘛。"

"没事的，靠谱，相信我。"

趁着停歇的空挡，赛买提跟我说起了波瓦（爷爷）的故事……

20 世纪 50 年代的新中国，急需大量的钢铁支持建设。然而生活在这条路上的古代先民采矿的地点没有找到。当时，波瓦随着勘探小队，冒着严寒和给养中断的危险，孤军深入祁连山。

在几乎弹尽粮绝的时刻，他们咬牙继续寻找。

赛买提还记得波瓦是这样跟他描述的："当时临近黄昏，大雨倾盆，天地昏暗。山路泥泞而陡峭，随时都有滑下去的危险。我们拄着树枝作为拐杖，前后都扶着才爬了上去。虽不是雨季，但这雨却下了几天几夜不停。前路漫漫，我们的补给几乎跟不上了，铁矿到底在哪里，没有一个人知道……"

"那后来呢？他们怎么样了？有找到铁矿吗？"我等不及听到答案。

"当然是有的。"赛买提说道："后来他们在一个叫桦树沟的山岩上发现了一片赤红色的铁矿露头带。而这一片桦树沟，便是后来的镜铁山。"

"嘿！好了！走吧走吧！"前方的喊声中断了我的好奇。

"你看，我说的没错吧？靠谱！"赛买提竖起了大拇指，冲我使了个眼色。

"嘿，你小子怎么那么神？"我惊奇地问道。

"上回我们全家自驾游也开的途观，我家姐夫非得特立独行走山路，那路磕碜的呀简直没法说了。我觉着我们活脱脱就是飞跃在峭壁间的一车藏羚羊，换别的车估计下不来了……"

"噗哈哈哈，藏羚羊，你这脑洞也是大。"我忍俊不禁地笑出声。

车队再次启程，越过山头……

"马上望祁连，奇峰高插天。西走接嘉峪，凝素无青云。"这一片的黄土地上曾洒下无数先辈的血汗。两千年前，张骞肩负使命踏上征程，牵引出一个帝国金戈铁马的光辉岁月。两千年后，一样的土地，一样的子民，一样的热忱，铸造了另一般的风景，却依旧别开生面。

贯通东西的丝绸之路，让不同文化的学者和僧人穿越乱世动荡的年代，携带着古老的典籍和经书缓缓走来，闪耀着的思想和信念依然在薪火相传中生生不息。东西文化的交融与碰撞，让曾经鸡犬不相闻的国家，变得博大、平和、宽容……

"再往南就是那拉提草原啦。"赛买提眼神里充满兴奋："我小时候有段时间在那儿度过呢。"

"那儿一定很美吧。"我笑着说道。

此时此刻，车队已经奔驰在独库公路上，感受着大西北的苍莽。作为最美最险的一条公路，有一半以上的地段都在崇山峻岭、峡谷沟壑中穿行。

我永远忘不了那巍峨之间的青山骏马，那一路的阳光，期间不乏有哈萨少年的纯真微笑，悠闲散步的牛羊，路边堆垒如山待买的西瓜。赛买提没有瞎说，那儿简直像天堂。

"我很感谢祖国。"赛买提说道，眼里泛着真诚。如果是一般情况下，我可能会吐槽这样的致谢词。

"这条丝绸之路，让我的家乡变得不一样了。如果没有它，或许我们依旧裹着布衣，啃着馕饼，靠着双脚和马匹行走在大漠草原上。我也不可能从这里走出去，再带着骄傲重返故乡。"

"嗯，我们还可以做得更好。"我拍了拍他的肩膀……

28人，53天，10辆新途观，20 000公里，我随着新华社一行重走了一遍丝绸之路。16T的影像资料，是我为工作交上的一份满意的答卷。那一路浩荡的旧事新颜，缥缈着几代人的血泪与荣耀，澎湃着对国家繁荣的期待和祝祷。

作为一名匆匆过客，我依旧会在无数个夜里梦回中尘心难耐，无时无刻想着再次出走，即使天寒地冻，路远马亡。

当然，这一次，我依旧会选择新途观。

因为，靠谱。

3. 软文的投放

上海大众公司在软文发布平台的选择上追求与目标消费者普遍关注的平台贴合，尽量满足他们在消费理念、审美、品位、生活方式等方面的偏好。上海大众公司抓住了微信平台的强大影响力，决定将本次软文投放的重点放在微信平台，具体发布的软文页面如图 5-10 所示。

4. 营销效果及分析

（1）营销效果

上海大众公司本次软文一经投放便引起了网友的广泛转载与阅读，短短几天在微信平台阅读量就达到了 10 万多，网友纷纷留言好评。广告的自然融入，最终取得了很好的软文营销效果，并且转化为客观的销售额，新途观在 2015 年中成为了全国 SUV 销量冠军，如图 5-11 所示。

图 5-10　软文投放到微信平台页面

图 5-11　软文评论页

（2）效果分析

上海大众公司此次内容营销取得了很大的成功，其成功之处可以归纳为以下三点：

①内容营销策划的活动话题性强，参与的志愿者都纷纷发表感悟，为此次的软文发布奠定了内容基础，由于与"新丝绸之路"话题的巧妙结合引起众人的内心共鸣，引发思考。

②思路清晰、内容紧凑。此次发布的软文篇幅适中，便于读者扫描式阅读习惯。软文的撰写人员拥有扎实的文字功底，软文结构清晰，语句连贯、段落紧凑，浑然一体。

③软文投放平台的合理选择。

5.4　同步训练

1. 实训概述

本章实训为内容营销实训，学生通过本章的学习，能够利用移动端电子商务平台进行内容营销的策划和软文的编写，能够掌握市场背景分析、内容营销策划、软文写作、软文发布、营销效果监控与评估等一系列操作，从而把握内容营销的技能要点。

2. 实训素材

（1）相关实训软件。

（2）智能手机实训设备。

（3）移动电商平台软件。

3. 实训内容

任务一　策划背景分析

教师布置任务，学生在教师所提供的案例背景下，对案例背景进行分析（见表 5-1）。

表 5-1　策划背景分析

策划背景分析	说　明
营销主题	营销的品牌或核心要素
确定内容营销原因	确定内容营销的实施原因
营销主要目标	促进产品销售，提升品牌知名度，提高站点访问量等
视频创意及相关素材	相关资料来源

任务二　内容营销策划

按照要求，详细说明内容营销的创意、策略、实现手段、要素与实施细则，见表 5-2。

表 5-2　内容营销策划分析

内容营销策划分析	说　明
内容营销受众	受众是谁
内容营销文案	用什么样的形式加以表现，其中涵盖诉求是什么，如何与产品形成紧密联系
内容营销创意	描述内容营销的大体构思及创意点

任务三　软文写作

学生根据内容营销文案策划进行软文的撰写，完成表 5-3。

表 5-3　软件文写作

软件文写作	内　容
软文标题	
软文形式	
软文内容（截图）	

任务四　软文发布

学生根据分析不同移动平台的优缺点做针对性投放，完成表 5-4。

表 5-4　软文发布

发布平台	选择其原因
微信	
微博	
……	

第 6 章　微信营销

集文字、语音、视频于一体的微信，正在逐渐改变着我们的社交与生活。当自媒体迅速崛起，微信公众号广泛受宠，微信已拥有 7 亿用户，微信圈成为人们晒心情、晒活动的社交圈时，以电视、广播和纸媒为途径的传统传播模式，已经到达饱和时代，停滞不前。而以微信朋友圈口碑传播为主要表现形式的微信营销，因为拥有了海量用户和实时、充分的互动功能，正成为营销利器。

通过本章的学习学生应达到以下目标：

知识目标

- 了解微信营销的策划要点；
- 掌握微信营销内容编辑的方法；
- 认知微信营销实施的具体流程。

能力目标

- 具备微信营销策划能力；
- 具备微信营销分析能力；
- 具备微信营销实施能力。

6.1　认识微信营销

由于智能手机的普及，消费者倾向于手机移动端购物的意向扩张，微信营销，这个以分众和精众市场为目标诉求的营销模式，紧跟着移动互联网的发展，成为了移动营销的先锋和代表，微信作为移动端重要入口之一，其商业前景愈发显现。

其次，微信的社交属性令其成为一个天然的客户关系管理平台，做微信营销其实就是做企业产品与消费者之间的关系管理与互动。

1. 微信营销的定义

微信营销是网络经济时代企业或个人营销模式的一种，是伴随着微信的火热而兴起的一种网络营销方式。微信不存在距离的限制，用户注册微信后，可与周围同样注册的"朋友"形成一种联系，订阅自己所需的信息，商家通过提供用户需要的信息，推广自己的产品，从而实现点对点的营销。

2. 微信营销的特点

1）点对点精准营销

微信拥有庞大的用户群，借助移动终端、天然的社交和位置定位等优势，每个信息都是可以推送的，能够让每个个体都有机会接收到这个信息，继而帮助商家实现点对点精准化营销。

2）形式灵活多样

（1）漂流瓶

用户可以发布语音或者文字然后投入大海中，如果有其他用户"捞"到则可以展开对话，例如招商银行的"爱心漂流瓶"用户互动活动就是个典型案例。

（2）位置签名

商家可以利用"用户签名档"这个免费的广告位为自己做宣传，附近的微信用户就能看到商家的信息，如：饿的神、K5 便利店等就采用了微信签名档的营销方式。

（3）二维码

用户可以通过扫描识别二维码身份来添加朋友、关注企业账号；企业则可以设定自己品牌的二维码，用折扣和优惠来吸引用户关注，开拓 O2O 的营销模式。

（4）开放平台

通过微信开放平台，应用开发者可以接入第三方应用，还可以将应用的 LOGO 放入微信附件栏，使用户可以方便地在会话中调用第三方应用进行内容选择与分享。例如美丽说的用户可以将自己在美丽说中的内容分享到微信中，可以使一件美丽说的商品得到不断的传播，进而实现口碑营销。

（5）公众平台

在微信公众平台上，每个人都可以用一个 QQ 号码打造自己的微信公众账号，并在微信平台上实现和特定群体的文字、图片、语音的全方位沟通和互动。

3）强关系的机遇

微信的点对点产品形态注定了其能够通过互动的形式将普通关系发展成强关系，从而产生更大的价值。通过互动的形式与用户建立联系，互动就是聊天，可以解答疑惑、可以讲故事，甚至可以"卖萌"，用一切形式让企业与消费者形成朋友的关系，你不会相信陌生人，但是会信任你的"朋友"。

3. 微信营销基本手法

（1）草根广告式

查看附近的人产品描述：微信中基于 LBS 的功能插件"查看附近的人"便可以使更多陌生人看到这种强制性广告。

（2）品牌活动式

漂流瓶产品描述：移植到微信上后，漂流瓶的功能基本保留了原始简单易上手的风格。

（3）O2O 折扣式

扫一扫产品描述：二维码发展至今其商业用途越来越多，所以微信也就顺应潮流结合 O2O 展开商业活动。

4. 互动营销式

微信公众平台产品描述：对于大众化媒体、明星以及企业而言，微信开放平台结合朋友圈的社交分享功能的开放，已经使得微信成为一种移动互联网上不可忽视的营销渠道，那么要想做好微信营销，互动就成为了企业与用户之间不可缺少的因素之一。

6.2 微信营销实施

6.2.1 微信的七大商业价值

1. 商业价值一——微信号：身份的标志

ID 是互联网时代最重要的标志，简单来说即个人的身份或标志。使用者利用它来记录自身的行为，商业机构利用它来找到目标群体（以前最重要的 ID 是手机号，再以前是 E-mail 地址和通信地址）。微信让 UV（网站独立访客）、手机号、E-mail 等"数据人"挣脱虚拟成为了现实。

对于精准营销的从业人员来说，数据库中的手机号、E-mail 地址即数字符号，无法判断使用者的个性，更不可能谈及精准。微信账号则让 ID 变得立体起来，通过 ID 可以判断使用者的性别、来自哪里，而且未来微信还会进一步丰富个人信息。更重要的是，未来微信会成为一个像手机号一样的通用 ID，这样就具备了建立用户数据库的可行性。

2. 商业价值二——微信公众账号：销售渠道多元化

微信公众账号让商家解决了线上的数字身份问题，也解决了传播模式的问题（一对多、互动反馈、富媒体、移动化），这让商家的销售渠道变得更加多元化、丰富化。而对微信商业模式的探索也正是基于此。

微信是服务，而不是骚扰。传统的广告的弊端在于没有得到受众允许的情况下，向受众展示了他不需要的内容。因此，没有允许、不需要，是扰民的根本原因，而在这点上，微信考虑的相对要周全。比如，公众号关注是用户的自主行为，微信平台不会对公众号做出推送举动，用户要添加公众号唯一途径就是手动添加。出于自愿原则下的内容推送，必然是能更容易让用户接受的。

3. 商业价值三——自由度：迅速与好友互动

微信为了信息流动提供了更大的自由度，可以快速地与好友联络，大大激活了现金流的流动。它为信息的流动提供了最大程度说的自由度，使用者可以迅速而方便地与好友进行联络（通过发送给好友、分享到朋友圈、群聊的方式），这也为信息流、现金流的流动创造了条件。

4. 商业价值四——定位：专属的交易记录

私人微信号可以用来定位个人，公众账号则用来定位商家，记录个人和商家间的交易记录，这可以形成一种"消费云"。微信为个人提供消息信息管理、几分服务等，从另一个角度来说能够为企业累积人气提供交易数据、客户数据以及提供 CRM 服务。

5. 商业价值五——微信游戏化：手机社交游戏有价值

微信的后续发展将会逐渐向手机社交游戏靠拢。由于游戏、增值服务是腾讯利润的主要来源，围绕微信制作一些手机社交游戏，比如曾经红极一时的 QQ 农场，把相同的社交游戏理念植入到微信当中同样有尝试价值。微信游戏平台将会成为游戏开放者的又一座金矿，开发微信网页小游戏的利润很有可能会高于制作游戏 App。

6. 商业价值六——形成闭环 O2O：线上线下融合

O2O 即 Online To Offline，也就是将线下商务机会与互联网结合在了一起，让互联网成为线下交易的前台。这样线下服务就可以用线上来揽客，消费者可以用线上来筛选服务，还有成交可以在线结算，很快达到规模。

微信中的 O2O 应用，最典型的如二维码扫描，商家拥有虚拟会员卡供用户通过扫描二维码获取，最后和支付打通形成闭环，从而获得收入。其实相比 B2C，微信 O2O 更具潜力。在微信中整合会员卡，优惠券功能是 O2O 应用常用的方式，而预定、客服等功能则会成为微信 O2O 无法模仿超越的核心功能。微信给了营销者一条直接与用户对话的渠道。所以对于 O2O 来说，微信无疑是最好的平台。

7. 商业价值七——打造一个轻量版的 App Store

微信让精准营销从可能变成了可行。各种类型的公众账号和轻量级应用通过微信就可以进行推送和服务，而不需要从一个 App Store 下载应用。另外，微信向营销者提供了更多的技术可能性。随着 HTML5 技术的普及，营销者完全可以开发出独具特色的营销工具，然后用微信发送给用户，实现真正意义上的绑定移动设备。

6.2.2 公众号图文推送技巧

公众号图文推送是一个细致的运营过程,图文消息编辑细节决定成败,图文编辑做到细而精,图文阅读和分享自然多,最终达到品牌植入与推广的效果,如图 6-1 所示。

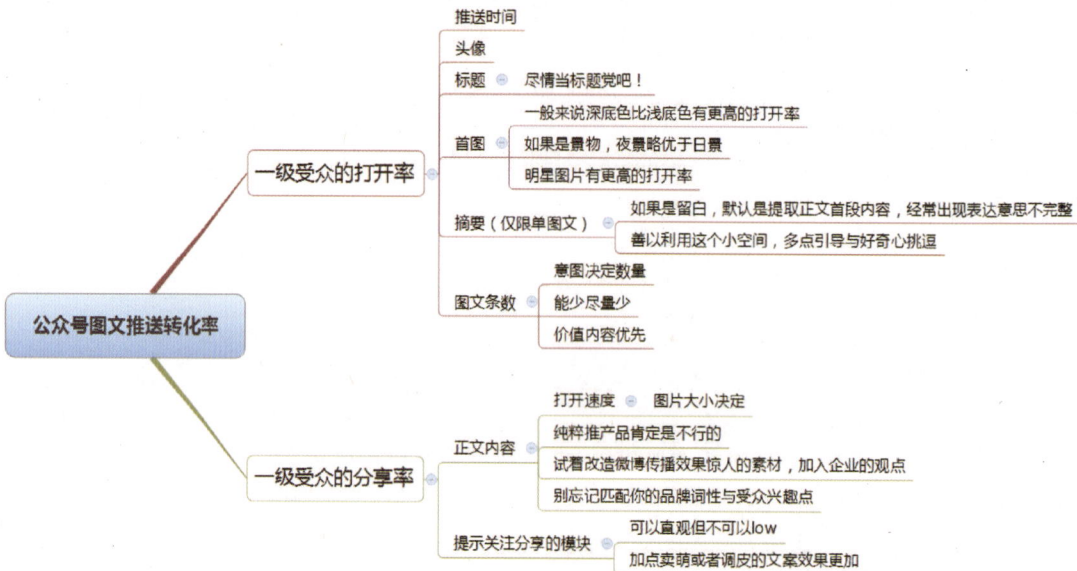

```
公众号图文推送转化率
│
├─ 一级受众的打开率
│   ├─ 推送时间
│   ├─ 头像
│   ├─ 标题 ── 尽情当标题党吧!
│   ├─ 首图
│   │   ├─ 一般来说深底色比浅底色有更高的打开率
│   │   ├─ 如果是景物,夜景略优于日景
│   │   └─ 明星图片有更高的打开率
│   ├─ 摘要(仅限单图文)
│   │   ├─ 如果是留白,默认是提取正文首段内容,经常出现表达意思不完整
│   │   └─ 善以利用这个小空间,多点引导与好奇心挑逗
│   └─ 图文条数
│       ├─ 意图决定数量
│       ├─ 能少尽量少
│       └─ 价值内容优先
│
└─ 一级受众的分享率
    ├─ 正文内容
    │   ├─ 打开速度 ── 图片大小决定
    │   ├─ 纯粹推产品肯定是不行的
    │   ├─ 试着改造微博传播效果惊人的素材,加入企业的观点
    │   └─ 别忘记匹配你的品牌词性与受众兴趣点
    └─ 提示关注分享的模块
        ├─ 可以直观但不可以low
        └─ 加点卖萌或者调皮的文案效果更加
```

图 6-1 公众号图文推送技巧

1. 公众号内容形式选择

微信公众平台包括实时交流和消息发送两个板块。实时交流趋于内容的编辑和制作,形式主要有以下几种:

（1）纯文字内容

微信内容以纯文字形式呈现,语言简练高度精密,字数限制在 600 字以内,对于文字功底要求较高,一般较好的文字内容发布于此。

（2）语音内容

语音内容亲切、真实,带给用户的存在感极强,而且容易被用户群体接受,拉近彼此之间的距离。

（3）图片内容

图片展示的效果很直观,直接带给用户的是视觉的记忆,因此内容上也就要求具有独特的视角和创新。

（4）视频内容

视频内容生动、真切,用户群体不仅可以欣赏图片还可以身临其境地去感受所表达的内容,导向性营销很好,对于宣传企业的品牌、产品和文化等内容有着极大的作用。

（5）图文内容

图文并茂,这种形式最常使用,也被更多用户群体吸引和接受,高质量的内容很有视觉刺激的效果。

在内容编辑过程中,可以针对不同营销目标对粉丝进行分组管理,这样可以精准化的达到营销效果。微信公众号的内容发布可以有五种不同的类型,可细分为图文消息(多图文与单图文)、

图片、语音、视频以及投票，不同类型的微信内容都有自身独特的优势，但无论是哪种方式的内容推送，都是以用户的关注度为推送目标的。

2. 推送技巧

（1）发送时间

一般情况下，用户早上打开手机，看到满屏的"红点点"，正常习惯是大概浏览，然后一晃而过，看哪些内容吸引自己，所以发布时间点要错开。这个与内容无关，因为运营公众账号的内容都不会差。

（2）标题和摘要

公众号放到一个屏幕上，显示的就是文章标题和大概 12 个字，其作用相当于摘要。这 20 多个字一定要脱颖而出，能马上激起用户的兴趣。

（3）适当连载

用连载的方式培养用户阅读习惯，根据心理学家的研究表明，一个人要真正养成好的习惯需要 21 天，所以连载的文章不能少于 21 篇，通过不断连载让顾客产生对公众账号的依赖。

（4）CRM

根据不同人群分类推送，微信公众账号后台有一个订户分类。有的人按照地域分；有的人按照新旧客户分类要对新会员提供他们想要的内容，对老会员提供他们需要的服务。

（5）推送的频率

一般二到三天推送一次内容；周六日休息，但可以发一次更新后的总目录，这样用户可以利用自己的空隙时间自由点读，不但不会打扰他们，同时又可以帮助他们利用好空隙时间。

6.2.3　微信朋友圈活跃度运营技巧

微信平台的用户和影响力不断扩大，"微信朋友圈"营销不得不说是微信营销的重中之重。每天每时每刻，各种微信营销活动依然进行得如火如荼，包括点赞、评论、回复、收藏、转发等方式。有的人在微信朋友圈能够如鱼得水，越做越顺手，效果越来越明显，而有的人却只坚持了一段时间，发现微信营销比想象中的难度要大得多。然而影响微信营销活动的因素有很多，但提升朋友圈中粉丝（好友）的活跃度是运营的关键。

微信朋友圈内容运营原则应遵循以下几点：

（1）具备行业的专业性，朋友圈信息嵌入企业所在的行业知识，在一定量化内是必要的，显示自己的专业的一面，做到一定量的曝光增加浏览者对发布者权威性的认定。

（2）掌握发布时间和数量，一般情况下每天每个小号最多发布 5 条朋友圈信息，编辑不同类型分别间隔 1.5～2 h 发布一次，这样可避免浏览者打开朋友圈显示的全是你的更新而感到排斥，同时发布后注意评论互动，小号发布消息适当的 @ 经过分类的目标用户。

（3）宣传的企业信息做到热情和透明化，主要体现在产品信息、服务信息的细节上。

基于运营原则上，还需要掌握基本的运营技巧。

首先，提升微信朋友圈的活跃度最重要在于提升互动性。传统的"点赞""分享""评论"等方式对于微信营销内容的互动性还是有所缺乏，原因就在于信息的互动交流不足。所以需要在提升互动性方面多做文章。一方面，微信营销的内容要具有一定的吸引力，包括内容标题和摘要（微信朋友圈中列表中显示的部分内容）要能够容易引起好友的关注，人都是有好奇心的，使用问答、猜谜等趣味性的方式更容易引起粉丝的好奇心。另一方面，增加评论回复的频率也可以提升朋友圈粉丝的互动积极性，因为有了进一步的评论回复，更能够让好友参与进来，心理感觉到内容发布者是有用心在参与问题的讨论和分享，从而带动其他粉丝的参与。

其次，提升微信朋友圈的活跃度可以引入一定的商业模式。毫无疑问，微信营销的目的就在于营销，有一些比较实用且有效的商业模式在微信营销中都可以使用进来。之前被人一直使用的"饥饿营销"方式可以在微信营销中以"商品抢购"的形式出现，在朋友圈中引入"限量限时"抢购来增加用户的参与度；又如，可以在微信朋友圈中进行"商品竞拍"，类似淘宝等商城的购物形式也是一种有效的营销方式，因为这些商业模式的引入对应微信朋友圈用户的心理会产生相关联的影响，从而在心理上的促使他们参与到朋友圈的互动中来。

此外，提升微信朋友圈的活跃度可以利用生活中的素材。微信朋友圈的用户虽然网络参与，但都生活在现实当中，因此，如果营销内容和生活中的素材相关，可以更容易让用户参与进来。如果能够加以利用生活中的点滴创意和琐碎事情，在合适的时间和合适的地点发布到微信朋友圈，也是能够引来朋友圈的流量，特别是创意且充满乐趣的事物更能够让微信朋友圈的活跃度大大提升。如在微信朋友圈发布一个大多数人平时都见不到的动物，可以引发用户的进一步了解的欲望，利用好奇心可以引起更多用户的关注，从而提升微信朋友圈的活跃度。

6.3 案例解析——可口可乐微信营销案例

众所周知，中国春节是饮料品牌的战场。作为饮料品牌的可口可乐要想在激烈的竞争中守住自己在饮料市场地位，如何利用与时俱进的媒体组合使有限预算达到最大化品牌曝光是关键。而微信作为目前移动互联网的主要入口，在整合线上线下、沉淀用户方面都具有其他平台难以比拟的优越性。因此，可口可乐决定通过微信平台将标志性的品牌文化与期待年味的中国消费者产生情感连接，通过增加与团聚场景的相关性带动品牌销量。

1. 营销背景

如今，市场上各类饮料日益增多，饮料行业竞争日趋激烈，特别是人们更注重对健康、快乐、乐观生活的追求，以及其他饮料市场的繁荣，果汁类、乳酸类、茶饮料等品种不断丰富，尤其是功能型饮料的出现，更是满足了消费者对健康的需求。而在中国，可口可乐的竞争者——百事可乐，还占据了很大的市场份额。无论是同类产品还是非同类产品都给可口可乐带来了巨大压力。

为拉近与消费者的距离，实现营销实效并为品牌注入新的活力，传统强势品牌正在不断寻找与时下最时髦的娱乐或社交方式结合的跨界营销机会。如今消费者都喜欢体验顺应当下潮流的新鲜事物，以 80 后、90 后为核心消费群的快消品企业在营销过程中首先要考虑这部分年轻群体的喜爱、偏好。他们是互联网的主要受众人群，乐于接受新鲜事物，也喜欢和朋友分享他们的用户体验，动动手指网上购物，没事朋友圈里"点赞"刷屏，微信这类移动社交工具已成为他们生活的一部分。

2015 的农历新年，在各大品牌争相用冠名、红包、促销的方式炒热中国新年之时，可口可乐选择打破传统，根据春节期间，大多数中国人都会选择使用"表情拜年"这一习惯，借助微信平台，创造出互动的新鲜玩法。通过微信平台传播可口可乐春节年味，引导表情下载，让可口可乐"阿福""阿娇"表情成为春节期间人与人之间连接的桥梁。

2. 产品受众分析

（1）目标受众

可口可乐的目标受众为追求时尚自由、个性张扬、乐观的年轻群体，15 ～ 28 岁的青年人。主要有高中生、大学生和年轻上班族等。

（2）受众特征

可口可乐的受众年龄层为 18 ~ 25 岁之间，这个年龄阶段的群体具备年轻、热衷于追逐流行文化，思想个性自由，对时尚敏感，在消费方面有灵活的思维方式和应变能力，对生活有积极乐观的态度的特征。

3. 营销目标

（1）铸造标志性的品牌资产，建立与中国年轻消费者的情感连接；

（2）增加品牌的认知度；

（3）通过微信平台强势引流触达消费者，激发二次传播，激发产品消费。

4. 策略与应对

在结合微信平台功能的情况下，可口可乐与微信表情进行合作，以微信扫一扫功能作为传递。为了更酷的体验，可口可乐摒弃传统二维码，抢先运用全新的图像识别技术。消费者只需用微信直接扫描可口可乐包装上"阿福"和"阿娇"的形象或条形码，就可以免费下载整套动态表情，借微信新春表情在好友间的广泛传播来传达"团圆年味"的可口可乐品牌的新春信息，如图 6-2 所示。

图 6-2　"阿福"与"阿娇"微信表情

5. 公众账号图文推送

对于可口可乐来说，从选择微信营销这个以分众和精众市场为目标诉求的营销模式开始，品牌更进一步的快速传播也是此次"团圆年味"微信营销活动的目标之一。因此，如何充分利用微信平台的资源与用户形成良好的互动，是可口可乐微信营销实施的重点。

借着春节契机，可口可乐公司首先利用 O2O 连接用户引导用户下载品牌表情，让可口可乐阿福阿娇表情成为春节期间作为人与人之间连接的桥梁，同时也开启自身与用户接触的第一步接触，如图 6-3 所示。

在获得第一步接触后，可口可乐在拥有了一定的新老客户的基础下，需要加深活动与用户的联系。微信公众号通过图文信息的推送建立与用户的沟通，让用户及时知晓活动信息，触发用户参与活动后的下一步行为。因此，可口可乐公司通过图文消息推送的方式，成为自身服务用户的一次次连接，在增加传播途径的同时，进一步推动活动的进程。

可口可乐在内容发布上绝大多数都图文并茂，根据微信内容，图片不仅能够提升产品的外观特质，还能够有效促进用户的点击和阅读，如图 6-4 所示。在内容推送制定方面，可口可乐抓住年轻人对传统春节年味和团聚的渴望，借助中国传统的"阿福""阿娇"形象来传达还原中国传统年味的思想。

图 6-3　扫描下载微表情

图 6-4　可口可乐图文消息

6. 朋友圈二次传播

可口可乐公众账号的图文消息推送，唤起了可乐粉丝对于新春表情的关注，但广告到底触达了哪些消费者，是否实现了目标人群的精准投放？消费者看到广告后是否愿意继续后续的互动，会产生哪些行为的互动？这种形式是否能提高品牌的 KPI，消费者是否喜欢这样的广告形式？带着一系列问题，从用户立场思考：只是作为日常的一款饮料，用户为什么要持续关注你？为什么要跟你互动？互动是建立在情感基础上的行为，综合用户角度，可口可乐归纳出 Social（合群）与 heart（感情），这是社交营销的核心也是新媒体营销的关键点。只有触及消费者的内心，他们才愿意与你互动，与朋友分享，才能形成话题和关注，使瞬间"引爆"成为可能。

在微信平台上，用户用以表达感情次于聊天的方式，就是通过朋友圈来相互传达。面对朋友圈的诱惑力，可口可乐公司继续深化与微信平台的合作。同时，可口可乐搭借微信朋友圈信息流广告首批上线。在朋友圈推出一条"团圆年味，就要可口可乐。查看详情…"的消息，引导用户去点击查看详细的内容，利用朋友圈 feeds（聚合内容）广告亿级触达目标群体，旨在通过微信朋友圈强大的辐射曝光影响力，打造出此次营销的最终"高"度，如图 6-5 所示。

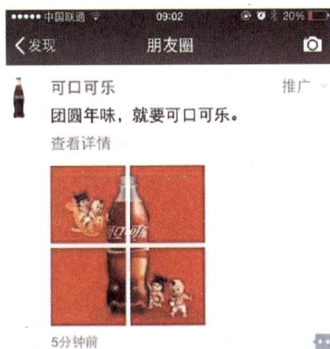

图 6-5　可口可乐朋友圈

可口可乐的广告画面沿用了品牌颜色，突出了新年的喜庆气氛。值得一提的是，该广告画面并没有链接到 H5 画面或视频页，而是跳转到了品牌定制的微信表情中，没有生硬的可口可乐商标或产品的植入。好的品牌内容，会让人分不出到底是广告信息还是有价值的内容，更进一步，它会让消费者采取行动，深入消费者的心智，培养品牌深层次的关联。从深入市场变为深入消费者的心智，从单纯的信息传递转向培养深层次的关联，唯有此，才能真正做到"投放有效果，用户无反感"。

用户通过点击查看可口可乐春节详情页，点开后对接的并非简单的动态页面，而是微信专属表情，用户在该页面点击可下载表情，如图 6-6 与图 6-7 所示。

下载完成后即可在春节期间，拜年之际使用可口可乐定制表情，传递传统年味，同时也通过用户获取表情并使用表情实现了品牌的二次传播效果，如图 6-8 所示。而这套可口可乐公司由2001 年便沿用至今的儿童形象，也是提升了传播的趣味性及消费者的参与度的重要因素之一。

图 6-6　新春表情详情页　　图 6-7　新春表情下载页　　图 6-8　可口可乐微表情使用

不但如此，朋友圈广告精准营销的巧妙，就在于能更好抓住消费者的"身份认同感"，从而引发更多的共鸣以及讨论。因此，除了扫一扫条形码引导用户进行表情下载外，可口可乐用户还可以通过关注以及朋友圈分享的链接来进行表情下载，如图6-9所示。

图6-9　分享朋友圈

7. 微信营销效果分析

逢年过节，互致问候是中国人的良好传统。在经历了书信、电话和短信贺年祝节后，微信祝福的流行为可口可乐此次营销垫定了契机，加上可口可乐对此次营销的精准定位，通过微信平台及创新功能运用，植入品牌形象，恰到好处地进行了传播推广。

鉴于目标受众对于朋友圈广告的高接受度，短短2天时间，可口可乐的朋友圈广告以及表情下载页面的转化率均超出了开始的预估目标，带来了第一波拜年表情发送的大规模爆发，朋友圈人人拜早年，并经过三周发酵在除夕达到另一个通过"阿福""阿娇"拜年的峰值。

不到一个月的活动时间，可口可乐积累了超出预期的新年表情下载量，并且可口可乐新春表情的人均发送次数也达到了良好的效果，成功抓住春节拜年的社交强需求爆点，触发海量的二次传播。

"阿福""阿娇"形象通过产品包装、电视广告、微信表情、朋友圈广告与社交传播的媒体组合，已经成为深入人心的标志性新年形象，成为可口可乐在新年阶段的品牌资产与代言人。

6.4　同步训练

1. 实训概述

本章实训要求学生围绕端午节活动实施微信营销活动。通过微信营销策划，撰写微信内容并发布。实训中要求结合移动端特点进行相关微信营销策略规划，并对微信营销的实施效果进行监控，以达到预期的营销效果。通过实训，要求学生掌握微信营销的相关方法和技巧。

2. 实训素材

（1）相关实训软件。

（2）智能手机实训设备。

3. 实训内容

任务一　微信营销策划

步骤 1：根据此次微信营销实训的要求进行微信营销分析，熟悉实训所提供的相关素材，明确实施原因、实施目的及目标受众群体。

步骤 2：根据微信的营销目的及受众群体进行微信营销策划，确定微信营销的相关主题、内容及表现形式，熟悉主流平台的功能，完成表 6-1：

表 6-1　微信营销策划

微信营销策划	说　　明	具体分析
营销目的	实施微信营销的目的	
实施原因	实施微信营销的原因	
目标受众群体	营销针对人群	
微信资料	功能说明等资料	
内容类型	所发布的内容类型	

任务二　微信内容编辑

步骤 1：根据微信营销主题确定内容主题，发布简短的营销性质的微信内容。

步骤 2：选择与端午相关的话题编写微信内容以提高微信订阅量。

步骤 3：转载端午节相关或精彩微信内容。

在微信内容的编辑过程中应注意语句精炼顺畅，避免语法错误、错别字等。

任务三　效果监控与分析

步骤 1：查看微信的粉丝量、微信的转发量和订阅量。

步骤 2：查看微信营销带来的订阅量，转发数。

步骤 3：分析微信营销的总体效果。

步骤 4：以小组形式，进行相互查看，并进行微信营销的效果互评。

第7章 微博营销

21世纪科学技术和移动互联网飞速发展，移动网民数量激增，并呈现超越传统互联网网民的态势。手机、平板电脑等移动端网民数量的增长带来了社交网络的火热，微博作为新兴的社交网络，以其便捷性和广泛度赢得了众多用户。微博注册使用人数的不断扩大，使得微博生态圈在某种程度上可以反映现实的社会场景，还可以通过微博的实时数据对用户行为进行预测，这也让商家利用微博进行营销活动成为可能。

微博营销既是内容营销，也是互动营销，是企业开展社会化营销的主战场。企业该怎么做好微博营销策划、实施及效果分析，将企业商品价值和品牌文化通过微博传递出去，并和粉丝形成良好互动，是学好微博营销的关键点。

学生通过本章的学习应达到以下目标：

知识目标

- 了解微博营销的技巧；
- 了解微博相关营销工具；
- 熟悉微博营销活动的基本流程。

能力目标

- 具备微博营销策划能力；
- 具备微博的基本运营能力；
- 能够通过数据分析微博营销效果。

7.1 认识微博营销

在移动营销中，基于微博的功能优势，借助微博平台展开客户服务、策划营销活动等成为企业开展市场营销的热门选择。今天71%的用户是通过移动端设备访问微博。同时，微博是中国社交网络当中唯一一个跨PC和移动端双端的产品，客户端界面如图7-1所示。依托于新浪网和新浪博客，新浪微博媒体特征明显，用户使用微博之后，可以实时了解到社会上各类热点问题。同时，作为一种社会化媒体，微博的互动性和娱乐性特征也非常强，用户可以随时在微博上发布消息，与博友开展互动，或者参与各类媒体、企业、机构举办的互动活动。具体企业微博营销形式如图7-2所示。

7.1.1 微博营销的定义

微博营销是指通过微博平台为商家、个人等创造价值而执行的一种营销方式，也是指商家或个人通过微博平台发现并满足用户的各类需求的商业行为方式。微博营销以微博作为营销平台，每一个听众（粉丝）都是潜在的营销对象，企业利用更新自己的微博向网友传播企业信息、产品信息，树立良好的企业形象和产品形象。每天更新内容就可以跟粉丝和用户进行交流互动，或者发布受众感兴趣的话题，从而达到营销的目的，这样的方式就是新兴推出的微博营销。

图 7-1　微博客户端界面

图 7-2　各类企业通过移动微博进行营销

　　微博营销注重价值的传递、内容的互动、系统的布局、准确的定位，微博的火热发展也使得其营销效果尤为显著。微博营销涉及的范围包括认证、有效粉丝、朋友、话题、名博、开放平台、整体运营等。

7.1.2　微博营销中 4C 理论的应用

4C 即指消费者（consumer）、成本（cost）、便利（convenience）、沟通（communication）

四个方面。在微博营销中 4C 理论的应用如下：

（1）以消费者为导向，让粉丝成为忠实的顾客

4C 理论首先强调要满足消费者的需求，只有深刻领会消费者的真正需求和欲望，才能获得成功。对于一个企业而言，首先要确定的是自己的消费者在哪里，哪些群体是自己的消费者，这样才能知道其需求。所以，微博营销为企业如何赢得消费者提供了一个途径，当企业开通了官方微博后，消费过的老顾客自然就会关注这个企业，从而成为它的粉丝；而对于潜在的消费者，企业可以通过在微博上发布有诱惑的内容去引起注意，进而获得更多的粉丝。最后企业将产品信息发布在微博上，并与粉丝进行探讨，征求大家的意见，这样就有利于新产品的开发和推出。

（2）降低产品宣传成本，让消费者真正受益

4C 理论中考虑的顾客的成本，是消费者愿望在获得满足时愿意支付的。如何让消费者获得一个满意的成本，微博营销可以帮助企业实现。微博营销大大降低了网络营销的成本。企业只需要开通一个微博就可以在网上进行营销推广。相比较传统的媒体，微博营销只需要创新的广告主题就能达到宣传的目的，这样不仅降低了广告成本，也间接的降低了产品的成本，进而消费者能够以比较满意的价格获得产品。企业可以在微博上进行有奖调查，不仅能吸引新的消费者，而且可以就调查的问题与访问者做直接的交流，提高调查的效果，还降低了调查研究费用。这些途径可以有效降低企业的产品成本，进而让消费者获得一个满意的成本。

（3）建立微博话题，与消费者互动，拉近与消费者的距离

微博搭建了一座企业与消费者之间沟通的桥梁，当企业人员愿意与消费者进行直接沟通时，不仅能让消费者更直接的了解产品及企业文化，还能吸引更多的粉丝关注，进而关注产品。微博话题能够吸引粉丝的关注和讨论，在话题讨论的过程中推出有奖互动环节就更能吸引粉丝的关注，并有助于让粉丝变成消费者。

总之，企业利用微博进行营销要结合微博的多样性、即时性、便捷性、广泛性的特点，在微博营销的过程中要站在消费者的角度设计营销方案，以获得消费者的认可和关注为出发点，以消费者能接受的价格去设计开发产品，在微博营销的过程中多多与消费者展开互动，获得最直接的信息以帮助企业赢得长期忠实顾客，巩固其市场地位。

7.1.3 微博营销对传统市场营销的挑战

1. 营销渠道需要扁平化

随着竞争和信息透明，生活在移动营销时代的消费者，城乡距离在逐步缩短。无论消费者在哪里，都可以使用移动应用 APP、二维码、移动搜索等工具满足自我的消费需求。传统企业营销组织通常包括业务员、营销部、营销专区等，在每个层级中还会细分，形成复杂的金字塔结构，但是在移动互联技术的支持下，企业销售渠道结构仅需要两层，即主管和业务员两个层次。微博营销的扁平化的销售组织，不仅可以减少企业管理成本，最关键的是管理者及时对消费数据进行分析，关注消费者体验结果，利用大数据分析及时调整企业营销战略。

2. 快乐营销逐步渗入

随着科技不断发展，未来商品必然趋于同质化，甚至出现品牌过剩，消费者在消费过程中都是"凭任性，看心情"。因此，像微博营销这类的快乐营销将成为商品营销的重要手段。据工信部发布的数据显示，截止 2016 年 1 月，中国的移动互联网用户已达到 9.8 亿人，这巨大的用户数量体现出用户的展现自我和获得社群认同感的内心诉求。如果企业不进行创新变革，冷冰冰的品牌将无法得到未来消费者的青睐，特别是 80 后、90 后的消费中坚力量。

3. 用户定制至上

在移动互联网时代，海量的客户数据库信息，未来的市场将会实现产销合一，消费者将最大程度的融入商品的生产过程，工厂将会按照消费者需求实现定制生产。要实现消费者的定制要求，由市场营销变化所带给企业的挑战包括：第一，所有的商品按照订单生产，零库存；第二，工厂的制造车间生产效率大幅提升，商品的生产管理理念与制造生产流程全面变革，与之适应的企业制度建设也需要全面提升。

4. 粉丝经济的推动

传统年代，商家将消费者比喻成上帝，为"上帝"提供价廉物美的商品，但是在移动互联网时代，商品不在仅仅是单一的物品，而是被赋予了精神具有生命力的商品。如果说企业市场营销最初是关注的是价格、然后是性能、最后是品牌，但是现在企业市场营销应该更多的关注的粉丝经济。粉丝经济实际上是粉丝从恋人到恋物。例如"果粉"从对乔布斯的个人膜拜转化为对苹果手机的疯狂，这种精神的力量足以强大，让人如着魔一般。企业未来的发展一定要重视微博等新媒体社群组织的发展，其效应远远超过了传统广告的效果。

7.2　微博营销策划与实施

7.2.1　微博营销的策划

1. 方向确定

微博营销的策划首先需要确定整体方向，即企业的商业目标、营销传播目标和目标受众。

商业目标或经营目标，即在一定时期企业生产经营活动预期要达到的成果。营销传播目标即企业的市场营销及传播活动希望实现的目标。目标受众是一个企业的业务及营销传播所针对的群体。

2. 现状分析

微博营销需要至少分析 4 个方面：一是微博平台，如微博功能等；二是企业希望与其进行沟通的目标用户；三是企业的直接或潜在的竞争对手，他们也在针对同样的目标用户进行营销传播；四是企业自身，如现有企业微博。

（1）微博平台分析

以新浪微博为例，它不断推出各种新的功能，如微直播、微访谈、大屏幕等，对这些功能的了解，必然有助于发现对企业有价值的机遇和营销方式。同时，量化公开的业界报告对于给公司提供重要数据和信息也是非常有效的。

（2）目标用户分析

对目标用户在微博上的心理及行为特点的全面分析，了解其喜好，从而"投其所好"地满足其需求，实现精准营销传播。通过微博用户发微博、评论和转发的，按周和 24 h 的具体时间分布，有助于了解企业应该在什么时间发布微博或与用户进行互动。

（3）竞争对手分析

了解竞争对手在微博上做些什么也是非常重要的，可以按照行业情况，竞争对手的粉丝数、关注数、微博总数、首次发博时间、话题分布等基本指标考察。企业也可以据此制定活动相关指标的度量，比如分享与回复的次数等。

（4）企业自身分析

如果企业自身已经拥有官方微博，对企业自身微博现状进行分析必然是一个重要环节。与正常的标准作对比，就能够判断是否存在问题，从而对症下药。比如，通过本企业最近 1 个月内发布微博的 24 h 分布情况，和目标用户 24 h 的转发和评论情况做一个对比，就可以判断出企业的发布微博时间是否合理，是否是在用户最活跃的时间段发布的微博等。

3. 目标设定

微博营销传播的目标设定，是与企业的商业及整体营销传播目标保持一致的，而且应该遵循 S.M.A.R.T 原则，即 S（Specific 明确性）、M（Measureable 可衡量性）、A（Attainable 可实现性）、R（Relevant 相关性）、T（Time-based 时限性）。

在绩效指标 KPI 的设定中，有一个误区需要引起注意，即盲目重视粉丝数量，不重视粉丝质量，这也是造成僵尸粉横行的原因之一。比如一个微博账号粉丝数量是 200 万，但是当这个微博账号发布了微博后，只能带来 1 条评论和 2 个转发，这是什么情况，明眼人一望便知。

4. 战略战术

微博营销传播的具体目标和关键绩效指标确定后，相当于"目的地"已经非常明确了，下一步就是要确定"如何抵达目的地"，即战略和战术的制定。

1）关注策略

关注策略有两层含义，一层是如何吸引粉丝的关注，另一层是企业品牌微博如何通过主动地关注别人来实现自己的目标。吸引粉丝关注，做法大致可以分为以下 4 种。

（1）自有媒体推广：在企业自主拥有的媒体上进行推广。

（2）付费媒体推广：传统意义上的媒体购买和推广。

（3）赢得（＋社交）媒体推广：如通过高质量的内容吸引粉丝主动转发和关注。

（4）制定巧妙的微博用户主动关注策略也是一种增加粉丝数量的重要手段。

2）内容策略

一个优秀的内容策略对微博活动的成功性具有显著推动效果，其中至少有三点非常重要：内容主题、内容来源和内容发布规划。

考虑到企业的传播目标，在这里，有一个三分原则可以作为出发点：1/3 为用户提供的有价值的内容：如对用户或用户周围好友有帮助的信息（用于增加转发量和曝光度）；1/3 为交互内容：与用户进行互动的内容（用于体现微博的活跃性，增加交互度）；1/3 为品牌和促销等相关内容：一定还需要有与企业品牌、产品等相关的内容。

内容来源主要包括三大类型：原创、转发、互动（与网友评论交流等）。同样可以遵循三分原则。发布时间取决于业务需要，可以制定年度、季度、月度、一周内容日程，并根据上面提到的内容主题提前准备好相关内容，从而指导日常的内容发布和更新。准备并保持一个发布时间规划（类似于媒体刊登计划），并且提前准备好相关内容用于指导每日发布与更新。

5. 运营规划

在宏观的战略和具体的战术作为方向指导下，运营规划也是非常重要的。

1）粉丝管理

针对不同微博行为特点的用户，应该针对其行为和偏好等，采用不同方式进行沟通与交互，从而进行有效的粉丝管理。

2）意见领袖管理

意见领袖关系管理（IRM）是一个长期的、动态的过程，需要有方法和工具的支持。一种方法是从相关度、影响力和合作机会三个维度对意见领袖进行综合评估。

相关度是指该意见领袖与企业传播目标和内容的相关程度大小；影响力是指该意见领袖的影

响力大小；合作机会是指与该意见领袖达成合作的可能性大小。根据这三个维度，可以制定出一套意见领袖管理模型，针对不同的意见领袖，采取不同的管理措施。

3）微博活动

从是否涉及到其他平台的角度，微博活动可以进行以下几种规划。

（1）微博活动：仅使用微博平台。

（2）整合线上活动：微博＋其他网络营销渠道。

（3）整合活动：微博＋其他网络营销渠道＋线下渠道。

4）整合营销传播

微博营销只是众多营销形式中的一种，是为了实现总体目标的众多手段之一。因此微博营销不能孤立地考虑微博平台的情况，必须要与其他营销形式相结合，优势互补，共同为总体目标服务。

5）资源规划

这里的资源包括人力、财力、物力等多个方面，比如规划好需要的年度或季度预算、建立相关团队或者与外部代理商进行合作等。

6）微博危机管理

很少有人会质疑市场营销的潜力，然而网络舆论就像一把双刃剑，客户可能投诉，人群可能传播负面信息，而企业机构在危机发生之时，可能并无防备，难以回应与处理。所以为了应对危机，对微博的实时监控必不可少。

7）舆情监测

国内的社交媒体平台与国际环境有很大不同，新浪微博很多国外工具是无法监测的。这里可以考虑针对国内网络平台和环境而量身定制的国内相关工具。

6. 实际行动

各司其职，分工协作。在制定行动计划的过程中，不同类型的工作需要不同的团队和人员。比如，全年的微博营销战略规划，更需要策划方面的人才；日常微博的内容来源搜集、内容撰写、微博日程的规划等，更需要内容和文案方面的人才；而微博的图片处理和企业版微博首页的设计，更需要美术设计和用户体验方面的人才等。

另外，根据不同企业的实际情况和需求（如预算情况等），可以考虑内部和外部两种类型的资源。内部资源即使用自己公司内部已有团队，或新建自己的团队；外部资源指外包给第三方的专业代理公司。这两种方式各有利弊，企业应该结合自身实际情况综合考虑做出选择。

7. 监测控制

在采取行动的过程中，为了保证绩效的不断优化，持续的监测和控制是必不可少的。为了保证绩效的不断优化，需要工具的支持来收集必要的数据。在这里，关键的一步就是对这些数据进行分析与挖掘，找出其中有价值和指导意义的要点，从而为接下来的优化进行指导。

7.2.2　微博营销的实施

1. 寻找微博上的精准用户

（1）通过标签寻找用户

微博上的用户都会根据自己的特点或者喜好为自己的微博贴上不同的标签。这些标签都是用户自身设定的，最能体现出个人的特点。根据这些粉丝的特点，可以对他们进行年龄、身份、职业、爱好等方面的归类。如果目标用户正好和某一类人群重合，则这类微博用户就是目标用户，也是需要引导的人群。

（2）通过话题找用户

微博上的话题是通过＃话题名称＃来实现的，最大的优点就是可以通过微博搜索直接找到参与某个话题讨论的人群。如发现某些用户经常参与 #NBA#、＃足球＃这样的话题进行讨论，而企业恰好又是卖运动鞋的，那些微博用户就是企业的目标用户。

2. 让精准的用户成为企业微博粉丝

（1）内容为王

一个微博要想拥有更多的粉丝，最重要的一条就是要有优质的内容。微博可写的内容非常多：记录自己每天的想法、心情；自己身边发生的趣事、新鲜事；相关行业的评论；热门话题的讨论；有价值的经验分享等。一定要让其他用户通过微博感受到一个真实的自我，只有这样才能赢取用户信任。单纯的企业信息或者营销信息的发布平台，是非常不受欢迎的。

（2）主动关注目标用户

如果自身微博能有一些优质的内容，而且大都是目标用户爱看的内容，那接下来的事情就是把他们吸引到企业微博上来。主动关注的目标用户是个不错的办法，一般用户在得到新关注（即获得新粉丝）之后，都会回访一下对方的微博，看看新增的粉丝是哪些人，发表了哪些内容。这时如果微博内容能够引起用户的兴趣，那么大多数情况下用户也会主动关注，成为粉丝。如果个人资料再丰富些，头像再吸引人一些，互粉的可能性就会更大。

（3）转发和评论用户的信息

并非所有用户都会回访或者互粉自己的新粉丝，这种情况下就需要企业微博主动出击了。经常转发用户的微博，并在转发的同时写一些有价值、有深度的评论，累积几次就会引起用户的注意。用户会觉得自己得到了尊重，自己发表的东西有人懂得欣赏，自己又找到一个志同道合的朋友，这时用户主动关注成为粉丝就是水到渠成的。这种方法看起来虽然简单，但只要坚持做，用心去评论别人的信息，最终可以取得非常好的效果。

（4）在目标用户集中的微群积极互动

微群为大家提供了一个围绕某个话题交流和讨论的场所，群内的成员也往往都是对这一话题关注的人。如果能常常发一些用户关注的内容，经常和群内的用户进行交流讨论，帮助用户解决问题，甚至成为群内的名人，那么群内的用户也会慢慢转变成粉丝。

3. 在微博互动中实现企业营销目的

（1）取得粉丝的信任是根本

微博营销是一种基于信任的主动传播。在发布营销信息时，只有取得用户的信任，用户才能可能帮转发、评论，才能产生较大的传播效果和营销效果。获得信任最重要的方法就是不断保持和粉丝之间的互动，让粉丝觉得你是个真诚、热情的人。要经常转发、评论粉丝的信息，在粉丝遇到问题时，还要及时地帮助他们，这样才能与粉丝结成比较紧密的关系。在发布营销信息时，粉丝也会积极帮忙转发。

（2）在发广告时需要一定的技巧

在发布企业的营销信息时，建议大家在措辞上不要太直接，要尽可能把广告信息巧妙地嵌入到有价值的内容当中。这样的广告因为能够为用户提供有价值的东西，而且具有一定的隐蔽性，所以转发率更高，营销效果也更好。像小技巧、免费资源、趣事都可成为植入广告的内容，都能为用户提供一定的价值。当一个广告能成为用户群中的话题，那么这条微博营销信息便算是成功了一半。

（3）通过活动来做营销

抽奖活动或者是促销互动都非常吸引用户的眼球，能够实现比较不错的营销效果。抽奖活动可以规定，只要用户按照一定的格式对营销信息进行转发和评论，就有中奖的机会。奖品一定要是用户非常需要的，这样才能充分调动粉丝的积极性。如果是促销活动，一定要有足够大的折扣和优惠，这样才能够引发粉丝的病毒式传播。促销信息的文字要有一定的诱惑性，并且要配合精美的宣传图片。如果能够请到拥有大量粉丝的人气博主帮转发，就能够使活动的效果得到最大化。

4. 定位（帐号领域）

想要实现微博的长远商业价值，一个独立领域定位的微博肯定比一个大杂烩的微博走的更远，更易实现商业价值，而且在推广的时候更容易抓住核心的粉丝用户。比如定位：美食、宠物、心灵鸡汤、情感、旅行、公知等，每一种定位背后都有天然的商业价值存在。按照目前美食类微博就发菜谱，宠物类微博就发萌宠图片的模式显然已经过时了，一定要寻找独立的边缘领域，塑造自己的特色。例如某微博寻找到了一个独立的特色，以萌宠金毛狗的口吻讲情感，情感的话题都以美食特点作为特色素材，积累吃货和金毛狗的粉丝群体。

5. 话题（讲故事）

不做素材的搬运工，原创可能会累，但是粉丝忠实高。以话题#我和柒小汪的七个约定#为例，持续讲连载故事，三个月引发超 5 万人转载分享，3000 万人阅读，吸引 3 家出版社邀约出版。这就是故事的魅力，一个好的故事会成就一个微博的独立特色，让粉丝有追剧情的趣味感。

当然最有效的微博话题，一定是互动话题，让网友有参与感的话题，这样的话题才能实现网友产生内容，才能挤进话题的排行榜。比如 # 免费画头像 ## 免费送故事 ## 免费找对象 #，好的互动一旦进入前 10 排行榜，每天增加几千甚至过万的粉丝很轻松。

6. 热门微博（抢曝光）

如果微博话题进入每小时的热门榜单可以增加数百粉丝，一旦进入 24 小时热门排行榜，粉丝一天破万需要根据话题自身内容的关注度决定。上热门榜单的技巧是热度。只要不是明显的商业广告，就有机会上热门榜单。如果进入 24 小时榜单难度系数过高，可以尝试进入小时榜，持续关注这个榜单，上榜的微博一般发布时间靠近整点，发布后一定要在最短的时间实现阅读量的增加，转发、评论、点赞在上榜前贡献值会弱一些，所以有效帐号第一时间的转发很重要，要求转发的微博必须有绝对多的真实粉丝。

7. 互推（会借力）

互推是一种有效的增粉推广方式，是微博帐号之间互换粉丝的一个过程参与互推的同等级帐号越多，交换的粉丝就越多。"组织"的力量是无穷大的，而且内容的互推，会实现微博内容的有效阅读，为冲热门排行榜提供了有效的途径。

8. 带号（会借势）

想要做一个优秀的自媒体帐号，找大号来带小号也是必经之路，粉丝转化率高，比如维护美食类帐号，找美食类的大号推自己的内容，这样精准的转化肯定最有效。当然弊端就是要有所投入，私信大号谈好推广的价格，根据效果可以不停的更换带号的大号。如果经济实力可以，同时一次性 5 ~ 6 个大号来带，只要内容足够有吸引力，粉丝数增加五、六千不成问题。

7.2.3 影响微博营销效果的重要因素

1. 圈子的有效覆盖

微博与时下流行的 SNS 开心网类似，都是以各种关系建立起的粉丝圈，每个主题账号通过发布言论影响自己的粉丝圈，如果足够有吸引力，那么都有可能因为是强有影响力的意见领袖让粉丝圈扩大。但既然是圈子，就存在着信息覆盖的有限性。即使是粉丝数十万的超级红人，其覆盖率也只能是"粉丝数×活跃率百分比"。而如果想覆盖更多的人群，那么就必须有数量众多的意见领袖，通过有计划的传播信息，在他们的圈子内传播企业、产品、品牌消息及信息。

就目前而言，业内对于社交新媒体的覆盖率提升的最好办法是让更多的"红人"账号发布和传播推广品牌信息。企业要想在微博营销策划中获得较好收益，就必须寻找比较好的执行团队，达到更为广泛的覆盖率。

2. 信息的有效影响力

关乎到微博营销成败的关键因素是信息的内容对于目标受众的直接影响力，即话题能否引起目标的关注，回复、讨论、争论及形成共识。微博由于字数限制，内容上要求经简，类似手机短信营销，话题的契合性非常重要。另外图片是否吸引人眼球，视频的展示画面是否让人想点击观看等都是在执行中的特别注意的要点。

另外，话题的是否有可复制性是决定微博营销的关键。即好的内容能最大限度的激发转发功能的对于覆盖率的贡献。简单说来就是，企业通过一个微博粉丝群发布了泛相关群体非常感兴趣的话题，这些粉丝会自发形成口碑意见，并通过转发影响到更多圈子。通过制造公众和舆论感兴趣的话题、事件或者人物。而公众会因为觉得有趣、相关性或者支持反对而自发形成传播，专业定义为"病毒式营销"。这是在有限的投入下达到传播覆盖率、信息至圈子到达率及有效影响力的效果提升器。

3. 信息至圈子的到达率

企业、产品、品牌想要在无数个圈子中传达必要的信息或者举行某个活动。他们传播的内容及载体，直接决定了信息在圈子里的到达率。这种到达率的影响素很多，除了粉丝活跃率百分比外，发布时间、发布内容及表现形式都是重要方面。例如发布时间如果集中在人群黄金时段，可能就会到达率更高。表现形式方面，图片显然是在众多信息中的"加分"利器，但是仅一百多字再配合图片，表现形式也有限。所以多媒体形式的视频也会成为微博营销中提高到达率的重要手段。

7.3 案例解析——2014 央视春晚"让红包飞"微博营销案例

2014 年春节期间，针对央视春晚节目组的互动诉求以及新浪微博紧密贴合春节送红包习俗的 #让红包飞# 活动，通过整合双方优势资源，深切把握跨媒体合作的最新趋势，以当下最为流行的二维码作为核心互动手段，首创具备移动营销功能的跨屏互动新模式，全力促成了央视春晚与新浪微博的强强联合。

1. 营销背景

央视春晚和微博的移动营销合作可以实现跨屏、即时、互动三个维度的全方位整合。央视春晚加入微博互动入口，是收视转流量这一理论的成功实践，具有巨大的传播意义。新浪微博的加入使节目内容不再局限于单向交流，在春晚播出的同时，网友通过手机和平板电脑等移动端实时参与讨论、互动，实现高效扩散。随着参与互动的内容形式增加，内容的影响力也不断放大，为活动平台创造更多的承载企业品牌推广和移动营销的机会。目前跨屏互动让营销的影响力无限放大,如图 7-3 所示。

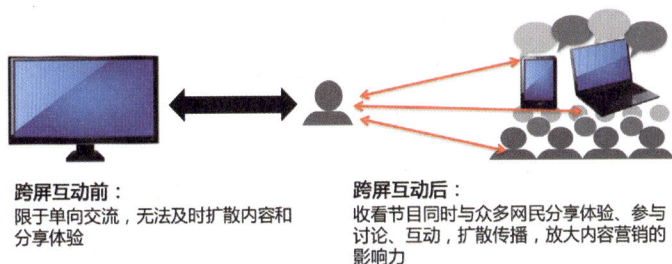

跨屏互动前:
限于单向交流,无法及时扩散内容和分享体验

跨屏互动后:
收看节目同时与众多网民分享体验、参与讨论、互动,扩散传播,放大内容营销的影响力

图 7-3　跨屏互动示意

央视春晚和新浪微博是春晚跨屏互动的最佳搭档:新春佳节合家团圆、送红包是中国人的传统习惯;央视春晚每年都吸引数亿观众观看,具备强大影响力;每年在新浪微博 # 春晚 # 这个热门话题下都会催生诸多热点,吸引用户持续热议,很多人和事件因此一炮而红,微博话题成为舆论的重要风向标。

此次微博移动营销策划的创意互动形式以 # 让红包飞 # 活动为基础,整合微博与春晚强势资源,推出了史无前例的"2014 聊春晚领红包"跨屏互动活动。

2. 营销目标

(1)以跨屏互动的方式实现收视转流量、流量转销量。

通过央视春晚强大的用户覆盖和影响力,引导观众通过二维码互动的方式,参与新浪微博的抢红包活动,将庞大的收视用户群体导入到互联网移动端和 PC 端,实现大规模的观众引流,企业通过给网友发红包来展示品牌和产品。

(2)以跨媒体合作的方式,扩大和提高春晚影响力与关注度,实现台网优势资源互补。

充分利用近年来 # 春晚 # 话题在新浪微博持续热议的趋势特征,把观众和网友对于节目的讨论、吐槽进行整合引导,充分发挥新浪微博平台的强传播扩散能力以及明星名人的影响力,让春晚的优秀内容传播更为高效和广泛。同时实现央视收视群体(整体年龄偏大)与新浪微博互动群体(整体年龄偏小)的优势互补。

(3)开创移动营销新模式,提升品牌影响力。

新浪微博作为央视春晚独家二维码互动合作伙伴,在春晚直播中获得大量口播、字幕、二维码独家宣传曝光资源,同时还有海量观众的深入互动,全方位的提升了新浪微博品牌影响力和用户参与度。

(4)为企业提供春节情感营销的良机。

"2014 聊春晚领红包"活动为企业提供了借助央视春晚和新浪微博两大顶级平台展示品牌,是回馈广大消费者的珍贵营销机会。通过给消费者发放红包(实物礼品、体验卡、电商平台优惠券)并且实时互动,企业获得了更多关注和赞誉,同时也完成了春节期间的一次产品促销。

3. 营销策划

"2014 聊春晚领红包"集多方强势资源,把握重要时间节点,紧密协同配合,利用大数据挖掘技术,实现活动的热度不断升温。图 7-4,表现了整个营销活动的传播周期的基本情况。

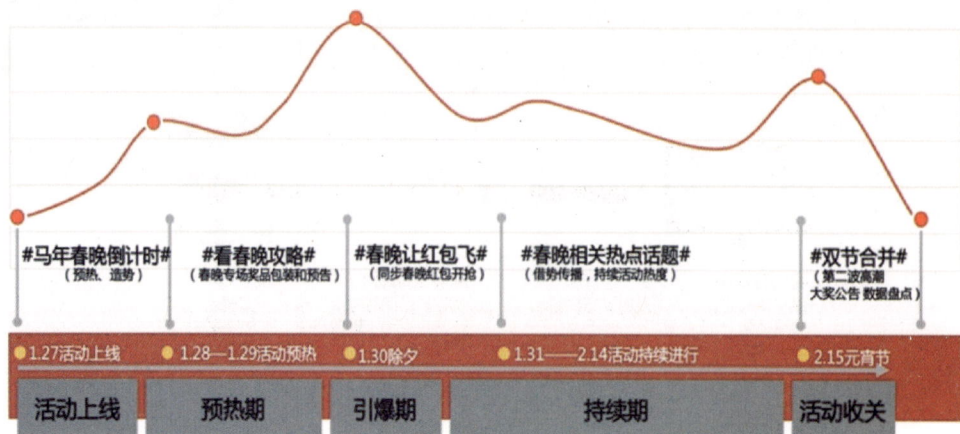

图 7-4　活动传播周期

（1）央视营销活动实施

在正式进行微博营销之前，央视与新浪微博共同召开"2014# 让红包飞 #"活动新闻发布会，拉起了央视与新浪微博合作推广的序曲。活动现场相关负责人介绍：此次活动不仅会通过前期的网络线上的话题预热，而且还会利用央视的《直通春晚》节目及春晚宣传片对于此次"让红包飞"活动进行全方位的推广。图 7-5 为央视春晚微博让红包飞活动新闻发布会现场实况。

图 7-5　央视春晚微博让红包飞活动新闻发布会现场

同时，春晚在直播中通过口播、字幕、活动二维码展示共计 30 余次，将活动推向高潮；春晚直播平台包括央视 7 个频道和 31 个省级卫视；春晚多频次重播中持续进行活动宣传推广；元宵节晚会口播、字幕、活动二维码展示共计 20 余次，掀起第二波互动高潮；活动期间央视网全网活动推广并通过百余家主流平面媒体进行活动推介。

（2）新浪微博移动营销实施

明星资源强势助阵：为充分利用名人效应，"2014 聊春晚领红包"专门设计春晚明星发红包模块，刺激更多明星粉丝参与活动，为央视春晚微博红包活动造势。

活动预热期，新浪微博投入大量资源宣传（PC 端＋移动端）。除夕全天新浪微博首页（PC 端＋移动端）、新浪网首页特型二维码互动浮标广告展现，覆盖大量用户，直达活动页面。同时，全天还配以总价值 1 亿的海量站内推广资源（PC 端＋移动端）。图 7-6 为 PC 端春晚红包活动页面，图 7-7 展示的是移动端春晚红包活动引导流程，图 7-8 为移动端春晚红包活动详情页面，图 7-9 则是移动端微博红包发布页面。

图 7-6　PC 端春晚红包活动页面

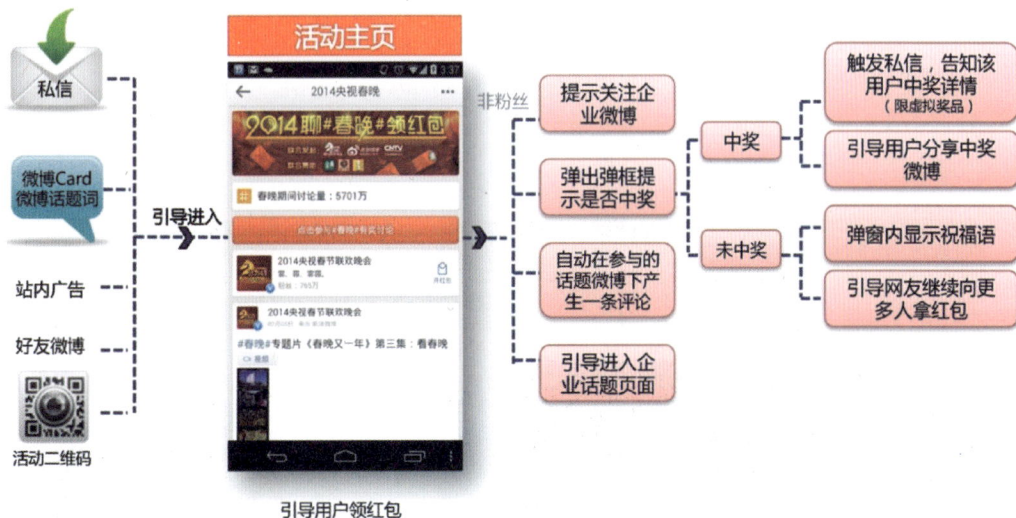

图 7-7　移动端春晚红包活动引导流程

图 7-8　移动端春晚红包活动详情页面

图 7-9　移动端微博红包发布页面

同时通过登陆页左侧广告、手机端 tips、微活动首页、Ipad 焦点图、Ipadtips、PC 端 tips、话题首页右侧图、手机端话题榜 tips、新浪网首页二维码互动浮标广告、新浪网 15 个频道及大部分地方站正文页二维码互动浮标广告、微博 home 页粘顶式通栏广告、微博手机端置顶式趋势大 card、手机端广场图片等对此次活动进行全方位营销。

活动全程通过新浪微博、新浪网双平台黄金推广资源持续推广，整体资源量价值不少于 1 亿。

传统媒介推广：硬广告 4 次（环球时报）、软性报道 8 次（北京晚报、大河报、人民日报、法制晚报等）；14 家电台 17 ~ 30 日每天一次口播；传统媒体共发布稿件 20 篇，覆盖平面媒体 110 个频次、电波媒体 29 个频次。

网络媒体推广：自媒体发稿约 18 篇，网络媒体覆盖 576 个频次、重点网站发布 24 个频次。

（3）活动奖品设置

新浪微博提供价值 5 亿元的活动奖池奖品，包括路虎极光使用权一年、智能手机、充值卡等。同时，知名企业提供了丰富的奖品来回馈用户，包括 999 千足金、私人定制豪华包机三亚双人游、汽车使用权、加油卡等。微博红包奖品极具吸引力，如图 7-10 所示。

图 7-10　微博红包奖品

活动奖品设置，不仅赢得了更多粉丝的关注和赞誉，同时也完成了春节期间对众多企业的产品促销。

4. 微博内容编辑与投放

（1）原创类

央视春晚在新浪微博上采用的是专题制作的形式来展示品牌的魅力，首先在专题上推出春晚抢红包专区，宣传此次抢红包互动活动的理念，如图 7-11 所示。

图 7-11　春晚抢红包专区

在新浪微博中主要发布内容依然遵循此次春晚抢红包的主题思想，内容为"让红包飞 2014 春晚"等为主，这些内容进一步提升主题"2014 聊 # 春晚 # 领红包"的影响力和传播力，而更多的是让每一个用户群体深刻的了解主题所带给人们的意义。通过在微博添加二维码的方式让用户通过手机进行扫描，利用移动营销的方式对此次"2014 聊 # 春晚 # 领红包"活动进行宣传推广。图 7-12 所示为央视春晚官方微博直接推送互动二维码，鼓励粉丝赢取红包大奖。

图 7-12　央视春晚微博编写

（2）投票类

通过在微博中设置让观众对春晚相关的节目进行投票的方式加强微博网友相互联系、互动。此外，在策划微博投票过程中央视春晚官微均确保微博内容与春晚移动营销目的保持一致，其中包括与网友对马年央视春晚各类节目相关主题的相互互动、同时也加入了抽奖环节等内容。通过"评论＋投票＋转发"的形式产生"新内容"不仅极大地丰富了微博的内容，同时也与微博参与评论的用户形成交互，使得用户真切感受到微博背后来自运营团队的认真与用心。央视春晚微博通过让粉丝参与投票评选晚会小品的方式，增强互动，扩大移动营销影响力。

5. 营销效果及分析

央视春晚借力微博话题和发红包活动，通过短短 20 天的时间，借势热点事件，实现了媒体、消费者和企业的无缝对接和影响力的社会化倍增效果。

马年春晚第一分钟共有 863 408 条微博发出。活动截止时，微博上关于春晚的讨论量 6 133 多万条，同比去年增长 1.39 倍。3 447 万用户参与春晚互动，总互动量（转发、评论、赞）高达 6 895 万次。如图 7-13 所示，对 2014 聊＃春晚＃领红包活动页面讨论量进行了实时统计。

图 7-13　2014 聊＃春晚＃领红包活动页面讨论量统计

央视春晚让红包飞 "2014 聊春晚领红包" 活动首页的整体 PV（Page View）为：66 180 032 次；整体 UV（Unique Visitor）为：15 688 454 次；整体互动量（互动量指原、转、评、赞）：88 805 015 次。春晚当天三值均达到活动期间最高峰。活动红包发放量为 2 500 万个，粉丝累计增长 950 万，其中 5 家合作方粉丝翻倍增长：@俏十岁 @恒大冰泉涨粉量均在 300% 以上；@金典爱上有机，新增粉丝 81.74 万，涨粉率 194.25%，活动参与量 2 187 987 人次；@雪花中国古建筑，新增粉丝 93.34 万，涨粉率 186.83%，活动参与量 1 900 661；@恒大冰泉，新增粉丝 104.32 万，涨粉率 303.25%，活动参与量，1 856 978。@俏十岁，新增粉丝 75.66 万，涨粉率 351.97%，活动参与量 955 263；@世纪佳缘，新增粉丝 54.63 万，涨粉率 166.01%，活动参与量 877 033；@江淮乘用车，新增粉丝 25.43 万，涨粉率 45.19%，活动参与量 714 087。参与活动企业粉丝总增长数为 680 万，粉丝总增长率为 344%。

同时，为了回馈观众与网友，新浪微博当晚特别准备了价值 5 亿的红包，在 4 个小时的直播中通过"红包专场"送出，相当于每小时送出 1.25 亿的红包。

截至 2014 年 1 月 30 日 24 时 24 分，CCTV-1 综合频道等五个频道并机总收视率达 19.71%，高于去年（18.7%）。总份额 45.21%，高于去年（42.51%）。2014 春晚直播全国并机总收视率达 30.98%（其中包括直播收视率 30.94%，时移收视率 0.04%），电视观众规模达 7.04 亿人。

7.4　同步训练

1. 实训概述

要求学生以小组为单位，根据实训背景在教师的指导下，在移动电子商务实训室完成微博营销的实训项目，从而了解微博营销的规划和设计，熟练掌握微博营销的具体步骤，熟悉微博客户端的基本功能和模块设置，包括微博内容策划和相关自定义内容自动回复设置，使学生掌握微博营销的基本操作方法和工作技能。

2. 实训素材

1）实训场地：移动电子商务实训室

2）必备设备：计算机、智能手机

3）软件环境：可连接互联网和无线网络

4）国内主流微博平台

（1）新浪微博：http://weibo.com

（2）腾讯微博：http://t.qq.com

（3）搜狐微博：http://t.sohu.com

3. 实训内容

全班按每组 5 ~ 6 人组成实训小组，选出一位小组成员负责本组所有项目任务的相关决策。

任务一　策划微博营销方案

（1）根据此次微博营销实训的要求进行微博营销分析，熟悉实训所提供的相关素材，明确实施原因、实施目的及目标受众群体。

（2）根据微博营销目的以及受众群体进行微博营销策划，确定微博营销的相关主题、内容及其表现形式，同时确定合适的微博营销平台，熟悉主流微博平台的功能。相关内容形成表 7-1。

表 7-1　微博营销策划

微博营销策划	说　　明	具体分析
营销目的	实施微博营销的目的	
实施原因	实施微博营销原因	
实施步骤	具体实施方法	
微博营销方式	选择的微博营销方式	
微博内容编写	营销微博内容的策划	
微博发布	发布内容和发布方式	

（3）制定进度计划书，明确工作进度与人员分工并填写表 7-2。

表 7-2　进度计划书

班级		所属小组		姓名	
进度计划		**说　　明**			**具体分析**
账号名称		设计符合"背景"内容的微博账号名称；需慎重，一旦选定不可更改			设计缘由简要说明
头像设计		设计符合"背景"内容头像			设计缘由简要说明
功能介绍		编制微博将推广功能介绍。注意功能介绍要简洁，有重点，有方向			分析说明
特色亮点		给微博定营销方向，突出特色亮点			
账号主体		企业名称			
我的任务总结		通过上述任务完成，此阶段获得的经验心得等			

任务二　微博营销实施

（1）针对企业和个人需求，进行微博营销分析。

（2）根据营销分析的结果，进行移动微博营销的实施的前期规划。

（3）根据规划，制定微博营销实施流程，见表 7-3。

表 7-3 微博营销实施

任务名称	步骤名称	实训内容
微博营销实施	步骤1：关注、查看和学习微博营销案例	以小组为单位关注学习其他微博营销实施案例；在移动电子商务实训室内规划、设计、创建并运营一个微博营销账号
	步骤2：规划和设计微博营销实施方案	
	步骤3：微博营销具体实施	

任务三 内容编辑及发布

（1）根据微博营销主题确定微博内容主题，进行简短的营销性质的微博内容发布。

（2）选择微博平台中的热门话题编写微博内容提高微博访问量。

（3）转发与微博营销相关的热点或精彩内容提高微博的访问量。微博内容编辑过程中应注意语句精炼顺畅、避免语法错误、错别字等。

（4）将编辑修改完成的微博话题内容进行发布。

（5）将自己转发量较多和评论量较多的微博发至自己所加入的微群。

（6）转发评论其他人的微博，增加与他人的互动，进行自身微博的推广。

填写微博内容编辑实训见表 7-4。

表 7-4 微博内容编辑

任务名称	步骤名称	实训内容
微博内容编辑	步骤1：关注、查看和微博营销内容选题	以小组为单位关注学习其他微博内容编辑案例；在移动电子商务实训室内针对自身微博账号属性进行微博内容编辑和发布
	步骤2：规划和设计微博内容表现形式	
	步骤3：微博内容具体编辑实施	

任务四 效果监控与评估

（1）查看微博的粉丝量、微博的转发量、评论量。

（2）查看微博营销给自己推广的网站或网店带来的访问量数据。

（3）分析微博营销的总体效果。

（4）查看其他人微博营销的效果并作评价。

填写微博营销效果监控评估见表 7-5。

表 7-5 微博营销效果监控与评估

任务名称	步骤名称	实训内容
微博营销效果监控与评估	步骤1：通过微博数据分析工具，统计相关微博营销内容的评论、转发、点赞的数量	以小组为单位针对上一任务中微博发布出的相关营销内容；在移动电子商务实训室内利用相关数据分析软件，评估此次微博营销的效果，为今后的微博营销优化提供借鉴
	步骤2：对统计的数据进行比对分析，找出转发、评论、点赞数量最多的单条微博，分析该条微博数据胜出的具体原因	
	步骤3：分析其他微博数据不高的原因	
	步骤4：进行微博营销优化	

第 8 章　社群营销

　　每个人在现实生活中都有自己的角色，然而这个角色并不一定让自己满意，但在互联网上，人们可以塑造自己的角色，说自己在现实生活中不敢说的话，做一些不敢做的事，大量的人们在网络上寻找到了自己的部落，从而组建成各种社群。

　　互联网创造了很多的奇迹：小米开创互联网营销的"小米模式"，特斯拉电动车崛起，Uber 颠覆出租车，这些产品在移动时代给用户带来了满意的体验，无一不是利用了社群的力量，实现产品引爆。几乎可以肯定的是，企业的下一个重要流量入口，非社群莫属，基于此，社群越来越受到诸多人的关注，资本市场的目光也开始倾斜于有影响力的社群。

　　学生通过本章的学习应达到以下目标：

知识目标

- 了解什么是社群；
- 了解常见的的群工具；
- 明确构成社群的五要素；
- 了解社群的优势与价值；
- 了解社群的组织模型；
- 了解保持群活跃度的方法；
- 掌握社群的运营方法。

能力目标

- 熟练掌握社群的平台选择技巧；
- 能够明确社群构建的实施步骤；
- 具备 QQ 群的基本运营能力；
- 能够熟练借助社群做营销。

8.1　认识社群

8.1.1　社群的概念

　　点与点之间通过某种媒介的互动和连接就出现了联系，连接这两个点之间的这条线就是社交。每个点不只连接一个点，于是多点之间的多线条社交就形成了面，并且经过不断的优胜、劣汰、协作，连接线越来越牢固，形成的这个面也越来越稳固。这些点与线形成的面，就是社群。

　　随着移动互联网快速发展，桌面端转移到移动端，再加上打破空间、时间的高效率工具（比如 QQ、微信）的出现，这些限制逐渐被摆脱，使得社群组织（见图 8-1）更容易、互动更容易、管理也更容易。

图 8-1　社群组织

8.1.2　构成社群的五要素

构成社群的第一要素——同好，它决定了社群的成立。所谓"同好"，是对某种事物的共同认可或行为。可以是基于某一个产品，比如苹果手机、锤子手机、小米手机；可以是基于某一种行为，比如爱旅游的驴友群、爱读书的读书交流会；可以是基于某一种标签，比如星座、明星的粉丝、PPTer；可以是基于某一种空间，比如某生活小区的业主群；可以是基于某一种情感，比如老乡会、校友群、班级群；可以基于某一种三观，比如"每天进步一点点"的亲友团。

构成社群的第二要素——结构，它是决定社群的存活。社群的结构包括组织成员、交流平台、加入原则、管理规范四个部分，这四个组成结构做得越好，社群活得越长。

组织成员：发现、号召那些有同好的人抱团形成组织。最初的一批成员会对以后的社群产生巨大的影响。

交流平台：QQ、微信、YY 等。

加入原则：设立筛选机制为门槛，一是保证质量，二是会让新加入者感到不容易而更珍惜。

管理规范：一是要设立管理员，二是要不断完善群规。

构成社群的第三要素——输出，它决定了社群的价值。没有足够价值的社群迟早会成为"鸡肋"，群主和群员就会选择解散或者退群。好的社群一定要能给群员提供稳定的服务输出，这也是群员加入群、留在该群的价值。比如罗辑思维坚持每天一条语音、大熊坚持定期做干货分享、某些行业社群可以定期接单等。另外，"输出"还要衡量群员的输出成果，全员开花才是社群。

构成社群的第四要素——运营，它决定社群的寿命。通过运营要建立社群的"四感"：仪式感，比如入群要申请，行为要接受奖惩；参与感，比如通过有组织的讨论、分享等，保证群内有话说、有事做、有收获的社群质量；组织感，比如通过对某主题事物的分工、协作、执行等，以此保证社群战斗力；归属感，比如通过线上线下的互助、活动等，保证社群凝聚力。

构成社群的第五要素——复制，它决定社群的规模。由于社群的核心是情感归宿和价值认同，社群越大，情感分裂的可能性越大。一个社群如果能够复制多个平行社群，将会形成巨大的规模。在复制多个平行社群之前需要完成以下三件事：首先需要构建好自组织，具备足够的人力、财力、物力；其次，组织核心群，要有一定量的核心小伙伴，他们可以作为社群的种子用户加入，引导社群往良性的方向发展；最后，形成亚文化，要形成一种群体沟通的亚文化，比如大家聊天的语气、表情风格的一致。

8.1.3　社群的组织模型

只要是能长期生存一段时间的社群，都有其内在生态模式。重点分析基于兴趣或者学习成立的群组，在这样的群组里都存在表 8-1 中的几种角色，这种角色的不同组合，就构成了不同的群生态模式。

表 8-1　群角色说明表

群角色	说　　明
组织者	负责群的日常管理和维护，也是群的活跃分子
思考者	群的灵魂人物，在圈子里拥有威信或影响力的人
清谈者	能够轻松自如接受大家的调戏，让群变得活跃和有气氛的人
求教者	在群里提出自己各种困惑希望得到帮助的人
围观者	习惯潜水，偶尔插一句话，很快又消失了的人
挑战者	加入一个群组后往往对群的管理方式或者交流内容公开提出不满的人

围绕这些群角色，基本上分为两种管理模式，一种是基于社交群的环形结构，一种是基于学习群的金字塔结构，如图 8-2 所示。

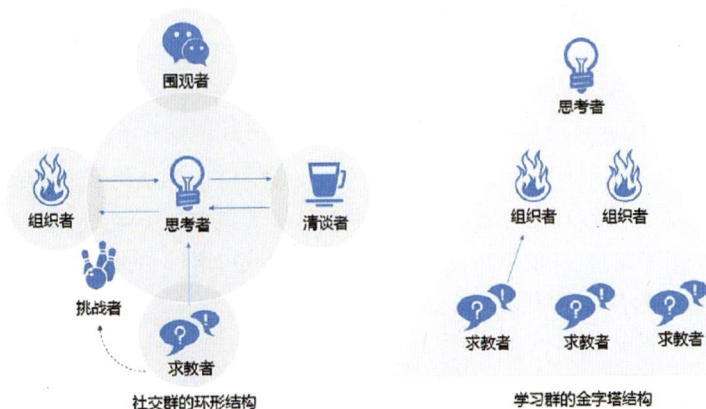

图 8-2　群结构两种管理模式

在环形结构中，每一次群交流中，每个人的身份可以互相变化和影响，但是一个群里面必须存在至少一个活跃的灵魂人物，他可能身兼思考者、组织者多个身份，如果一个群拥有两到三个活跃的思考者，那这个群不但生命力很强，而且会碰撞出很多火花。也正因为环形结构可以身份互换，群规的设置往往很难严格，留下很多弹性空间。

在金字塔结构中，一定有个高影响力人物，然后发展一些组织者帮助管理群员，在此结构中，基本上都是追随影响力人物进行学习的，所以在群里必须设计严格的群规，否则如果每个学员都直接和影响力人物沟通的话，影响力人物就无法进行任何有效的通讯，所以在这种学员都想直接和影响力人物沟通的情况下，最可能的模式是影响力人物在群里进行定期分享，由组织者进行日常的群管理。

8.2 社群构建

要成功构建社群并使其良性地发展壮大，应该回归到社群构成的原点——五大要素，从五大要素出发，找同好、定结构、产输出、巧运营、能复制五步构建一个完整的社群。

以 C 实习（见图 8-3）为例来讲解社群的构建过程。C 实习是博导前程旗下的电子商务技能提升与实习就业对接平台，连接着学生用户、教师用户与专家用户，致力于培养社会所需要的优秀专业人才。为了让每一个用户群能够更好的沟通，也更方便于企业管理，C 实习官网有专业的管理人员分别在 QQ、微信以及官网论坛上都组建了对应的学习交流群。那么接下来就来看看 C 实习是如何组建社群的。

图 8-3　C 实习平台

8.2.1 找同好

社群的组建离不开灵魂人物，对于企业而言，可安排专业人员来专项负责社群的创建与经营管理工作，也可根据企业自身定位，找到产品发烧级用户，让这样的用户成为自己运营的社群里面的精神领袖，从而完成企业领袖的培养。

有了社群的创建者，还要确定社群的管理者，管理者要做到赏罚分明，能够针对成员的行为进行评价并运用平台工具实施不同的奖惩。比如 C 实习 QQ 群的管理人员是 C 实习君，C 实习君会在群里负责答疑、审核新成员、监督群纪律等工作。

C 实习的受众是广大的在校电子商务专业学生及老师，为了吸引这些人员能够参与到社群的活动或讨论中，C 实习的官网首页上把 QQ 群的信息及微信群的二维码展现出来，同样在一些 C 实习的线下活动中这些加群方式也会出现在海报中，这极大地方便了用户加群。除开以上几种加群方式，C 实习官网组织的一些论坛活动的主战场也定在 QQ 群（见图 8-4），在活动中有时会以奖励红包的方式吸引群内成员带人入群。

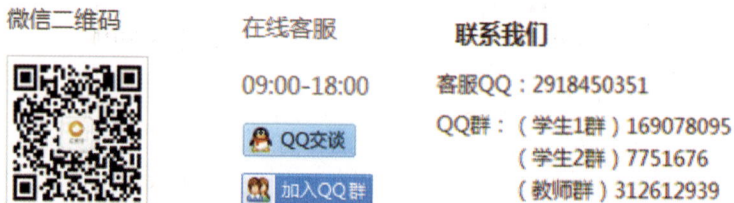

微信二维码　　在线客服　　**联系我们**

09:00-18:00　　客服QQ：2918450351

QQ交谈　　QQ群：（学生1群）169078095

加入QQ群　　　　　（学生2群）7751676

　　　　　　　　　　（教师群）312612939

图 8-4　加群方式

群的活跃度决定了参与度，要想提高活跃度，参与者中有一些牛人、萌妹子、搞笑大神等会很有效，这一群人能激发社群整体的活跃度，所以在找"同好"加群的同时要特别留意此类人的加入，日后可以借助他们提高群的活跃度。

8.2.2　定结构

交流群基本以环形结构为主，在每一次群交流中，每个人的身份可以相互变化和影响，地位相互平等，管理相对松散，不必太严格，在群里大家互相交流分享，学习之余也经常玩匿名、爆照等，在各种有趣互动的过程中，也培养了真正的感情认同。

与交流群不同，学习群基本以金字塔结构为主。在金字塔结构中，一定有一个高影响力人物，然后发展一些组织者帮助管理群，群员基本上都是追随影响力人物进行学习的，在群里会有影响力人物进行定期分享，由组织者进行日常的群管理。

具体做好群的结构就要从以下四个方面做起：

（1）组织成员

发现、号召起那些有"同好"的人抱团形成建群的最初的一批成员。最初的一批成员将会对以后的社群产生巨大影响。在社交群里，必须有一类活跃分子，清淡者很难奉献出结构化有深度的内容，但是他们往往有比较多的信息来源，可以给群提供一些有趣的话题，诱发思考者奉献出有质量的内容，一些围观者也可能被激活，带来有深度的内容。

另外清淡者往往有比较开放包容的心态，能够接受调侃，这样会让一个社交群不至于像工作群一样变得单调乏味。

（2）交流平台

组织好成员之后，要有一个聚集地作为日常交流的大本营，目前常见的有 QQ、微信、YY 等。那么选用什么工具做社群营销好？

如果是 B2C 类型的电商，采用微信公众号或微博比较好，因为 B2C 平台的客户太多，少则几十万，多则几千万，唯有微信公众号与微博才能管理这么多的客户群体，其他工具无法胜任；如果是自媒体类或者企业交流分享群，则采用 QQ 群为好，QQ 群最多人数为 2 000 人，能够将 2 000 人聚集起来，一起分享一起创造价值，自然会产生很大的经济效应。

C 实习在微信上开了 C 实习小助手微信公共账号，也是 C 实习官方微信账号，专注于电子商务、互联网、网络营销相关高端行业，专注于经典网络营销案例、话题分享、探讨与剖析。推送全网营销、社会化营销、微博营销、精准营销等相关网络营销新闻、知识与观点，探寻热点趋势变化，分享新潮营销概念。C 实习小助手微信公共账号每天为听众推送电商、互联网行业、网络营销、科技类的最新资讯，并实时回复听众的相关提问与资讯，并且与微博结合，通过二维码进行传播扩散和推广。

C 实习把重要的交流分享平台选在 QQ 上，C 实习目前拥有两个普通的学生群，每个群的群成员在 2 000 人左右，三个教师群，每个群的群成员在 1 000 人左右。

（3）加入原则

有了元老成员，也建好了平台，慢慢会有更多的人慕名而来，那么就得设立一定的筛选机制作为门槛，C 实习的加群方式设置为邀请制，可以是群管理人员主动邀请，也可以是群成员推荐好友加入，申请加入的人员需要通过管理员的审核才可以加群。这种加入方式一是保证质量，二是会让新加入者感到加入不易而格外珍惜这个社群。

（4）管理规范

人越来越多，就必须有管理，否则大量的广告与灌水会让很多人选择屏蔽。所以，一是要设立管理员，二是要不断完善群规。

一般群规主要是限制群员发和群无关的内容，特别是发垃圾广告，或者两个人在群空间里过度聊天，影响别人的阅读体验。对于违规的群员，一般会采取的模式有：小窗提醒；公开提醒晒群规；私下警告；直接移除等。

新人入群后看到的置顶公告即是本群须知，这样的操作让群员在入群时就能对群规有一定的了解，在以后的群管理期间就比较容易得到群员的认同，如图8-5为C实习学生群的置顶群公告。

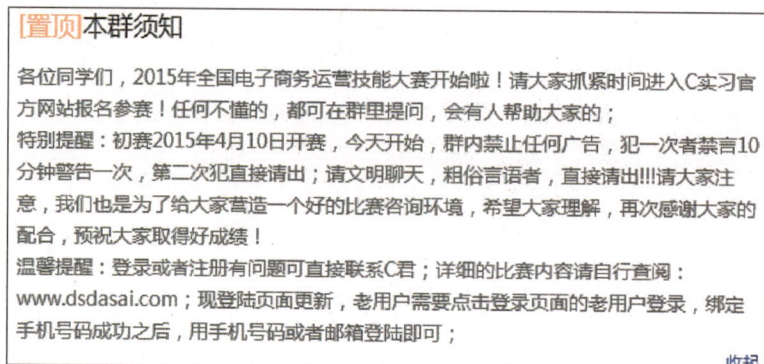

[置顶] **本群须知**

各位同学们，2015年全国电子商务运营技能大赛开始啦！请大家抓紧时间进入C实习官方网站报名参赛！任何不懂的，都可在群里提问，会有人帮助大家的；

特别提醒：初赛2015年4月10日开赛，今天开始，群内禁言任何广告，犯一次者禁言10分钟警告一次，第二次犯直接请出；请文明聊天，粗俗言语者，直接请出!!!请大家注意，我们也是为了给大家营造一个好的比赛咨询环境，希望大家理解，再次感谢大家的配合，预祝大家取得好成绩！

温馨提醒：登录或者注册有问题可直接联系C君；详细的比赛内容请自行查阅：www.dsdasai.com；现登陆页面更新，老用户需要点击登录页面的老用户登录，绑定手机号码成功之后，用手机号码或者邮箱登陆即可；

收起

图8-5　本群须知

8.2.3　产输出

输出决定了社群的价值，要进行社群进化，就要让普通群成员也能输出。C实习的核心输出是优质课程与学习资料的不断开发与升级，群输出还包括群每天的"新闻早知道"，群每周的群作业，每周一、二、四的话题分享，每周末定制的教师群的晚八点半到九点半的教学分享等。

C实习组建的群主要是服务于C实习教学平台，而C实习教学平台不管对于学生的学习还是教师的教学都有很大的帮助，在此平台上教师梳理自己的教学过程，应用C实习内的资源、训练、任务等串联起教学，并可定制出自己个性化的教学过程，C实习平台提供的班级内学生在站内的动态数据汇总，如学习进度、训练完成成果分析等，系统化地将这些数据进行归类，给教师提供了教学建议，进一步稳固和提升了教学效果。同时，便捷的班级管理能够让老师与学生在C实习内建立充沛联系与交流。

学生进入C实习平台可以学习海量免费课程，也可付费购买精品收费课程完成学习，学生也可通过完成技能点下的训练任务，获得技能成长，在获取技能模块勋章后，就可承接企业实战任务，获得综合实践经验与经济回报，还有机会直接被企业选中获得工作机会。

8.2.4　巧运营

运营要建立"四感"，激活群内的活力也是从四感出发的，建立仪式感，入群做自我介绍，老群员纷纷欢迎新成员；参与感：例如C实习群的"每日一签"赚金币活动，定期的分享、话题讨论、公开课，C实习的学生群每周都会有一周一练的"C能量——优益C作业"，让群成员可以每周都可以持续学习新知识，如图8-6所示。群内每天都有一个话题供学生讨论，互相分享。在教师群每天都有"新闻早知道"，播报最新的国内大事与生活服务类内容，如图8-7、图8-8所示。组织感：社群可以组织群员协作完成任务，例如C实习定期做的线上电子商务技能大赛，组织教师带领学生一起来做任务，在比赛中学技能；归属感：线下交流、聚会吃饭等。

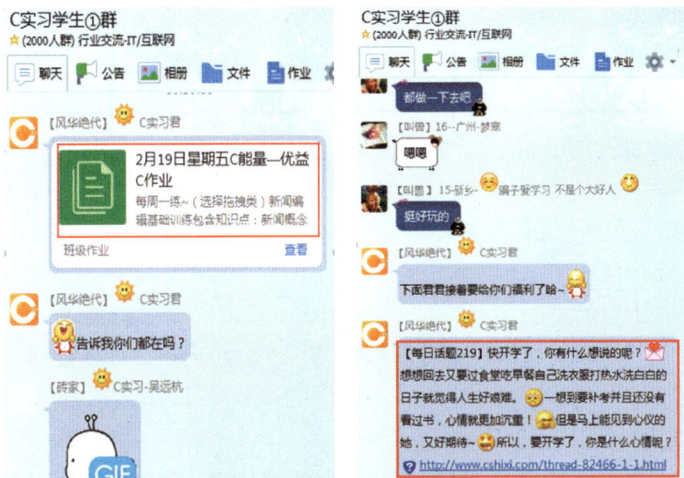

图 8-6　学生群常规活动

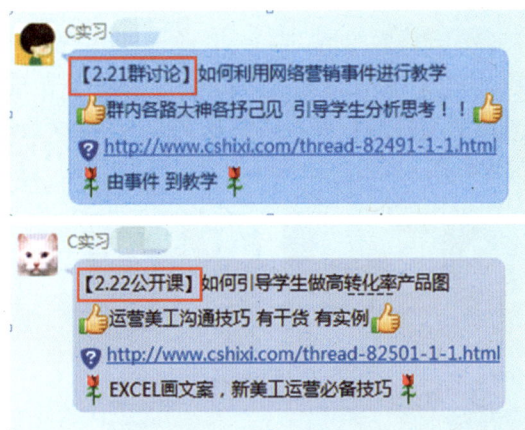

图 8-7　教师群常规活动（1）

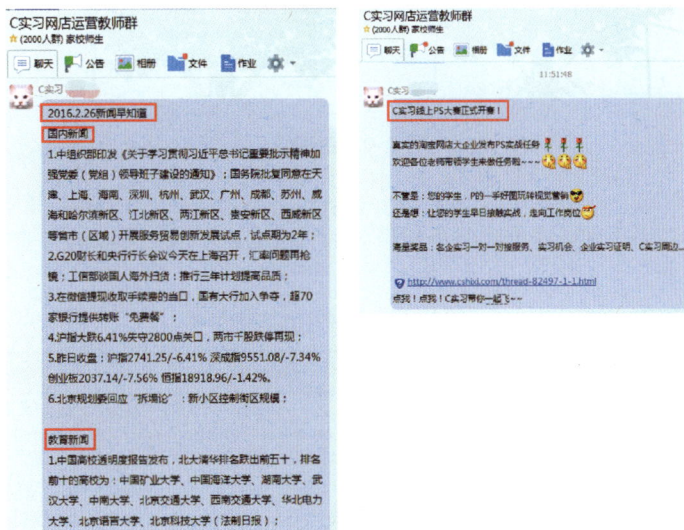

图 8-8　教师群常规活动（2）

1. 群内统一的命名和视觉化

以 QQ 群为例，群头像、群名称、群资料的统一，在进群之前就给人一种规范的感觉；同时，加群之后会弹出群公告了解入群相关事宜，并适时新消息进行更新置顶；成员的群名片备注，有助于更好地进行管理和促进相互之间的了解。

统一规范群名片，群内成员以"学校名 - 姓名"修改名片名，因为 C 实习对接学校与企业、培养学生、方便教师管理的定位，这样的群名片，更便于在后期运营中根据学校需求把群内成员转化为 C 实习官网用户。

多个群名的统一，教师群以"C 实习＋课程名称＋教师群"为名，目前有"C 实习教师群""C 实习网络营销教师群""C 实习网店运营教师群"三个教师大群，而学生群命名依次为"C 实习学生 群""C 实习学生，群"等。

2. 群设置的应用

除了群视觉化的统一，群设置也不能忽视。相比微信群，QQ 群为群管理提供了丰富的选项，也带来了很多可用性。点开左上角的群名称，从弹出的群设置中，"首页"可以看到群的基本信息、群成员的群名片管理等，有效利用群设置的每一个选项是很有必要的。图 8-9 是 C 实习的群设置截图，由图可见 C 实习的加群方式设置的是"需要回答问题并由管理员审核""允许群成员邀请好友加入群"，在访问权限上设置"不允许非群员访问""不可以预览资料卡相册和共享"。C 实习群在设置的基本信息处注明本群是 C 实习课程教学包分享、交流的专业群，并提示加入该群的成员，修改群名片为学校名称 - 姓名。让入群的成员一入群就可以对本群有一个初步了解。

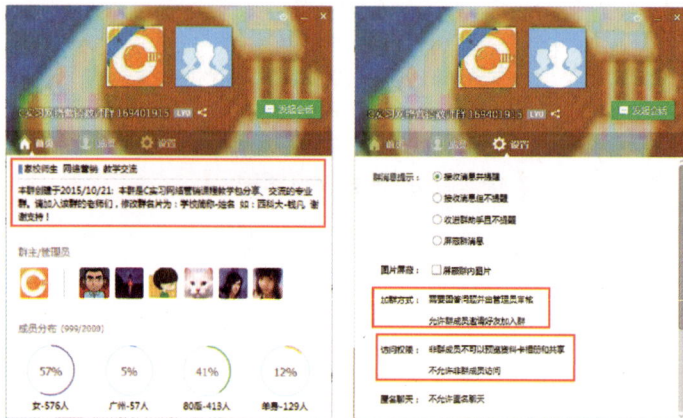

图 8-9　群设置

3. 组织群活动

组织群内活动是提高群活跃度的一个很有效的方式。C 实习在 QQ 群目前的主要活动安排如表 8-2 所示。

表 8-2　C 实习学生群活动安排

活动名称	活动内容	活动时间	奖励机制
群作业	互联网知识、电商知识、电商大赛知识点及其他根据情况调整的知识点（如网站更新点提问等）	每周三和周五	由群成员答作业题，君君批作业，每月＊日在群里公布最佳作业获得者，3名。 偶尔可以在群内搞投票的形式，投票最佳作业只有1名。 奖品有：QQ会员、各种Q钻、电子书、读书券等

续表

活动名称	活动内容	活动时间	奖励机制
群签到	每日一签	每天	金币奖励：一天一金币，签到连续一个月获得50金币
群话题	小话题：内容主要围绕学生关注的微博热门话题或者热门事件等	每周一、二、四	无奖励
群游戏	定时炸弹（QQ群自带小游戏）	时间待定，与群话题结合进行	无奖励
辩论赛	主要围绕电商主题偶尔可有其他主题	两周一次	胜利队伍每人1000金币最佳辩手再得500金币

不管是哪种形式的活动，要组织成功，都是不容易的。C 实习组织的活动形式中最常见的是群分享活动，要做一次成功的分享，需要考虑如下细节。

1）提前准备

（1）寻找话题

干货分享模式要邀约分享者，并请分享者就话题准备素材（特别是对于没有经验的分享者，管理员应检查其分享的内容质量），特别要强调分享者应该分享对大家有启发的内容，而不是借着分享只想做自己的广告。

话题分享模式要准备话题，并就话题是否会引发大家讨论进行小范围评估，也可以大家提交不同的话题，由话题主持人选择分享话题。

（2）分享预告

确定好话题之后，接下来就是写预告，通知 QQ 群内成员群内将要进行一场分享活动。如图 8-10 所示为 C 实习"每周一小时"的分享活动，在活动开始之前会在群公告中提前贴出公告，并在活动当天再次强调，以求更多的人看到此公告并准时参与到此次分享活动中。事实证明这样的操作也为 C 实习每次的分享活动带来了不错的活跃度。

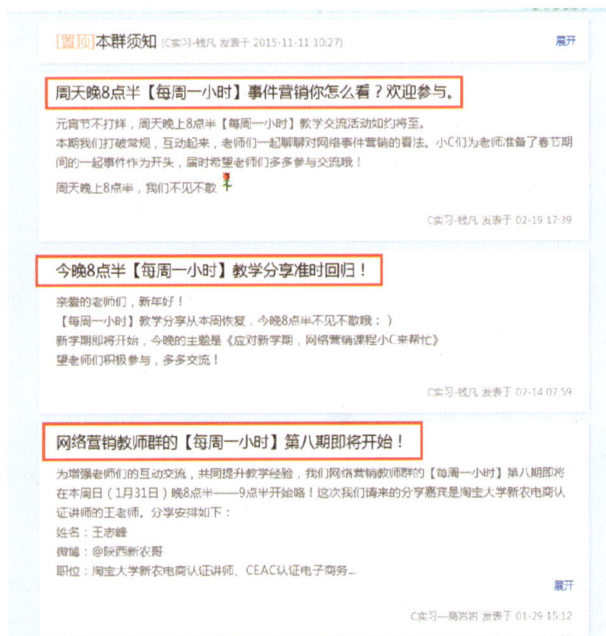

图 8-10　群分享预告

（3）互动稿的准备

对于没有太多分享经验的人来说，需要提前设想在分享的不同过程中应该说什么话，并写下来，也可请教群管理组中其他成员让大家帮忙看看并提出意见，在这个过程中也可以让自己心里更有底。正常讨论就可以按照互动稿上面的内容进行，不过也需要注意看情况进行适当变动。

2）分享进行时

（1）强调规则

每次在群分享前都会有新朋友入群，他们往往不清楚分享规矩，有可能出现在不合适时机插话，影响嘉宾分享的情况，所以在每次分享开场前都需要提示规则。如果是 QQ 群，可以在发布分享规则时，临时禁言，避免规则提示被很快刷掉。

（2）提前暖场

在正式分享前，应该提前打开群禁言，或者主动在群内说一些轻松话题，引导大家上线，进入交流氛围，一般一个群上线的人越多，消息滚动越快，会吸引更多人顺便看看。

（3）介绍嘉宾

如果是干货分享模式，分享者在出场前需要有一个主持人引导一下，介绍下他的专长或者资历，让大家进入正式倾听状态。

（4）诱导互动

不管是哪种分享模式，都有可能出现冷场的情况，所以分享者或者话题主持人都要提前设置互动诱导点，而且要适当留点耐心等别人敲字，对于很多移动端在线用户，打字不会太快。

如果发现缺乏互动，需要提前安排几个人赶紧热场，很多时候需要有人开场带动一下，这样就容易进入气氛。

（5）随时控场

适当禁言：在结束上一个问题进入下一个问题时，或者有重要的事情要通知时，就需要及时开启禁言，避免因为过度刷屏导致管理人员重要的发言被淹没。

有时候在分享过程中有人乱入，只描述自己的问题，或者提出和主题无关的内容，这个时候主持人需与其私聊，QQ 群直接小窗沟通引导这些人先服从分享秩序。

3）分享结束时

（1）收尾总结

分享结束时，对本次分享的发言进行汇总，并把本次分享的重点内容整理成笔记供群内成员后期回顾学习。汇总完内容后，可以修改一下汇总文档的内容确定无误，就可以上传到群共享中，同时在群里发布通知，告诉大家分享的内容已经整理上传了，来不及赶上讨论的人可以下载阅读，如图 8-11 所示，C 实习管理员把群分享内容整理完成后发布到了群文件中供群成员随时下载。

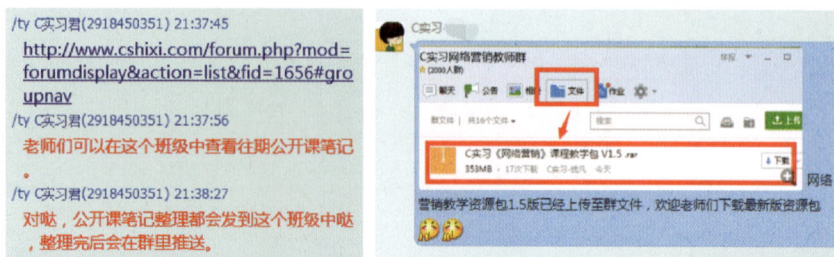

图 8-11　群分享整理

（2）提供福利

分享结束后，要引导大家就分享做一个总结，甚至鼓励他们去微博或微信朋友圈分享自己的心得体会，这种分享也是互联网社群运营的关键，也是口碑扩散的关键。在分享结束后，向总结出彩的成员及用心参与的成员发放各种小福利给以鼓励，这样更加吸引大家下一次来参与分享。

8.2.5　能复制

复制决定了社群的规模，在保证社群质量的前提下要适当扩大群规模。C 实习网站是以大学生实习、就业为出发点，糅合线上学习讨论、线下实训、就业服务，为大学生们提供各种帮助并专注于提升大学生就业能力的学习成长型互动网络平台。在此平台上汇聚了来自全国的 20 万学生用户，3 000 多位老师用户。为了与这些学生用户与老师用户进行更深入的沟通，C 实习需要把之前做的好的群模式不断的复制扩大，吸收更多的群成员，壮大 C 实习群规模。

C 实习决心利用网络找到面向的用户群，一方面在 C 实习官网用户上导流，一方面做线下的校园内部广告宣传。当第一个学生群运营进入良性循环，人数突破 1 500 人时，C 实习开始第二个学生群的组建，首先通过内部小窗，转移了一部分老群员到 2 群，这样做的好处是 2 群一开始就有了一定的规模，再添加新人入群感觉就会好很多。然后老群员在群里，自然就把群里的文化传承下去了，不需要管理人员再过多的干涉和引导。等第二个群快加满的时候，再建设第三个群，然后交叉引入，以此类推的建设更多的学生群。交叉法引入学员的好处是新老结合，既有数量上的抱团感，又为群管理打好基础，群文化也自然得到了复制。

在不到两年的时间内，C 实习的学生群发展到两个 2 000 人的大群，教师群也发展到三个 1 000 人的群，分别是 C 实习的教师群、C 实习网店运营教师群、C 实习网络营销教师群，经过两年多的沉淀，内部群的信赖关系和互动已经达到默契的地步，在目前的规模下 C 实习管理人员也在不断征集群内成员的意见，筹建新的教师群组。

8.3　社群营销

8.3.1　管理群的群工具

几乎每一个互联网门户都提供了管理群的工具：最早是新浪网易这些门户网站推出的红极一时的聊天室，腾讯基于通讯交流平台 QQ 推出群组功能后，因为其软件的超高普及率和功能体验上的易用性，成为国内垄断的群组管理软件，直到近年微信群的火爆才打破了这一局面。

1. QQ 群与微信群

在中国最早普及的在线群是 QQ 群，现在最火的是微信群，回顾 QQ 群和微信群的功能发展变化，分析其中的产品设计逻辑，对于理解如何管理群会非常有帮助。

实际上，很多人对群的管理困惑，就源自没有从根本上理解 QQ 群和微信群在产品设计逻辑上的区别（见表 8-3）。

表 8-3　QQ 群与微信群的对比表

对比项	QQ群	微信群
群规模	购买超级会员后可以建4个超级群，每个群2 000人。500人群随意建，1 000人群八个	早期一个微信用户只能创建40人群，群的数量没有特别限制，现在普通用户可以建立500人群
群数量	低于500人群可以建多个，只要不超过QQ好友剩余上限	随时可以建，可以认为没有限制
群结构	每个群必须有一个群主，群主可以设置管理员帮助管理群，只有管理员权限才能允许别人入群	每个群有一个创建者，每个群之间的关系其实是平等的，大家可以同时面对面建群，每个人都可以拉自己的好友入群，对应QQ的讨论组
群权限	群的管理员拥有比普通群员更大的权限，例如批准新成员加入，淘汰老成员，可以群发群邮件，群发群文件，修改群信息等	群员之间权限更平等，但群的创建者可以踢人，其他群员不能踢人 不支持群发邮件或文件
群玩法	群有很多让群有趣味的玩法，比如匿名，群等级，改名，群发消息，全体禁言，个别禁言等玩法 QQ群也支持红包，单个金额最高5 000元，最多200人	微信群目前最有趣的玩法其实是可以打赏红包 微信群红包单个金额上限刚刚调整为5 000元，最多100人
群共享	有群论坛，群里发任何网站链接都可以	微信群屏蔽了某些网站的跳转链接，比如淘宝

在 QQ 里面提供了一个讨论组功能，讨论组表面上基本功能和 QQ 群接近，但是它更接近微信群组的逻辑，如果需要什么事情临时碰撞一下，开一个长期维护的群并没有必要，那么就开一个讨论组，大家都可以拉需要的人进来，话题聊完，讨论组就可以退出关闭，消失在时间流里。当然实际操作过程中大部分人并没有意识到讨论组和 QQ 群有什么不同。

如果是为了社群运营，QQ 群比微信群目前更适合社群运营，主要理由有七点：

（1）QQ 群覆盖面更大，不管是哪个年龄段的人，都有 QQ 号；

（2）QQ 群容量可以超过 500 人，一直到 2000 人，规模优势明显；

（3）QQ 群有更灵活的管理手段，比如改群名片，禁言，群发消息等；

（4）QQ 群桌面交互功能更强，支持多群同时互动，而微信群是不支持多群多窗口同时进行互动的；

（5）QQ 群基本对链接没有设置屏蔽，对网络跳转兼容性比微信更好；

（6）QQ 群对文字分享和交互参与的支持更好，进行群分享的内容可以很快汇总打包变成对外传播的文字分享版；

（7）QQ 群群管拥有管理群员的权力，对大社群的运营，如果群管没有足够权力管理群也是很麻烦的。

2. 其他群产品

（1）微博群

微博早期建立了一个微群，虽然也有群主，也有群员，但是它本质是一个论坛，不是真正定义的聊天群。现在微博也允许会员开设聊天群，但在没有真正社交关系的人群中，在微博私信流中开设一个聊天群的场景并不好实现，它即没有更好的体验替代 QQ 和微信，也没有找到 QQ 和微信不能满足的交流产品。

羊年微博群借发红包迅速火了一阵，但是没有真实应用场景支持的微博群还是没法长久生存，除非微博定位这个群是粉丝群，专心服务明星和粉丝的互动。

（2）YY

YY 语音分享是当下比较常用的群组学习工具，也是目前唯一支持万人加群的平台。

YY 有两种模式，一种是游戏工会，支持群内再分组，典型的金字塔式管理架构。

一种是在线学习群，这种群组的成立往往主题非常单一，老师在线分享，群员在线学习和交流，互动多存在于老师和学生之间交互，群员之间的互动非常少，就如同老师在上面讲课学生在下面开小课的场景，很不合适。

如果群员之间建立了认同，变成好友，他们会选择互相加 QQ 或者微信群。YY 没法摆脱一直以来的工具定位，不能附加最有价值的社交关系。

（3）阿里旺旺

淘宝聊天工具阿里旺旺也有群功能，可以针对有兴趣的游客买家或老用户进行促销和维护，快速导流到店铺中，快速群发优惠信息，跟大多群性质一样，针对淘宝商户推出一些相关的功能。这种比较适合重复购买商品的忠实粉丝。

8.3.2　保证群活跃度的方法

在以下几种情况下，就算群主很少出现、很少投入，群里的用户也能非常活跃：

（1）群里有≥1个灵魂人物或者明星用户。比如明星的很多粉丝群，或者很多大咖的粉丝群，其实道理很简单，大家加入群的目的就是冲着某些人来的，所以聊的话题自然就会有针对性。

（2）从某些用户组织或者用户型产品，衍生出来的社群。比如版主团队、游戏上的工会、一些群组类的产品，大家觉得那里不能聊或者聊的不够深入时，就在 QQ 或者微信上建一些群。

（3）从大的社群里，把一些非常核心的用户拉出来再建一个群来辅助管理。其实某种程度上讲，这等于完善了大群的用户金字塔。所以企业管理用户组织的时候，往往有很多群，绝对不可能只有一个群。

（4）因为某些特殊的爱好而产生的社群。比如大家喜欢足球，逢比赛的时候，群内一定会有很激烈的讨论。

基本上以上情况除外，群主或者群管就得花更多精力来维护这些群。

8.3.3　社群营销的三维定位

可以用一个三维空间图来帮助了解社群营销的定位（见图 8-12）。从这个三维图中可以判断一个企业的社群究竟达到了"立体沟通""平面沟通"还是停留在原点没有任何进展。三个

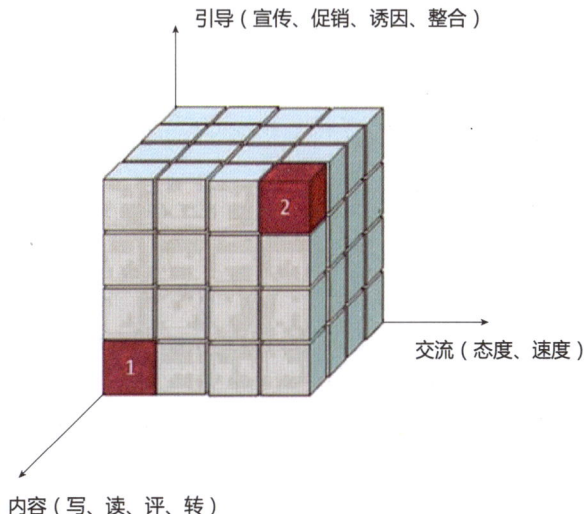

图 8-12　社群营销的三维空间图

维度分别是"内容""交流"和"引导",而原点就是品牌账号。

1. 内容

这是所有社群营销的基础,其要点是四个字:"写、读、评、转"。一个好的话题,需要让用户"希望写、想要读、愿意评、用力转"(不必四项兼备,满足一两项即可)。宣传汽车可以写保养小常识,食品可以写养生心得,化妆品可以写美丽秘诀,电脑可以介绍趣味软件等等。然而纵观目前的品牌账户,还是多以自我宣传为主,很少从真正意义上与消费者互动。固然,企业社群担负着企业营销的任务,但是怎样巧妙糅合两者,是企业社群在经营上首先需要思考的议题。毕竟,群建好、群员组织完成只是社群营销的第一步。内容和互动,才是接下来的关键。

2. 交流

一旦有了品牌账户,企业就开启了一扇门,消费者随时有权利进来在这个平台上发表任何言论。这时候企业的回应方式极为重要。用具有诚意的态度交流,正面的言论能够得到正面的印证,负面的言论也有可能变成转机。此外,需要让消费者看见改变,鼓励消费者发言,并且针对消费者的建议做出改进。

3. 引导

消费者很少会特意上网搜索和询问一个企业的品牌专页或者官方微博是否上线。他们需要企业自己来告诉他有了这样一个平台,甚至告诉他为什么要上这个平台。适度的引导非常必要,尤其是需要在短期内看到效果的时候。不只是互联网,其他一切可以运用的媒体都需要引导这一步。好的产品需要做广告,好的平台亦然。

三维定位,只是检验社群营销的一个标准。要在每一个维度做出表现,必须整个工作团队不断地思考"用户体验"这个极为重要的命题。当能够真正在用户体验上用心并且实践,思考如何将品牌精神传递给消费者,而非单纯的、重复地传递自己的广告信息的时候,消费者也一定会用相应的热情来回馈。这,才是社群营销真正的意义所在。

8.4 案例解析——C 实习社群营销案例

为什么很多企业在社群经营上总觉得施展不开?无论是粉丝的数量还是用户的活跃程度,都让企业伤透脑筋。明明有了账号,也有了自己的页面,还经常发布话题分享,为什么粉丝的回应总是不够积极? C 实习在运营社群的过程中也遇到过同样的问题,接下来看看 C 实习是怎么组织社群营销活动的。

以 C 实习策划的"第一届 C 实习电商线上辩论赛"为例,在此次活动中,C 实习以社群营销的三维定位为指导,从"内容""交流"和"引导"三个内容出发完成了一次成功的社群营销活动。

1. 内容设计

内容是所有社群营销的基础,在 C 实习策划的"第一届 C 实习电商线上辩论赛"活动中,内容是最花心力的部分。从活动的成形和方向,不同活动区块之间的组成与顺序,到各个细节的设计与原因等,都经历了反复讨论和斟酌。辩论赛开始前准备好的辩题超过 50 个,最终结合 C 实习平台电子商务技能提升与实习就业对接平台的特性把辩题定为"大学生电商创业是否合适"。在这个辩题中包含了大学生普遍关心的"电商、创业"两大主题,许多大学生看到这个辩题都有了自己的观点,并在辩论过程中呈现出精彩纷呈的想法和意见。正是因为这次辩论赛,短短辩论赛举行的两个小时内就迎来了上百个新人入群围观并有部分新人转化为 C 实习官网粉丝,成为 C 实习愿意写、读、评、转故事的人。

2. 交流过程

整个辩论赛的战场定在学生QQ群，经过近两个小时的比赛，各位参赛同学唇枪舌战，就"大学生电子商务创业是否合适"这个论题所延展出来的各方面问题进行辩论，让大家都受益匪浅。在自由辩论期间，围观小伙伴们的加入更是将本次辩论推向了高潮。

辩论赛进行过程中群内管理人员很好的维持了群内辩论秩序，并对群成员提出的疑问及时回应。图8-13是辩论赛开始之前管理人员发布的群内秩序，活波俏皮的语句在表明秩序的同时也不失亲和力，达到了与群成员友好交流沟通的目的。

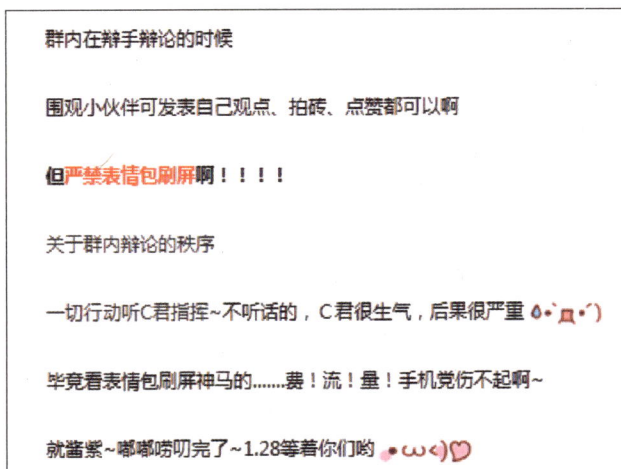

图 8-13　群内秩序公告

3. 引导方法

没有人会拒绝一个经常发红包的社群，随机红包，金额不一定很多，却能起到很好调动气氛的作用。除开随机红包，如果某位群员为某件事做出了贡献，也可以私下发一个红包感谢一下，钱不在多，重在暖人心，增长群的活跃度。如图8-14所示，在本次辩论赛中C实习就用了红包奖励的政策吸引新成员的加入，并对参加比赛表现较好的辩手给以平台学习金币的奖励，鼓励成员积极参与。

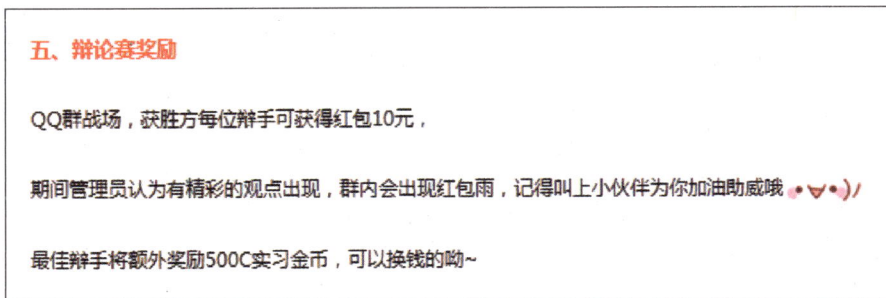

图 8-14　红包奖励

在辩论赛进行过程中论坛进行实时直播，并在C实习君的QQ空间中发说说，如图8-15所示，在说说中展示了此次辩论赛的战况，引导QQ好友及时围观，此次QQ动态发布后的短短几小时内就得到了数百个点赞、评论与转发，为C实习平台及C实习学生群做了很有力的推广与宣传。

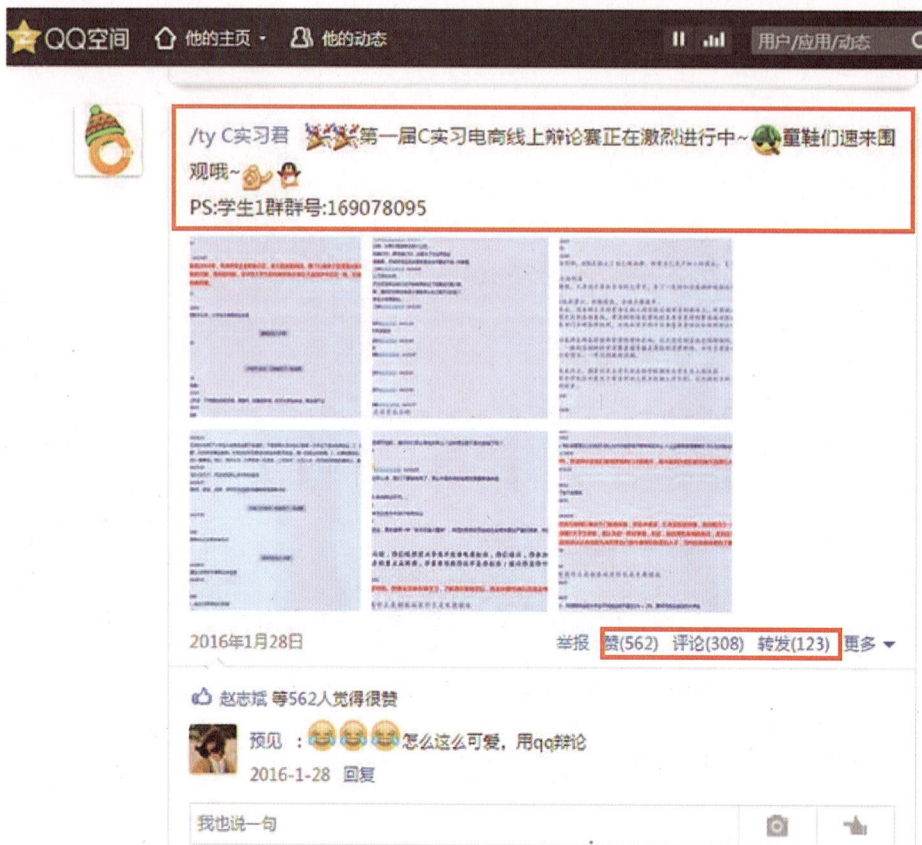

图 8-15　空间状态

在辩论赛结束之后 C 实习君对本次辩论赛做了总结回顾如图 8-16 所示，并在 C 实习平台论坛发布，让没有及时参与的学生也可以了解到本次辩论赛的大体内容，进一步引导 C 实习平台用户加入到 C 实习学生群中，增进平台与用户的进一步沟通与交流。

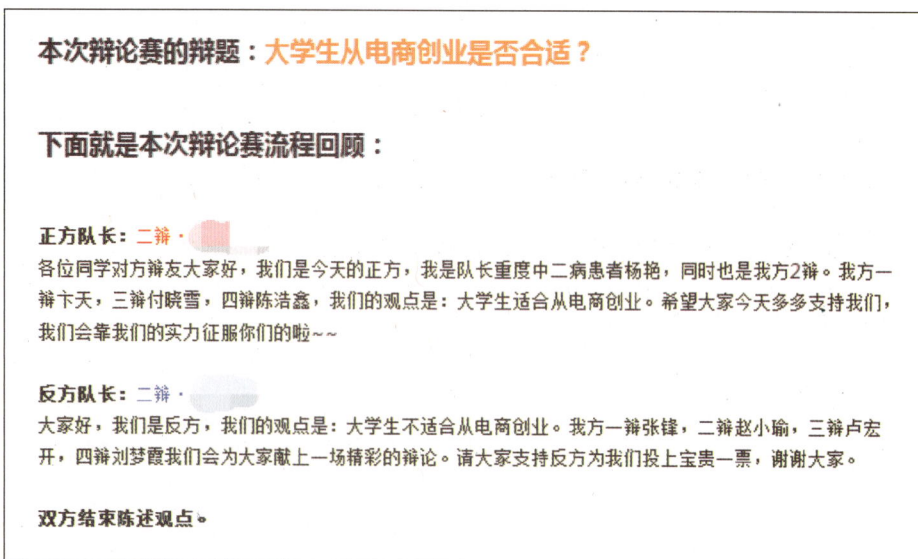

本次辩论赛的辩题：大学生从电商创业是否合适？

下面就是本次辩论赛流程回顾：

正方队长：二辩·
各位同学对方辩友大家好，我们是今天的正方，我是队长重度中二病患者杨艳，同时也是我方2辩。我方一辩卞天，三辩付晓雪，四辩陈浩鑫，我们的观点是：大学生适合从电商创业。希望大家今天多多支持我们，我们会靠我们的实力征服你们的啦~~

反方队长：二辩·
大家好，我们是反方，我们的观点是：大学生不适合从电商创业。我方一辩张锋，二辩赵小瑜，三辩卢宏开，四辩刘梦霞我们会为大家献上一场精彩的辩论。请大家支持反方为我们投上宝贵一票，谢谢大家。

双方结束陈述观点。

图 8-16　辩论赛赛程回顾

8.5　同步训练

1. 实训概述

本实训项目要求学生以企业社群管理员的身份策划一次社群活动。通过策划群内活动方案，设计制作社群营销的内容等一系列操作。目的在于让学生通过实训掌握社群营销的相关方法和技巧。

2. 实训素材

（1）相关实训软件

（2）智能手机实训设备

3. 实训内容

任务一　策划背景分析

教师布置任务，学生在教师所提供的案例背景下，对案例背景进行分析，完成表 8-4。

表 8-4　策划背景分析

策划背景分析	说　明	具体分析
营销主题	营销的品牌或核心要素	
确定社群营销原因	确定社群营销的实施原因	
营销主要目标	提升品牌知名度，提高站点访问量等	
创意及相关	相关资源来路等	

任务二　平台选择

学生根据分析不同移动平台的优缺点，选择合适的建群平台，完成表 8-5。

表 8-5　平台选择

发布平台	选择其原因
QQ	
微信	
……	

任务三　群内活动策划

按照要求，策划一次群内营销活动，详细说明活动前的准备工作、活动中的注意事项及活动后的总结，制作一份活动策划书，完成表 8-6。

表 8-6　群内活动策划

群内活动策划	说　明	具体分析
活动准备	准备事项	
活动进行中	活动中的暖场、互动、控场的相关操作过程	
活动结束	活动的收尾工作及活动经验总结	

任务四　社群营销

学生对营销活动中在三个维度的具体表现进行总结，完成表 8-7。

表 8-7　社群营销总结

社群营销总结	具体分析
内容	
交流	
引导	

第 9 章　移动广告

移动互联网的迅猛发展，随之而来的则是广告投放的转变，越来越多的广告主开始从传统的渠道转向移动端投放广告。

众多商家深知移动端屏幕战场的重要性，不惜重金来获得更多的客户关注度，提升客户忠诚度，为了更好的达到营销目的，商家普遍选择多种移动广告的形式全面展开，打的是移动广告组合拳。

学生通过本章的学习应达到以下目标：

知识目标

- 了解移动广告的定义；
- 熟悉移动广告的主要类型；
- 熟知移动广告的展现形式；
- 掌握移动广告的投放技巧；

能力目标

- 具备移动广告方案的策划能力；
- 能够有效选择移动广告投放方式。

9.1　认识移动广告

9.1.1　移动广告的定义

移动广告是通过移动终端设备（手机、平板电脑等）访问移动应用或移动网页时所显示的广告，广告形式包括：图片、文字、插播广告、html5、链接、视频、重力感应广告等。移动广告大多通过移动广告平台进行投放，和互联网的广告联盟相似，移动广告平台属于一个中介平台，连接着应用开发者和广告主。移动广告平台模式如图 9-1 所示，在这个平台上，开发者提供应用，广告主提供广告，而移动广告平台就会提供相应手机系统的 SDK（软件开发工具包）。

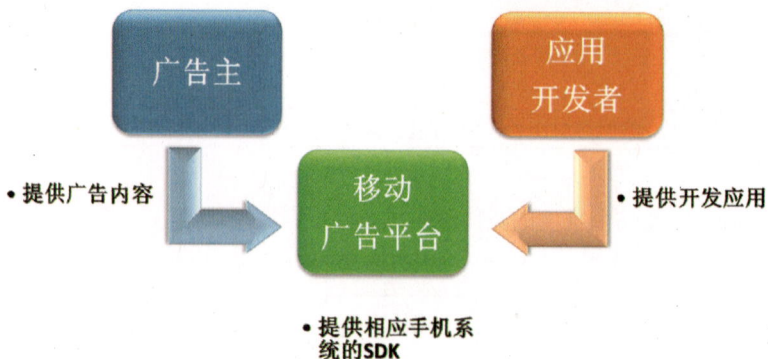

图 9-1　移动广告平台模式

9.1.2　移动广告的特点

1. 精准性

相对于传统广告媒体，移动广告在精确性方面有着先天的优势。它突破了传统报纸广告、电视广告、网络广告等单纯依靠庞大的覆盖范围来到达营销效果的局限性，而且在受众人数上有了很大超越，传播更广。移动广告可以根据用户的实际情况和实时情景将广告直接送到用户的移动终端上，真正实现"精致传播"。

2. 即时性

移动广告的即时性来自于移动终端的可携带和可移动性。以手机为例来讲，手机属于个人随身物品，绝大多数用户会把手机带在身边，甚至 24 h 不关机，所以手机媒介对用户的影响力是全天候的，广告信息到达也是最及时、最有效的。

3. 互动性

移动广告的互动性为广告商与消费者之间搭建了一个互动交流平台，让广告主能更及时地了解客户需求，使消费者的主动性增强，提高了自主地位。

4. 扩散性

移动广告的扩散性，即可再传播性，指用户可以将自认为有用的广告转给亲朋好友，向身边的人扩散信息或传播广告。

5. 整合性

移动广告的整合性优势得益于 3G 技术的发展和无线技术的普及，以及移动终端设备功能多元化，移动广告可以通过文字、声音、图像、动画等不同的形式展现出来，例如手机不仅仅是一个实时语音或者文本通信设备，也是一款功能丰富的娱乐工具，它具有影音功能、游戏终端、移动电视等功能，也是一种及时的金融端——手机电子钱包、证券接收工具等。

6. 可测性

对于广告业主来讲，移动广告相对于其他媒体广告的突出特点还在于它的可测性或可追踪性，使受众数量可准确统计。

9.1.3　移动广告的应用

近年，全球移动广告市场风起云涌，移动互联网迎来新的发展机遇，移动广告平台作为移动营销产业链的重要一环，已经凸显出独特的魅力和商业价值。移动广告平台主要依托于 App 及手机 Web 端导流量，在产品平台型入口诞生的时候，诸如苹果 APP Store、豌豆荚、91 助手等，移动互联网平台之上运行的更多是产品，一些满足各方面需求的 APP 产品成为传播的主体，并且迅速满足了用户的基本需求。而随着业务平台型入口，诸如淘宝、天猫、京东、微博、微信、支付宝、新闻客户端产品等的诞生和成熟，移动互联网平台之上运行的更多是业务和服务而非产品，一些满足用户需求的业务和服务成为传播的主体，并且呈现集中化趋势。各式各样的手机 APP 为人们的生活提供了很大的便利，用户所有的需求都被细化成每一个客户端，用户消费入口更加的多元化。当下用户的目光、时间、消费都已经转移到了移动端，丰富的手机 APP 吸引了用户的注意力，广告商们深知用户的注意力在哪里商机就在哪的道理，所以在人们使用手机刷微博、看新闻、玩手游的时候，在不知不觉中就被移动广告包围，毫不夸张的说移动广告已经无处不在，并融入到日常使用的各种应用当中。

9.2 移动广告的展现形式

在日常使用手机 APP 过程中遇到的移动广告形式可以说是多种多样，在应用开启时出现的 3 ~ 5 s 的全屏展示开屏广告，在手机屏幕的顶部或底部出现的 Banner 广告，应用开启、暂停、退出时以半屏或全屏的形式弹出的插屏广告，在微博、微信好友动态中的信息流广告，玩游戏过程中获取积分的积分墙广告等等，现在的移动端屏幕空间可以称得上寸土寸金，争夺十分激烈，众多的企业也在移动广告方面不惜重金投入，来获得更多客户的关注度，增加与客户之间的粘度。

9.2.1 开屏广告

开屏广告是在应用开启时加载，一般会全屏展现 3 ~ 5 s，广告内容无法点击跳转，展示完毕后自动关闭并进入应用主页面的一种广告形式，如图 9-2 所示。

开屏广告对于广告主来说，是一种广告效果最大化的广告形式，在广告发布页面里，它基本上可以达到独占。因此，在广告进行收缩的这段过程里，基本上对用户浏览广告没有任何干扰。开屏广告的表现是根据广告创意的要求，充分利用整个页面的最大空间而形成广告信息的传递，通过特定技术手段把广告锁定在最大空间。对用户的视觉冲击力强烈，能够表达一个整体的宣传概念，可以达到很好吸引客户的目的，使客户的广告点击率非常高。

图 9-2　开屏广告

9.2.2 Banner 广告

移动端的 Banner 广告是对 Web Banner 广告的直接复制，直接嵌入在屏幕的顶部或底部，如图 9-3 所示。

Banner 广告可以看作是简单地将传统 PC 互联网桌面广告缩小尺寸的移植，并没有真正利用手机的特性进行创新的广告营销。不过 Banner 广告展示量大，对于提高品牌的曝光率有很好的效果，但是 Banner 广告的展示面积较小，很难承载丰富的信息。其实 Banner 广告更多的是起到了配合推广的作用，在移动端效果没有那么大，但绝对是不可获缺的。

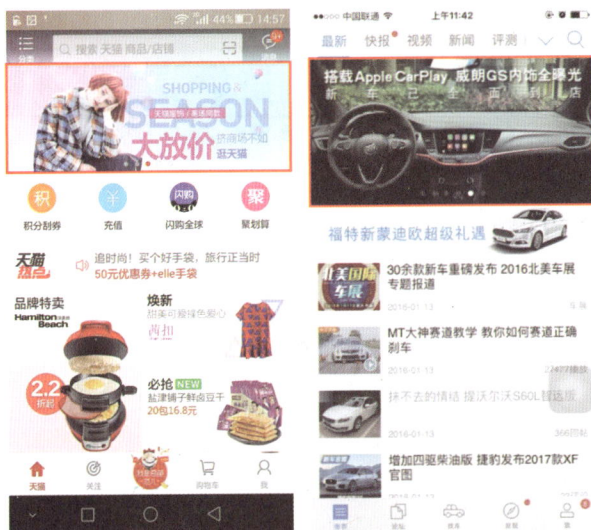

图 9-3　Banner 广告

9.2.3　插屏广告

插屏广告一般就是在应用开启、暂停、退出时以半屏或全屏的形式弹出，展示时机巧妙避开用户对应用的正常体验，如图 9-4、图 9-5 所示。

图 9-4　视频中插屏广告

图 9-5　游戏中的插屏广告

插屏广告最大的特点就是用户的点击率高，转化效果明显，广告图片丰富绚丽，并能够大尺寸展现应用特点，现在已经成为广告主喜爱的投放方式之一。在尺寸方面，插屏广告拥有占据手机屏幕超过一半的大尺寸，可以更好的展示品牌广告主的创意，点击率和广告效果也要比Banner广告更为明显，在用户体验方面，插屏广告一般不固定占用应用界面，而是通过事件触发式的方式弹出，不会影响用户的正常体验，在用户质量方面，插屏的用户高于其他广告形式，也是效果类广告主的首选。

9.2.4 信息流广告

信息流广告就是夹杂在用户想要阅读内容中的广告，因为内容的原生加工，从而让用户容易忽略其广告属性，在第一道心理防线上放下警惕，能够有效吸引用户的注意力的广告模式。如图9-6所示。

它最早于2006年出现在社交巨头Facebook上，现在国内的QQ空间、微博等社交媒体也相继推出信息流广告。信息流广告之所以成为一种趋势，不仅因为整个互联网环境催生的社交信息爆炸，更是因为它在实际的运作模式中，是完全能融入到每个用户的社交生活。

图9-6　信息流广告

以国内最早涉足信息流广告的微博为例，2013年第一季度，微博推出粉丝通，这算是国内最早正式推出的信息流广告。过去两年内，已有超过4万家客户投放了微博信息流广告，重复投放比高达50%，而在后期口碑中，可以看到无论品牌客户还是中小企业都取得了不错效果。

以一个典型案例来看，微博是如何解决精准传播这件事的。2014年，《继承者们》带着《来自星星的你》横扫中国，肯德基顺势邀请金宇彬、全智贤担任新一季代言人，在传播媒体广告轰炸的同时，使用微博"韩剧迷"人群，进行精准投放，其转发、评论、点赞互动率达到4%，比行业平均值高出5倍。

而微信朋友圈广告所处的环境，相较微博更加私密，在后期投放中还存在诸多用户体验的问题。目前大多品牌还是以微博的粉丝头条、微博精选、品牌速递等信息流广告产品为主，去满足品牌在博文、应用、账号到商品、活动、视频等不同场景的投放需求。而原生互动的广告机制也显著提高了品牌信息达到口碑式裂变传播，还能保证用户体验以及广告投放效果。信息流广告的特殊机制应时应景，存在着诸多大机遇，是值得品牌尝试的一种移动广告推广方式。

9.2.5 积分墙广告

积分墙（见图 9-7）是在一些应用中嵌入软件包，这个软件包里会嵌入一个类似于墙的屏幕，这个屏幕上会展示各个广告主的应用，用户下载这些应用就会获得一定的积分或虚拟货币，当积分或虚拟货币累积到一定量，就可以用来购买应用中的道具，继续应用，而该应用的开发者就能得到相应的收入，目前积分墙主要支持 Android 和 iOS 平台。

图 9-7　积分墙广告

积分墙的广告形式属于激励型广告，通过激励的形式吸引用户的参与，并尽量延长用户在应用的停留时间，因其有用户的互动从而使用户下载应用转换率较高，受对广告效果日益严苛的广告主的亲睐。

积分墙的本质是交叉广告，而因为激励的原因存在，导致用户更多是为了获取道具而去下载，广告的效果更为利己、而非利人，对于一些游戏开发商来说，在产品早期，可以通过积分墙广告提高低价值的非付费用户的留存率、同时换取一定的广告收入。而在产品的发展期，积分墙广告又可以用来提高排名。在产品的成熟期，积分墙广告还可以用来增加用户。

1. 积分墙广告的特点

第一，操作简单，不管是用户开始开发者在操作上都很容易实现，无需烦琐的过程和步骤。

第二，丰富多样，积分墙内的应用非常丰富多样，可以说只要愿意基本都可以在积分墙上体现，当然那些劣质的应用除外。

第三，智能可靠，现在的积分墙基本能实现实时表现数据，能够有效的避免数据延误，同时拥有多重安全机制，可以最大限度保护积分墙聚合服务不间断。

现在的比较主流的积分墙广告形式有：APP 内积分墙、聚合积分墙、微信积分墙，三种积分墙形式也是各有特点。

1）APP 内积分墙的特点

（1）通过多重激励的形式吸引用户的参与，提高了用户对下载应用的留存率。

（2）根据广告主产品主要受众群体有针对性的进行精准营销，使营销效果显著。

（3）利用积分墙平台自身巨大地广告网络使"积分墙"拥有了更多可嵌入优质应用的合作，在合作应用中内会展示各种与广告相关的任务，而用户通过在应用内完成任务来获得虚拟货币奖励。

（4）积分墙将广告与应用融为一体，避免生硬的广告推送，对用户体验影响最小。

（5）积分墙对媒体采取严格的准入制度，只有优质应用才能接积分墙广告。高质量的媒体保证了广告的真实有效性，避免开发者的弄虚作假；同时为广告主带来有效的活跃用户，提升用户质量。

（6）高效的互动广告形式最大程度提升广告主投放的 ROI，显著提升应用在 App Store 的排名。

2）聚合积分墙的特点

（1）集合多家积分墙的所有应用，为用户提供更多选择。

（2）过滤掉用户已安装或曾经安装过的应用，大幅提升激活确认率。

（3）根据每个用户的行为数据优先推荐其感兴趣的 App。

（4）架构稳定：多重安全机制，最大限度保护积分墙聚合服务不间断。

3）微信积分墙的几个特点

（1）微信平台拥有庞大的潜在用户群，开发者要更多的考虑如何增加微信公众号的粉丝数量。

（2）在"人手一机，手机必微"的时代，用户只需关注公众号即可使用积分墙免费获取奖励。

（3）通过微信公众号与用户增强互动，能够极大提升用户在积分墙的粘稠度。

（4）微信积分墙可以直接获得现金奖励，通过微信的支付通道，用户可以轻松地提取现金。轻松的变现方式能够更大的刺激用户的活跃度。

2. 积分墙的运作原理

常见的积分墙运作如下：广告商将自家 APP 按照一定的单价（随时可变）投放到积分墙的 SDK 接入到自己的 APP 中，用户便能在积分墙上看到广告商的 APP，下载后获取若干虚拟奖励，而广告商支付的推广费用由积分墙和开发者共同分成，所以这是一个多方共赢的局面，除了付不起钱买积分墙的开发者。积分墙运作原理如图 9-8 所示。

图 9-8　积分墙动作原理

3. 展现模式

有积分的模式内含有"虚拟积分"的功能，开发者可以在自己的应用中设定消耗积分的地方，比如购买道具，以刺激用户在应用中安装积分墙的产品，获得积分进行消耗。

无积分的模式分为列表和单个应用两种展示模式。通常以推荐"热门应用""精品推荐"等为推荐墙入口，用户点击进入，便可看到推荐的优质产品。

4. 积分墙的计费方式

积分墙按照 CPA（每行动成本，Cost Per Action）计费，只要用户完成积分墙任务（下载安装推荐的优质应用、注册、填表等），开发者就能得到分成收益。CPA 单价根据广告价格而定，广告价格高，单价也会越高。

9.2.6 移动 SEM 广告

移动 SEM 广告是根据用户搜索意图来进行广告软投放，它能够精准地锁定目标用户群，从而获得高质量用户，如图 9-9 所示。

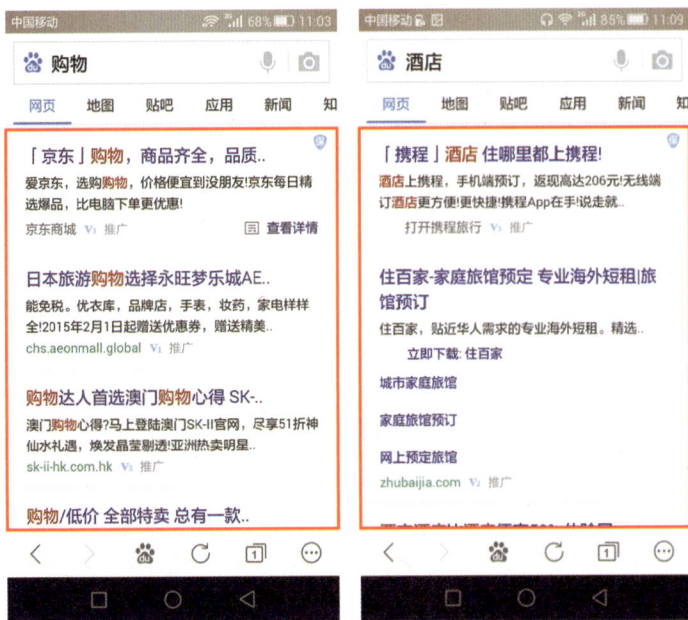

图 9-9 移动 SEM 广告

现在的移动 SEM 广告多是比较大的平台，推广效果真实可控。推广的关键字按点击计费，并不是按账户里有多少个关键字来收费，展现也是完全免费。假定账户里有 10 万个关键字，每天有 20 万次展现，但带来的点击量是 0 个，是不会产生任何费用的。最重要的一点是移动 SEM 广告是一个非常有效的收口渠道，与其他的渠道一起配合投放，效果极佳。

现在移动广告已经走向了深耕细作的推广模式。除了 Banner、插屏、积分墙等广告形式外，更加多样化的广告形式也是陆续面世，包括开屏、移动视频以及原生广告等。目前，市场仍以效果取胜的积分墙广告、开屏、插屏和 Banner 广告为主，整体占比达到 85%，而视频富媒体类广告也是快速上涨。此外，现有技术被广泛应用到移动应用广告上，包括 LBS 定位、二维码、图像识别等，使得移动端的互动广告形式提速迅猛，未来互动及原生类广告会逐渐增多，更多适合移动端的独特广告模式将陆续出现。

9.3　移动广告的投放

9.3.1　移动广告投放技巧

如果说以往投放广告就是选媒体、定天数、报价格，那么现在的移动广告的投放越来越像一门"技术活"，现在的移动广告已经从简单的"广告位时代"迈向精准的"人群时代"，广告主可以直接在整个互联网上按照"人群"来投放广告。这意味着要在如此碎片化的网络海洋中挖掘到"自己的目标客户人群"，除了需要借助更为先进的数据和技术手段作为支持的同时，还需要运用大数据优势充分把握互联网人群的行为特征及趋势，深入洞察，发现规律。

首先，移动手机、移动 iPad 等电子产品的屏幕都有限的，再大也大不过电脑屏幕，所以这就导致了在一个屏幕上移动用户能够观看和浏览到的信息是有限的，也可以说是没有电脑上那么多的。除此之外，手机用户在使用手机进行网上信息浏览时速度远比在电脑上浏览信息要快速得多，因此，在移动互联网上进行网络广告投放时，广告信息一定要简短精悍，要保证在较短时间内实现信息的最大化展示，这样才能方便移动用户在使用手机上网时快速浏览到自己投放的广告信息。

其次，移动互联网中广告的投放也必须得重视用户体验，这要求其投放的广告信息不仅要在内容上最大化满足用户，也要在其展示模式和展示时间上满足用户的需求和个别要求。手机用户对于网络广告的用户体验感受更为严格，他们都希望可以自主选择自己想观看的或者自己需要的广告信息，而不是被一大堆广告信息强制性绑架，所以，在移动互联网广告投放中必须重视用户体验。

再次，在移动互联网市场进行网络广告投放时，广告的投放模式和展示模式一定要实现多样化，目前网络广告市场中有太多相似的网络广告模式，同质化现象越来越严重，已经无法对用户和消费者产生较大的吸引力了，因此只有实现网络广告投放和展示的与众不同性才能对移动用户产生视觉冲击效果，吸引更多的消费者关注投放的广告信息。

1. 移动广告投放的条件设置

（1）根据广告受众的手机价格进行区分，高端设备指 2 000 元以上设备；中端设备指 1 000 ~ 2 000 元的设备；低端设备指 1 000 元以下的设备。不同的价格情况可以代表受众不同的收入情况，可以选择性的进行广告投入。

（2）根据广告受众的网络类型进行区分，分为中国移动、中国联通、中国电信和 WiFi 情况下收到企业广告。

（3）根据广告受众的手机操作系统进行选择，分为 iOS、安卓、塞班、WP（Winp Hone）等。

（4）根据地域进行定向，适用于较大范围、精度要求较粗的情况下进行广告投放，最大精准到区。

（5）根据广告受众的使用习惯进行专业时间设定，分为用户在上下班途中、午间休息以及睡前是智能终端设备的使用高峰期。

（6）根据智能终端设备的保有量以及地域受众的使用习惯，广告投放主要集中在六大经济区，包含以北京、天津为首的华北，以上海、杭州、南京为首的华东，以沈阳、长春、哈尔滨为首的东北，以武汉、长沙为首的华中，以广州、深圳、福州、厦门、三亚为首的华南以及以成都、重庆、西安为首的西南地区。

（7）移动互联网上经典的投放广告形式，LBS 推广，定向某一个地点或多个地点周边人群，适用于定向商户周边、精度要求较细的情况。

2. 移动广告投放的策略

（1）与用户第一时间产生互动

手机媒体最大的优势是互动，更多的互动才能产生更多的信赖和行动。

建议：不要采取单独的广告展示，广告要带有活动性质，比如问卷调查、抽奖、小游戏等。

（2）让用户手机里留下你的东西

移动营销最大的特点是把你的东西植入用户手机里面，要在用户看广告的时候，留点你的东西给用户。

建议：如果有 APP 一定引导用户下载 APP，有公众平台或者个人微信号等要引导用户去做关注，或是让用户主动把页面截图保存到手机里等。

（3）收集用户联系方式

收集客户的信息是移动营销最重要的目的和手段，设置多一些让用户主动留下联系方式的引导。

建议：采取填写手机号、邮箱、QQ、微信号，以及发送验证码的形式等。

（4）借力推广平台

除了常规的借力话题、借力节日等，大部分移动互联网推广载体都具有一定的品牌性。同样，有活动的集中推广的时候，借力他们的活动和推广进行自己的推广。

（5）选择可利用的平台载体做推广

选择目标人群集中的载体，将它的目标人群变成自己的用户。推广的终极秘籍是，不管线上还是线下，只要花钱做了推广，就要想办法把这些花钱载体的目标人群变成你的用户。

（6）避免投放广告的恶意点击

恶意点击主要四个来源：

①竞争对手；

②自己人不慎点入；

③网络游民；

④不良网站和 APP。

应对方法：

①选择 IP 定向控制；

②自己人上线以域名方式登录；

③引导到粉丝平台，通过微信公众平台等；

④每天做详细的统计，每周统计投放计划表与对比表，选择最好的网站及 APP。

9.3.2　移动广告投放的效果监测

移动推广效果如何，最有力的证明就是数据。为了确保数据的真实性、有效性、及时性，数据的监测和提供通常是选择由第三方数据统计平台来完成，比如国外的 Flurry 和国内的"友盟 +"就是这样的第三方数据统计平台。第三方数据统计平台对移动广告投放的效果监测主要表现在以下六个方面。

1. 应用整体趋势

整体的应用趋势可以清晰展现应用每天的新增用户、活跃用户、启动次数、版本分布、行业指标等数据的变化曲线，这些曲线可以了解客户的实际装机量和用户实际使用量，整体掌控应用的推广情况及增长动态。

2. 投放渠道分析

在哪里做推广最有效？从哪里获取的用户最有价值？投放渠道分析可以实时查看不同渠道的新增用户、活跃用户、次日留存率等用户指标，通过数据对比评估不同渠道的用户质量和活跃程度，从而衡量各渠道推广效果。

3. 用户留存分析

通过新用户的留存分析数据可以掌握每日（周／月）的新增用户在初次使用后一段时间内的留存率，留存率的高低一定程度上反映了用户对于应用的认可程度。

4. 用户行为分析

针对性地进行应用内的数据统计，了解用户在应用内各页面的停留、离开情况，从而掌握用户对应用的使用细节、行为特征和操作习惯，找到应用改进的突破点，根据改进过后数据的变化，评估应用优化的效果。

5. 用户地域属性

根据各城市新增用户、活跃用户、启动次数数据，可以清楚的了解推广应用在各个城市的用户下载使用情况，判断广告投放的目标地域是否达到预期效果，是否在用户数据较低的城市增加投放数量和时长。

6. 应用错误分析

通过收集并归类应用的崩溃日志，提供应用在用户使用过程中发生错误的版本型号、错误发生的时间、错误发生的次数、错误的内容摘要，帮助应用更好的解决应用所存在的使用问题，从而提高应用的稳定性，改善应用质量，提升客户应用体验，提高客户留存。

9.4 案例解析——携程旅行网移动广告战略布局

创立于 1999 年初的携程旅行网（简称携程）的总部设在中国上海，是中国旅游业第一家在美国纳斯达克上市的公司。伴随着移动互联网的蓬勃发展，携程旅行网开始了属于自己的移动广告战略布局。

1. 营销背景

携程旅行网是中国领先的电子旅游商务网站，随着移动互联网风潮渐起，移动互联网技术与旅游业动态化、碎片化趋势相呼应，改变了旅行预订模式、营销方式和场景体验。在传统利润趋薄、竞争对手林立的大背景下，携程的移动战略以及旅行行业在移动互联网发展趋势的判断与分析就势在必行。

携程旅行网一直是以网络营销为手段（见图 9-10），通过对市场的循环营销传播达到满足消费者需求和商家需要的目的，携程通过成功整合高科技产业与传统旅游业，被誉为互联网和传统旅游无缝结合的典范，是互联网营销的先锋代表。但伴随着移动互联经济的极速发展，现在的携程不仅要做好 PC 端的推广更需要在移动端推广上进行全面布局，加大移动广告的投入，来获得更多的客户关注、增加客户粘度。

2. 营销目标

携程网是希望通过移动端广告的铺开可以在未来能够获得

图 9-10 携程 APP 首页页面

客户长期、广泛的认可，获得更多稳定的客户群体，并且给到移动端使用用户更多优惠，让客户体验到通过携程移动端进行机票、酒店预订等操作会比通过携程网站和呼叫中心进行更快捷、更方便。移动端的这些布局将会成为携程未来成长的动力引擎。移动广告的全面投放就是为了提升携程品牌影响力获取更多 APP 新用户和维护 APP 老客户的留存，这也是携程移动端广告投放的最终目标。

3. 目标客户定位

携程网的广告人群定位充分利用了多方数据综合分析，从用户的浏览习惯、性别、年龄、受教育程度来进行定位。

发掘运动健身类广告等与携程有交叉目标受众的人群，吸引经常浏览旅游文章、出行攻略的目标受众的人群。

性别分布：整体以男性居多，细分旅游预订用户性别比例存在差异，而女性用户预订度假产品更多，出现这种情况的主要原因有两点，一是男性网民本身较女性网民多；二是男性网民商旅出行的需求量更大。

年龄分布：以 19～35 岁用户居多，占比接近七成，之所以会是这个年龄段主要原因是两个，一个是 19～24 岁用户以学生为代表，对于车票的需求较高，关注度会高；另一个是 25～35 这个年龄段的年轻用户，有更好的体力和良好的经济实力出行，当中的商务出行占比较大。

受教育程度：教育程度较高，以大学本科学历者居多，会有如此好的受众主要也是两点，一是教育程度较高的网民能够较快接受新鲜事物，是在线旅游发展的主要推动力量；二是大学生群体在线旅游的市场大，带动旅游人群整体教育程度偏高。

4. 解决方案及营销效果

作为传统旅游行业类广告主，携程在移动端的推广仍处于发力阶段，携程选择了与国内知名的点入广告合作，点入广告深入分析了携程的产品特性及目标受众属性，制作专属的投放方案，投放采取了主流的推广效果最好的积分墙广告、图片效果类的开屏、插屏和 Banner 广告，当然传统的移动 SEM 广告的关键词投放也同时进行，还有就是在各种主流的社交媒体上进行信息流广告的软文投放（见图 9-11），携程移动端的推广方式是以多管齐下的方式来进行客户吸纳。

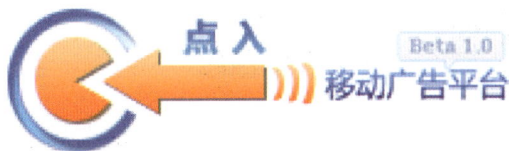

图 9-11　点入移动广告平台

根据携程移动广告的策划方案的渠道选择和广告形式，携程广告实施人员很好地抓住了公众的兴趣点，充分展示客户所想和所能得到的利益和价值，引发了大量关注，进而产生了良好的营销效果。

1）开屏广告

如图 9-12 所示，携程的开屏广告中广告语简单清晰、优惠信息直接，让客户在 3～5 s 的时间里就可以记住优惠的内容，而特别值得注意的是广告语中强调的手机订机票送 20 元，会让想要订机票但还没有携程 APP 的客户主动下载携程 APP 来了解活动详情。

2）Banner 广告

携程的 Banner 广告内容主要是发布产品的优惠信息、节日活动内容、产品打折信息、新服务新功能推荐，并设计了吸睛的广告词，让人看到就有想点一下的冲动。客户只需要点广告条，就可以直达活动页面，给客户良好的优惠服务体验，如图 9-13 所示。

图 9-12　携程投放的开屏广告

图 9-13　携程的 Banner 广告

3）插屏广告

插屏广告形式大气美观，可支持炫酷广告特效，视觉冲击力强，开发者可定义于"开屏广告""退屏广告"，与自身 APP 完美结合，拥有更佳的用户体验，更好的广告效果，如图 9-14 所示。一般就是在应用开启、暂停、退出时以半屏或全屏的形式弹出，展示时机巧妙避开用户对应用的正常体验。但误点概率很大，还是比较影响用户体验，考虑到这个原因，携程适当减少了插屏广告的投放。

图 9-14　携程的插屏广告

4）信息流广告

微博、QQ 空间上的信息流广告是比较典型的信息流广告投放平台。携程收集驴友的的文章及旅游攻略作为信息流广告的内容，并选择在微博、微信朋友圈等社交平台上进行推广，这种推广方式让用户有一种身临其境的广告体验，接受程度更高，所获得的客户质量较好，不易脱粉。

5）积分墙广告

携程客户端推广中采用的最重要的推广形式是积分墙广告，携程选定了推广最为稳定的APP 内积分墙这一形式，选择了国内知名的移动互联网广告商点入广告来做自己积分墙广告的推广，如图 9-15 所示。

图 9-15　携程积分墙广告效果展示

点入广告深入了解携程的产品特性及目标受众属性。在每个季度的投放中，点入广告针对用户旅游需求的高低调整投放策略，在节假日、大型集会和活动期间，增加投放频次和定位媒体类别，在娱乐、游戏类基础上增加了生活服务、地图导航、运动健身、新闻资讯等，与此同时，根据旅游高峰制约因素的属性，及时、有效的优化与调整投放时段和投放人群，实现了精准投放。

（1）采用定向投放策略

场景定向：长线测试期根据目标受众上网的不同场所（公共场所、家庭、公司、学校等）进行区域定向，排除旅游高峰期，发现在公司场景中点击量最高、家庭场景其次。

地域定向：北京、上海、广州、深圳等一、二线城市。

媒体定向：生活服务、地图导航、运动健身、娱乐、游戏、金融、新闻资讯等。

（2）投放执行的确定

时段优化：测试阶段发现，排除旅游高峰期，在周一到周五的上午 10 点到下午 2 点，晚上 8 点到晚上 10 点，互动量和点击量明显较其他时段高，在后续投放中，这一时段进行集中投放。

曝光频次：分析发现，广告曝光 3 ~ 6 次对于促进产品认可度及后续的使用行为最为有效，优化期利用 cookie 定向技术，确定合理曝光频次。

算法优化：利用点入广告特有的自动试探和自动出价功能进行优化，使携程在积分墙排行中占据有利排名。

（3）营销效果

通过点入携程广告投放数据分析图表（见图 9-16），可以从数据上看出点入积分墙广告有效的增强了携程品牌与受众的粘性、提高了目标人群对携程品牌的忠诚度，携程客户端的激活率上升幅度明显。

图 9-16　点入携程广告投放数据分析图表

时段	曝光数	点击数	日均点击率（%）	激活率（%）
2014 年 1 季度	16643988	718686	4.32	36.9
2014 年 2 季度	16874456	919154	5.45	46.2
2014 年 3 季度	17424332	1053923	6.05	53.5
2014 年 4 季度	16094112	643920	4.00	44.1
2015 年 1 季度	22226009	982390	4.42	38.9

6）移动 SEM 广告

移动 SEM 广告最关键的就是关键词的设置，选择什么样的关键词决定了是否可以准确锁定目标客户。携程不仅仅是单一的旅游网站，更是商旅人士的好伙伴，对于携程来说机票预订是其业务中非常重要的一块，商务人群是机票预订的主要人群，而"机票"是携程在百度投放广告中的一个关键词，当客户在百度搜索"机票"相关的词时，搜索结果排在第一位的就是携程优惠机票的信息广告和携程 APP 下载链接，通过这样的关键词投放来强势锁定需求客户。携程移动 SEM 广告如图 9-17 所示。

图 9-17　携程移动 SEM 广告

9.5　同步训练

1. 实训概述

本章实训为京东到家 APP 进行移动广告策划实训，学生通过本章的学习，能够完成京东到家 APP 移动广告的策划，并能够完成广告的目标受众分析、环境定向、渠道选择、投放方式、推广效果等活动。本章要求学生在完成知识模块内容学习后，能够独立进行移动广告形式的选择和移动广告的策划等。

2. 实训素材

（1）相关实训软件

（2）智能手机实训设备

3. 实训内容

任务一　移动广告推广形式的选择

教师布置任务，学生以小组为单位选择合适的移动广告推广形式，说明选择原因，并完成表 9-1。

表 9-1 移动广告推广形式的选择

移动广告推广形式的选择	说　明	具体分析
移动广告推广形式	学生所确定的移动广告推广形式	
选择原因	选择这个推广形式的原因	

教师检查学生表格填写情况，并安排小组之间互相进行评比。

任务二　移动广告的策划

学生完成对京东到家 APP 移动广告的策划，主要包括营销背景、目标受众分析、投放方式三个方面。教师根据学生广告策划的可实施性，对学生的移动广告策划进行点评，并进行实训评比，完成表 9-2。

表 9-2 移动广告的策划

移动广告的策划	说　明	具体分析
营销背景	营销环境及营销实施原因及目标	
目标受众分析	确定目标受众	
移动广告形式	选择合适的移动广告形式	

任务三　营销效果分析

学生对移动广告的营销效果进行简单分析，并以小组为单位发表实训心得。

第 4 部分
APP 的运营与推广

　　移动互联网创业产品面临更多机会也面临更多挑战，运营团队总是在尝试用最小的投入获取更多的用户，用最小杠杆使品牌效应最大化，集中人财物把手里的资源集中在一个最有可能爆发的点上，不断分析，不断优化，不断放大，等待爆发，最终吸引更多的用户，提高自己的市场份额。

　　随着移动终端的迅速普及，各类 APP 如雨后春笋般涌现出来，但是真正运营成功的产品却寥寥无几。推广 APP 应用有一个漫长的积累用户的过程，很多团队在这个过程中消逝，也有很多团队在这个过程中不断挣扎。那么究竟该怎样运营 APP 才能让自己的团队笑到最后，在精品 APP 市场占领自己的一席之地呢？

第 10 章　APP 运营与推广

移动互联网技术发展促使互联网冲破 PC 枷锁，开始将网络营销从桌面固定位置转向不断变动的人本身，如今各款智能手机和平板电脑也同样逐渐成为人们的新宠。在不断深入的移动互联网时代，智能手机、平板电脑等移动终端设备普及率大幅提升，用户的行为习惯逐渐改变，企业通过 APP 开展营销活动已成为一种趋势与必然。

学生通过本章的学习应达到以下目标：

知识目标

- 认知 APP 运营与推广；
- 了解 AARRR 模型；
- 熟知影响应用市场搜索排名的主要原因；
- 了解常见的 APP 数据统计工具。

能力目标

- 能够完成 APP 产品定位及竞品分析；
- 能够完成 APP 上线前的内容、渠道、物料等准备；
- 掌握 APP 线上及线下渠道推广方式；
- 具备 APP 应用市场搜索优化的能力；
- 能够完成 APP 营销的数据分析。

10.1　认识 APP 运营与推广

智能手机和平板电脑出货量的增长，带来了移动应用快速和多样化的发展，来自 IDC 的数据显示，中国成为应用下载量增长最快的国家，2011 年的增幅高达 298%，这也表明国内 3G 市场正在迎来新的临界点，到 2013 年，国内的应用下载量将达到 200 多亿次。它代表着 APP 在移动互联网发展过程中举足轻重的位置，也从另一个层面显示着 APP 在移动营销中的闪亮价值。

APP 是移动互联网的活跃因子，是移动互联网产业的新鲜血液，更是移动整合营销服务中的核心要素，它整合了各种移动互联网先进技术和推广手段的移动营销方案。

10.1.1　APP 运营推广的认知

APP 运营推广主要是指网络营销体系中一切与 APP 的运营推广有关的工作，主要包括 APP 流量监控分析、目标用户行为研究、APP 日常更新及内容编辑、网络营销策划及推广等内容。这里的 APP 就是应用程序 application 的意思。APP 营销是通过特制手机、社区、SNS 等平台上运行的应用程序来开展营销活动。APP 运营是指网络营销体系中一切与网站的后期运作有关的工作现在是手机主流推销方式。

APP 运营可分为三个阶段和三大核心目标。三个阶段分别是吸引用户、留住用户、让用户掏钱。三大核心目标则是扩大用户群、寻找合适的盈利模式以增加收入、提高用户活跃度。

用户群体是任何一款 APP 产品产生盈利的必备条件。因此，在目前很多采取 APP 免费下载的模式，首先积累用户，然后再去实现盈利。

对 APP 运营的分工和种类进行细分，运营可以分为：

（1）基础运营：维护产品正常运作的最日常最普通的工作。

（2）用户运营：负责用户的维护，扩大用户数量提升用户活跃度。对于部分核心用户的沟通和运营，有利于通过他们进行活动的预热推广，也可从他们那得到调研数据和用户反馈。

（3）内容运营：对产品的内容进行指导、推荐、整合和推广。给活动运营等其他同事提供素材等。

（4）活动运营：针对需求和目标策划活动，通过数据分析来监控活动效果适当调整活动，从而达到提升 KPI，实现对产品的推广运营作用。

（5）渠道运营：通过商务合作、产品合作、渠道合作等方式，对产品进行推广输出，通过市场活动、媒介推广、社会化媒体营销等方式对产品进行推广传播。

10.1.2　影响 APP 搜索排名的五大因素

每一个应用开发软件在各大安卓应用市场上架后，都希望被更多用户快速准确的找到并下载，因此更靠前的搜索排名就显得至关重要。比如"窝牛装修"这款 APP，希望在查询"装修"这个关键词时 APP 的排名能够更靠前，经过近半年的数据优化和跟踪分析，"窝牛装修"目前已经获得各大安卓市场前 5 位的"装修"搜索排名，在这个过程中总结出影响安卓应用市场搜索排名的五大因素。

1.Meta 信息

Meta 信息包括应用的标题、描述、关键词，目标关键词在上述 Meta 信息中出现的频率越高、位置越靠前，对搜索排名越有利，比如在 360 手机助手上搜索"装修"，排名前 3 位的应用在标题、描述中都包含装修这个关键词，并且在搜索结果中都会有红色字体标出，方便用户更好的识别。

2.下载量

下载量这个因素比较重要，因为下载的用户越多，说明 APP 越受欢迎，应用市场也会 APP 的评级越高。提升下载量的方式有多种，比如购买应用商店的广告推荐位、进行应用市场 APP 数据优化、通过新媒体（微博、微信）策划营销活动鼓励用户到指定的应用市场进行下载试用。

3.用户评论

点星、五星好评等用户评论一直是大家比较关注的因素，虽然量不大，但往往对转化率起到决定性作用。一般拥有好评和差评的应用在相同位置可达 30% 的差距，因此，定期鼓励用户进行评论是非常有必要的，同时，也可以根据评论中用户提出的问题进行及时回复和优化。

4.应用资质

是否具备官方版、优质应用、安全、无病毒、无广告、MTC 等多种资质认证也是重要的影响因素之一。在应用上传的时候，应该尽可能多的提交材料并通过各种认证，更多的资质认证能让用户获得更多的认同感，同时有些安卓应用市场比如豌豆荚对认证看的比较重，排名靠前的 APP 都是认证的比较全面的应用。

5.版本更新

对应用市场来说，经常更新版本的应用将会获得更好的评级，考虑到应用市场审核应用一般需要 1 ~ 2 个工作日，而周六、周日是用户下载应用的高峰，所以建议每周四、五进行版本更新比较好。

当然影响安卓应用市场搜索排名的因素不只是这些，还包括应用的图标、截图、分类、产品、上架时间等，搜索排名的优化也不是一朝一夕能够完成的，建议制定长期（3~6 个月）的排名优化方案，有条不紊地进行操作，搭配其他 App 推广方式进行组合式营销。

10.1.3 AARRR 模型

AARRR 是 Acquisition、Activation、Retention、Revenue、Refer 这个五个单词的缩写，分别对应一款移动应用生命周期中的 5 个重要环节。

1. 获取用户（Acquisition）

运营一款移动应用的第一步毫无疑问，是获取用户，也就是大家通常所说的推广。

这个阶段，最初大家最关心的数据是下载量。不过，下载了应用不等于一定会安装，安装了应用也不等于一定使用该应用。所以激活量很快成为了这个层次中大家最关心的数据，甚至是有些推广人员唯一关注的数据。通常激活量（即新增用户数量）的定义是新增的启动了该应用的独立设备的个数。

2. 提高活跃度（Activation）

这里面一个重要的因素是推广渠道的质量。差的推广渠道带来的是大量的一次性用户，如积分墙，刷量的渠道。好的推广渠道往往精准作用在目标用户，精准推广，永远是运营人员特别需要记住的点。

此外，还有些应用会通过体验良好的新手教程来吸引新用户，这在游戏行业尤其突出。

DAU（日活跃用户）和 MAU（月活跃用户）两个数据基本上说明了应用当前的用户群规模，这是两个运营人员必看的指标。其实还要看另两个指标：每次启动平均使用时长和每个用户每日平均启动次数。这两个数据可以结合一起看。

版本、页面转换路径和自定义事件也是很好的分析维度。对产品经理来说，分析它们有助于不断改进应用。

3. 提高留存率（Retention）

有些人会发现应用被下载后，没有用户粘性，次日留存，7 日留存很低，用户留不住。

通常保留一个老客户的成本要远远低于获取一个新客户的成本，但很多应用并不清楚用户是在什么时间流失，于是一方面他们不断地开拓新用户，另一方面又不断地有大量用户流失。

解决这个问题首先需要通过日留存率、周留存率、月留存率等指标监控应用的用户流失情况，并采取相应的手段在用户流失之前，激励这些用户继续使用应用。

留存率跟应用的类型也有很大关系。通常来说，工具类应用的首月留存率可能普遍比游戏类的首月流存率要高。

有些应用不是需要每日启动的，那样的话可以看周留存率、月留存率等指标，会更有意义。留存率也是检验渠道的用户质量的重要指标，如果同一个应用的某个渠道的首日留存率比其他渠道低很多，那么这个渠道的质量是比较差的。

4. 获取收入（Revenue）

获取收入其实是应用运营最核心的一块，极少有人开发一款应用只是纯粹出于兴趣，绝大多数开发者最关心的就是收入，即使是免费应用，慢慢的也需要考虑其盈利的模式。

收入有很多种来源，主要的有三种：付费应用、应用内付费以及广告收入。

无论是以上哪一种，收入都直接或间接来自用户。所以，前面所提的提高活跃度、提高留存率，对获取收入来说，是必需的基础。用户基数大了，收入才有保证。关于收入，最常用的观察是

ARPU（平均每用户每月收入）值。

5. 自传播（Refer）

以前的运营模型到第四个层次就结束了，但是社交网络的兴起，使得运营增加了一个方面，就是基于社交网络的病毒式传播，这已经成为获取用户的一个新途径。这个方式的成本很低，而且效果有可能非常好；唯一的前提是产品自身要足够好，有很好的口碑。

通过上述 AARRR 模型，我们看到获取用户只是第一步，后面如何留住他们，增加粘性也很重要。

10.1.4　APP 数据统计工具

目前，市场上的 APP 数据统计分析工具比较多，比较出名的有：友盟 +、百度统计、Talking Data 等移动统计工具。

1. 友盟 +

友盟 +（见图 10-1），全球领先的第三方全域大数据服务提供商，2016 年初由友盟、CNZZ、缔元信网络数据三家国内顶尖的大数据公司合并而成。

图 10-1　友盟 +

友盟 + 集三家公司优势于一身，通过全面覆盖 PC、手机、传感器、无线路由器等多种设备数据，打造全域数据平台。秉承独立第三方的数据服务理念，坚持诚信、公正、客观的数据信仰，为客户在基础统计、运营分析、数据决策和数据业务四个方向提供数据产品和服务，帮助企业缩减运营成本、提高运营效率，从而促进整个数据产业链高效有序的发展。

截至 2016 年第一季度，友盟 + 每天可触达全球独立互联网活跃用户数超过 9 亿，每天收集线上线下各类应用场景的数据 200 多亿条，其中网页数据 120 多亿条，移动 APP 数据 80 多亿条。总数据量达 20P+，服务 APP 应用接近 100 万款，服务大中小型网站共计近 500 万家网站（官网：http://www.umeng.com/）。

2. 百度移动统计

百度移动统计是百度公司继成功推出"百度网站统计"工具之后，又一次顺应移动互联网大潮，推出的基于移动 APP 统计的分析工具（见图 10-2）。

图 10-2　百度移动统计

自 2012 年 4 月份上线以来，百度移动统计一直秉承着百度"简单可依赖"的精神，为开发者提供专业、免费、高效的移动统计分析服务，每天处理会话请求超过 10 亿次。独创的"六大分析"，支持 iOS 和 Android 两大平台，全面帮助移动开发者实现数据化、精细化运营。百度移动统计快速迭代，已经孵化出"统计分析、开发工具、营销推广"等多种服务类型，从开发到运营到推广，为开发者提供真正意义上的"一站式"服务（官网：http://mtj.baidu.com）。

3. Talking Data

Talking Data（见图 10-3）是近期新出现的一个移动应用统计分析平台，作为移动应用统计领域的"新生事物"，Talking Data 有着自己独特的一套统计分析体系。比如留存用户和渠道分析，Talking Data 已经提供了完整的支持，虽然在渠道分析功能上尚有不足，但不难看出 Talking Data 在产品设计方面确有独到的见解（官网：http://www.talkingdata.com/ ）。

图 10-3　Talking Data 移动数据统计工具

Talking Data 的所有统计分析都被安置用户和使用、参与度分析、渠道统计和自定义事件这 4 个大的分类中，这一点与其他统计分析平台有很大区别，而这 4 个分类恰好是由浅入深，从基本数据统计到深入数据分析这样一个流程，这应该是由 Talking Data 对移动应用数据分析的理解而产生的产品设计。

10.2　APP 运营与推广的实施

10.2.1　APP 上线前

APP 上线前需要做的工作有很多，首先是根据自身产品确定产品定位、完成竞品等，其次是各种工作准备，包括内容准备、渠道准备、物料准备、活动准备等。

1. 产品前期分析

清晰的产品定位是运营推广的基石，一切推广应围绕定位而展开。产品定位可通过以下几点进行了解：

首先是产品市场的分类，开发者后台提交 APP 的时候，需要清楚产品是属于哪一个分类，图 10-4 为小米 2015 年新增应用分布图。

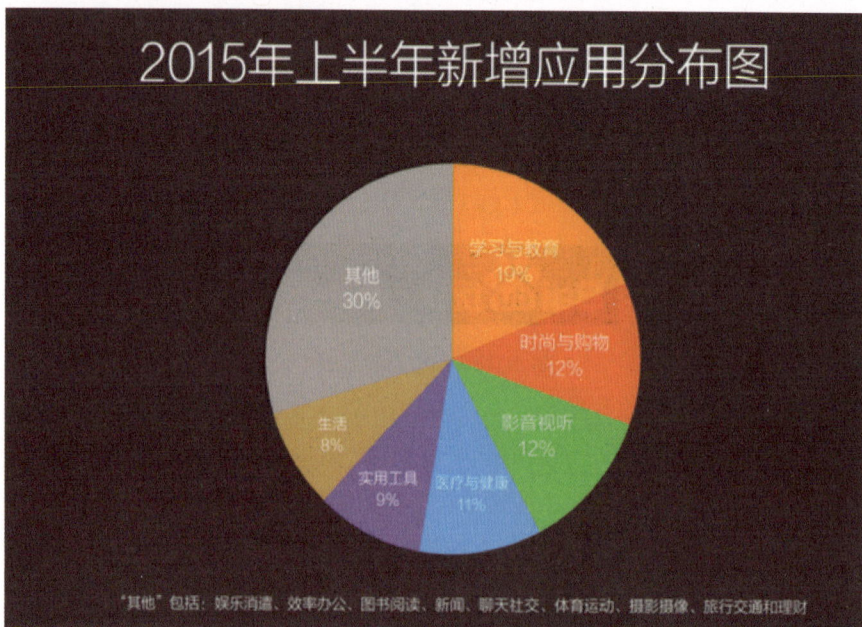

图 10-4　小米 2015 年新增应用分布图

从图中不难看出，市场的分类繁多，每个分类中新增 APP 的数量不断增加，不同分类中竞争的激烈程度也不同，但是，无论竞争多么激烈，都要确定产品分类不变，有助于 APP 稳定排名。

其次是目标用户分析，在每个分类下都存在不同喜好的用户，但我们在分析时主要研究用户的基本特征，常用的用户特征有年龄、性别、兴趣爱好、性格特质等。构建用户画像一方面可以在推广的时候更好的投其所好，满足产品受众的需求，从而获得高质量的用户不断的完善迭代产品。

针对竞品分析主要通过百度指数竞品数据与应用市场竞品数据进行相应的 APP 分析。

首先是百度指数竞品数据，在百度指数中，自己 APP 的关键词有可能没有被百度收录，可以通过搜索竞品的百度指数，通过这些数据：一方面帮助我们了解相应受众特点，另一方面通过记录中热度历史最高点的时间段，了解同类型 APP 是否在网媒渠道或者社交渠道做过相应的活动，如果能找到，就可以继续分析活动的形式，进而为自家产品接下来要做的活动做经验储备。

其次是应用市场竞品数据，比如竞品在每个市场的下载量、评论数、星级等，这反映同类型 APP 对这个市场的重视程度。我们可以通过完成表 10-1 来搜集整理竞品在应用市场的数据：

表 10-1　竞品在应用市场中的数据分析表

小米市场		评论		排名		产品信息		
产品名称	下载量	好评	差评	分类	关键词	产品介绍	商店标签	屏幕快照

2. 工作准备

（1）内容准备

内容准备包括软文内容、新闻稿件内容、微信服务号内容、百科系内容等。软文内容主要包括预热、上线、总结性等性质的软文；新闻稿内容包括产品上线，实际状况等实时报道（吸引眼球、结合热点）；微信服务号内容包括商家活动（精选优质活动，按照活动的优惠力度高低筛选上架）、商家介绍（商家详细介绍，要具有吸引力，图片展示要优质）、每周文章定位（主要关于产品结合商家的优质活动及自身介绍，关于产品所涉及领域方面的优质文章，包括百科、相关的小故事、正能量的文章、公司介绍、优质活动的软文稿、阅读原文跳到活动页等）。

（2）渠道准备

首先是软文及新闻稿发布渠道准备，包括门户网站、垂直媒体等；其次是地推投放渠道准备，包括目标用户群体、受众多的地方。

（3）物料准备

物料准备主要针对于地推，如海报、宣传单、易拉宝、用户愿意接受使用的小礼品等。

（4）活动准备

活动准备主要为活动策划，包括活动主题、活动目的、时间、地点、人物、物料、所需费用、效果预估、活动总结等。

（5）其他准备

其他准备包括论坛、贴吧等的注册，社交化营销准备，如微博加 V 申请、QQ 群的建立、相关 QQ 群的加入、大 V 关注等。

10.2.2　APP 正式上线

1. 线上渠道

（1）基础上线

各大手机厂商市场、第三方应用商店、大平台、PC 下载站、手机 Wap 站、收录站、移动互联网应用推荐媒体等基本可以覆盖 Android 版本发布渠道，推广的第一步是要上线，这是最基础的。无需过多付费，只需最大范围的覆盖。主要包括以下渠道：

安卓 AppStore 渠道：百度、腾讯、360、阿里系、华为、小米、联想、酷派、OPPO、vivo、金立、魅族、Google Play、其他互联网手机品牌、豌豆荚、机锋、安智、PP 助手、刷机助手、手机管家等；

运营商渠道：MM 社区、沃商店、天翼空间、华为智汇云、腾讯应用中心等；

PC 端：百度应用、手机助手、软件管家等；

Wap 站：泡椒、天网、乐讯、宜搜等；

Web 下载站：天空、华军、非凡、绿软等；

iOS 版本发布渠道：AppStore、91 助手、PP 助手、同步推、快用苹果助手、iTools、限时免费大全、爱思助手等。

（2）运营商渠道推广

中国移动、中国电信、中国联通的用户基数较大，可以将产品预装到运营商商店，借力于第三方没有的能力，如果是好的产品，还可以得到其补助和扶植。市场部门要有专门的渠道专员负责与运营商沟通合作、出方案、进行项目跟踪。

（3）第三方商店

由于进入早、用户积累多，第三方商店成为了很多 APP 流量入口，全国有近百家第三方应用商店。渠道专员要准备大量素材、测试等与应用市场对接。各应用市场规则不一，如何与应用市场负责人沟通、积累经验与技巧至关重要。资金充足的情况下，可以投放一些广告位及推荐等。

（4）手机厂商商店

大厂家都在自己品牌的手机里预装商店，如联想乐商店、HTC 市场、魅族市场、MOTO 智件园等。渠道部门需要较多运营专员来跟手机厂商商店接触。

（5）积分墙推广

"积分墙"是在一个应用内展示各种积分任务（下载安装推荐的优质应用、注册、填表等），以供用户完成任务获得积分的页面。用户在嵌入积分墙的应用内完成任务，该应用的开发者就能得到相应的收入。积分墙起量快，效果显而易见。

积分墙推广大部分是采用 CPA（即按激活付费，费用 = 实际激活量 × 激活单价，一般采用竞价形式，激活通常指用户下载安装并打开 APP。）形式，价格 1 ~ 3 元不等。但以活跃用户等综合成本考量，成本偏高，用户留存率低。业内公司有 Tapjoy、微云、有米、万普等。积分墙适合大型有资金，需要尽快发展用户的团队。

（6）社交平台推广

目前主流的智能手机社交平台，潜在用户明确，能很快的推广产品。这类推广基本采用合作分成方式，合作方法多样。业内公司有微云、九城、腾讯、新浪等。

（7）广告平台

广告平台起量快，效果显而易见。成本较高，以目前主流平台为例，CPC（安应用广告的点击计费）价格在 0.3 ~ 0.8 元，CPA 在 1.5 ~ 3 元之间。不利于创业融资前的团队推广使用。业内公司有 AdMob、多盟、微云、有米、点入等。

（8）换量

换量主要有两种方式：

①应用内互相推荐：这种方式可以充分利用流量，增加曝光度和下载量，量级不大，但曝光度不错，有内置推荐位的应用可以相互进行换量，但这需要以一定的用户量作为基础。

②买量换量：如果自身无法给某一应用带量或者量很小，可以找网盟跑量，以换取应用商店优质的资源位或者折算成钱进行推广。这种方式也是比较实用的方式，包括应用宝、小米等在内的商店都可以换量，通过某些代理，还能跟 360 等进行换量，可能会比直接在 360 做 CPT（即成本每试）有更好的效果。

2. 线下渠道

（1）手机厂商预装

手机厂商预装是出厂就存在、用户转化率高且最直接发展用户的一种方式。用户起量周期长，从提交测试包测试——过测试——试产——量产——销售到用户手中需要 3-5 个月时间。

①推广成本：应用类产品预装量付费价格在 3 元左右不等，CPA 方式价格在 1.5 ~ 5 元不等。游戏类产品，采取免费预装，后续分成模式，CPA 价格在 2 ~ 3 元之间，通常为小包单机产品。

②业内公司：华为、中兴、酷派、TCL、波导、OPPO、魅族、海信等。

③操作难点：品牌众多，人员层级多，产品项目多，需要有专业的团队进行针对性的推荐与维护关系。

（2）行货店面

行货店面的特点是用户质量高，粘度高，用户付费转化率高，见用户速度快。店面多，店员培训复杂，需要完善的考核及奖励机制。基本上 CPA 价格在 1.5 ~ 3 元之间，预装价格在 0.5 ~ 1 元之间。业内公司有：乐语、中复、天音、中邮、苏宁、国美、恒波、中域电讯等。

3. 新媒体营销

（1）内容策划

内容策划前需做好受众定位，分析得出核心用户特征，坚持原创内容的产出，在内容更新上保持一天三条左右有趣的内容，抓住当周或当天的热点跟进。

（2）品牌基础推广

①百科类推广：在百度百科建立品牌词条，建立 SEO 体系和百度指数。

②问答类推广：在百度知道、搜搜问答、新浪爱问、百度经验等网站建立问答。

③垂直社区：在知乎、豆瓣、微博等社交网络要有相应的内容更新。

（3）论坛、贴吧推广

在手机相关网站的底端都可以看到很多的行业内论坛。建议以官方贴、用户贴两种方式发帖推广，同时可联系论坛管理员做一些活动推广。发完贴后，应当定期维护好自己的帖子，及时回答用户提出的问题，搜集用户反馈的信息，以便下个版本更新改进。主要论坛有：机锋论坛、安卓论坛、安智论坛等。

（4）微博推广

①内容：将产品拟人化，讲故事，定位微博特性，坚持原创内容的产出。在微博上抓住当周或当天的热点跟进，保持一定的持续创新力。

②互动：关注业内相关微博账号，保持互动，提高品牌曝光率。

③活动：必要时候可以策划活动，转发微博等。

（5）微信推广

微信公众号的运营推广需要一定时间沉淀，这里可以参考以下几步：

①内容定位：结合产品做内容聚合推荐，内容不一定要多，但是一定要精并且符合微信号的定位。

②种子用户积累：种子用户可以通过同事好友、合作伙伴推荐，微博引流，官网引流等。

③小号积累：开通微信小号，每天导入目标客户群。

④小号导大号：通过小号的粉丝积累推荐微信公众号，将粉丝导入到微信公众号。

⑤微信互推：当粉丝量达到一定预期后，可以加入微信互推群。

（6）事件营销

事件营销需要整个团队保持敏锐的市场嗅觉，此外还需要有强大的执行力，配合一定的媒体资源，事件才得以在最快的时间内推出去。

事件营销的前提必须是团队成员需要每天接触大量新鲜的资讯，把这些信息整合，也需要养成随时记录下一些闪现的灵感创意并和成员们及时分享。对于能贴上产品的创意点，集合事件的始终进行推理，若确定营销方案，做出与之匹配的传播计划，开始做项目预算并一边准备好渠道资源。

10.2.3 APP 上线后

1. 合作

（1）渠道合作

渠道合作首先是主流应用商店市场首发，360 手机助手、百度系、小米、华为等。配合首发申请相关下载有礼专区活动，或者自家新媒体做造势进行活动宣传，以通过首发及活动达到目标效果最大化。

其次是申请应用商店与产品相关的主题推荐。最后是换量或资源互换合作，产品在推广前期没有用户量时为对方产品在网盟买量，或者通过其他自身资源来合作。根据对方具体情况具体分析。

（2）CP 合作

CP 合作包括换量合作、活动合作、产品合作等，换量合作主要表现为互换资源，在应用推荐位置 banner 等进行互推；活动合作是对方或我方提供奖品进行节日或话题借势做活动合作，推广形式可以把产品及双方新媒体公共账号一起推；产品合作，根据用户反馈及需求，可以在产品迭代丰富自身功能的前提下，把用户急需的功能加入到产品中来，给合作方带流量，并且让对方给自己带量。

2. 优化

APP 优化主要分为搜索引擎优化及应用市场优化，搜索引擎优化包括百度、好搜的 SEO、SEM 等；应用市场优化包括 ASO、MSO。

3. APP 营销数据统计

通过 APP 营销数据统计我们可以了解哪个推广效果最好，哪个渠道最有利，哪类活动最能吸引用户，使工作取得更好的效果。

在 APP 运营推广过程中，下载量、用户数、留存率、转化率、活跃用户数、活跃时长是很多公司作为数据指标的一个考核，也是进一步改进优化工作的一个依据。

当然，产品阶段的不同，关注的数据指标肯定不同。例如 APP 初期，应更加关注下载量和用户数。APP 上线之后，需比较关注活跃用户、留存率、转化率等数据。所以，运营阶段的不同，所关注数据的侧重点也会有所不同。

10.3　案例解析——滴滴出行 O2O 移动营销案例

近年 O2O 模式下的移动端 APP 越来越普及，开始在人们的日常生活中扮演重要角色，以滴滴出行为首的移动出行类手机应用更是 O2O 模式下的代表。

滴滴出行是我国国内第一家使用移动互联网技术和新型网络智能叫车系统的应用类软件。近年来，滴滴出行接入微信平台和支付宝平台，并支持通过微信和支付宝实现约车功能和支付功能。滴滴出行的最大价值是匹配用户和司机的需求，改变传统打车方式，在移动互联网时代下引领用户现代化的出行方式。

1. 营销背景

1）产品定位

无论是哪款 APP，在没有正式上线之前确定产品定位是营销工作中的重中之重，其中需要前期准备的工作是：了解产品市场和目标人群。

（1）产品市场分析

滴滴出行作为移动互联网端一款经典的定制服务的智能系统，在对该产品市场进行分析时需要了解的是影响乘客达不到车的原因。

据了解，全国一二线城市普遍存在"打车难"问题，一方面乘客打不到车，另一方面出租车司机选择性接单，空驶率居高不下，其原因主要为两方面：

第一，出租车市场供求失衡。司机接单方式以扫街为主，效率低；司机愿意接中长途和顺风车生意；选择性接单造成空驶现象，运营效率偏低。

第二，乘客和出租车司机之间的信息不对称。在打车软件出现之前，北京在出租车停车站开设电召平台（电话叫车服务）96106，出租车调度中心根据用户提供的地址在通过 GPS 车辆调度监控系统调度出租车，在整个过程中由客服对系统进行需求确定在通过系统给出租车发出指令，过程复杂且实施较慢，客户等待时间较长，司机在确定订单过程较复杂。

（2）目标用户分析

①用户年龄分布。

移动出行类应用的主要用户仍集中在年轻人群，见图 10-5，19 ～ 40 岁之间的人群是对互联网接触相对较多的人群，并且更愿意使用这种新型的出行方式，给工作和生活提供便利。值得一提的是，40 岁以上用户覆盖率也在逐年增长，开始有更多的年龄较大人群选择移动出行。

②用户收入分布。

用户的收入水平（见图 10-6）反映出基本的人群属性。可以看出用户主要集中在月收入3 000 ～ 5 000 的人群，这部分人群基本以民企白领和国企职员为主。月收入 5 000 ～ 10 000 相当于公司的中层管理者，这类人的出行频次也比较高，同时年龄不会太大，愿意使用移动出行。而随着收入档次的不断升高，移动出行用户数逐渐减少，分析原因主要有两点：第一，我国高收入人群占比重较小；第二，高收入者大多自己有车，习惯开车出行。

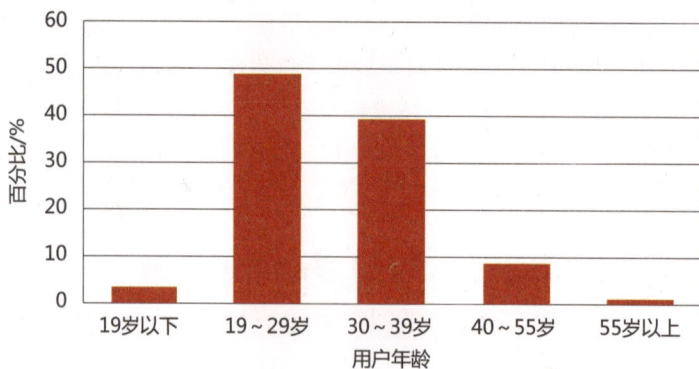

图 10-5 用户的主要分布状况

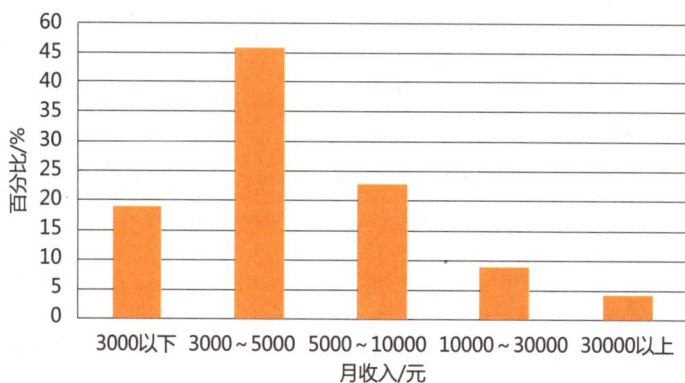

图 10-6 用户收入水平分析

③用户行为分析

优惠条件是用户考虑的第一因素。一方面由于商家想要快速圈住用户，一方面是同类公司当中竞争激烈，同时也为了移动出行的快速普及，各大移动出行软件对用户及车主都有一定程度的补贴，这不仅圈住了一些以前也经常打车的用户，更吸引了大部分不常打车的人群成为用户，而这类人群首要考虑的就是价格。接单速度是用户考虑的第二大因素，毕竟速度意味着效率。随着移动出行软件的大普及，越来越多的用户开始注重出行体验和服务质量，有 17% 的用户会据此做出选择（见图 10-7）。

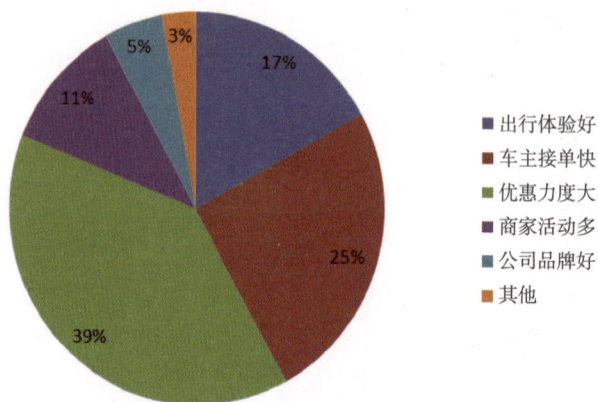

图 10-7 用户行为分析

2）竞品分析

2015 年第 3 季度中国专车服务活跃用户平均次月留存率 TOP5 和出行 O2O 典型应用用户活跃率变化趋势分别见图 10-8 和图 10-9。按照竞争优势不同，功能差异突出，用户活跃度和覆盖率又比较高的综合因素下，排除相似度特别高又无特色功能的产品类别，选择嘀嗒拼车、神州专车、易到用车几款为竞品目标分析，这几款 APP 均有很大的用户群，有一定的用户黏度，在专车市场有着较大的影响力。

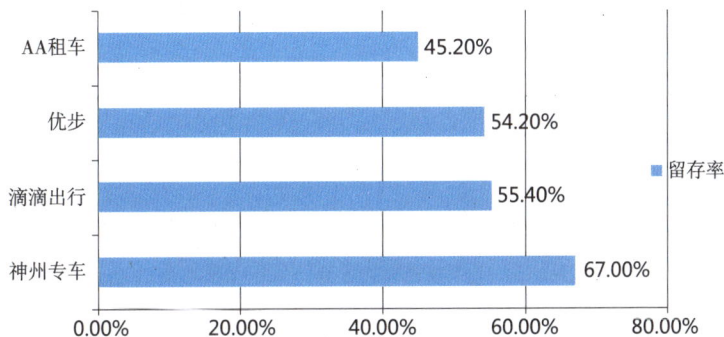

图 10-8　2015 年第 3 季度中国专车服务活跃用户平均次月留存率 TOP5

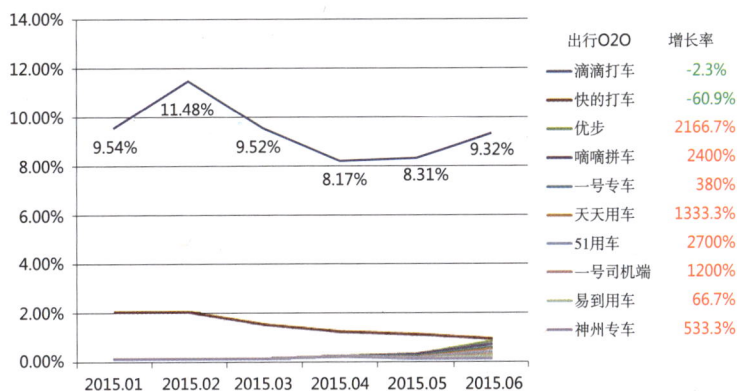

图 10-9　出行 O2O 典型应用用户活跃率变化趋势

数据中，嘀嗒拼车虽不在 TOP 范围，但是其功能相较于 51 用车，天天用车更具特点，在特色功能上值得借鉴。

下面针对上述 4 款 APP 的专车业务，结合各自的特点对其进行比较，分析其各自模式下的风险或优势，从而优化滴滴产品。

嘀嗒拼车注重特意化路线，目前主要上下班情况的拼车，滴滴出行在这方面也已经涉及到，只是没有特意强化并将其与其他功能区分开，目前上下班的有车上班族，也用滴滴 APP 接单，滴滴只要继续强化用户粘性就可以保障自身的市场竞争力。

易到用车在商务高端市场的业务开展占得先机优势。这种业务出行模式，尤其主打高端市场，能让其舒适、便利，一步到位的出行解决方案是重点。高端市场的商务用车，需不仅仅局限于国内，如能解决其国外出行，能在国内同时预约接送，利用滴滴 APP 一键解决行程中所有接送，这种服务更能满足需求，着重高端市场高端服务化标准，目前，滴滴已与绿城服务展开合作，向高端市场有针对性发展中。

Uber 接入百度地图，主页面是地图定位，下方是出行方式选择，操作流程简单，不困惑。定位和纠正具体地址后，开始用车，是在同一屏顶部下滑出地址输入栏，输入终点地址，点击中间叫车按钮，弹框出价格，在给出价格的同时提高用户体验，值得滴滴出行借鉴，优步与其他打车软件的区别还在于他的支付形式，滴滴、神州除第三方支付平台外，软件内设置有账户充值，优步则以第三方支付为主，Uber 在保持当前高水准的技术水平和用户体验下，加大推广力度，是滴滴出行最大的竞争对手。

神州专车通过几次的更新将到达地址、不同用车和订单提交等功能设置到另一页，如图 10-10 所示，其中还提供了预约、半日租、日租功能值得滴滴学习的地方。神州专车在功能上推出接送机专车业务，页面相比易到用车豪华，业务模式相差无几，地图中显示车辆并不多，相距定位点较远。

图 10-10 神州专车界面

2. 推广过程

软件在正式上线后的核心工作是确定 APP 推广渠道，在这里将推广渠道分为线上和线下两种。

线上渠道

1）应用市场推广

（1）iOS 市场

目前，在 iOS 系统下的应用市场主要有 91 助手、同步助手、威锋、搞趣等，并分为越狱版和正版，在与软件应用市场合作之前首先考虑该平台的综合实力，包括用户量、软件量，Web

站的流量、价格、转化率等信息，如 91 助手中用户量数为 4 000 余万、日均 PV3 000 余万、价格在 1 万 ~ 1.2 万之间，其次是该平台是否会根据 APP 的类型和推广目标制定相应的推广方案，目前大多数平台的推广形式包括不限于全屏广告、轮播广告、搜索关键词推荐、精品应用推荐、软件分类排行榜、新品应用推荐、装机必备、软件专题等，滴滴出行会根据这些信息确定是否作为长期合作伙伴。

除以上市场外，滴滴注重苹果自带的应用商店 Apple Store。在该平台占据重要位置相对来说较为困难，平台中有精品推荐、排行榜、探索、搜索等栏目，其中精品推荐里的 APP 是由苹果公司内部运营团队通过对当地市场及下载量的统计与分析，根据结果进行相应类别 APP 的推进（见图 10-11），对于榜单则是运用一定的算法，其主要影响因素为下载量、好评比例、当天的卸载率等。

图 10-11　滴滴出行排名

针对 Apple Store 应用商店滴滴出行的主要工作在优化和冲榜上，在产品正式上架后进行 ASO 优化（标题、关键词、评论等），其次是通过 APP 刷榜技术迅速提升 APP 进入 App Store 免费总榜（中国区）的 Top150 至 Top10。

（2）安卓应用市场

APP 应用首发是少有的免费资源，并且带来的下载量也是只直接最显著的，一般的推荐位置都在首页的精品推荐和分类页中。如图 10-12 所示为滴滴出行之前在小米应用商店中首页精品推荐及分类页中精品推荐的首发位置，不同平台的展示时间不同，基本上都在 1 ~ 2 天，有些甚至会 4 天，所以在做 APP 营销时首发是必不可少的营销方式。

图 10-12　滴滴出行小米首发位置

在选择首发平台之前需了解各平台的首发的申请方式、申请要求、首发天数等，如表 10-2 所示，不同平台首发天数和要求是不一样。

表 10-2　不同商店的首发信息

应用商店	申请入口	首发申请要求	首发天数
360首发	后台自助申请	首发需要提交APK	1或2天
应用宝	后台自助申请	比较容易通过申请	1天
百度、91.安卓	邮件申请	日均下载量不低于500	1天
小米应用商店	邮件申请	首发需要提交APK	3或4天
联想乐商店	邮件申请	比较容易通过申请	2天

除此之外，还需了解各商店用户量、用户活跃度、转化率及市场占比，根据具体数据选择首发平台。在中国手机应用商店用户活跃度方面，360手机助手在用户活跃度中位列首位，用户活跃度达到41.8%，腾讯应用宝和百度手机助手活跃度紧随其后，如图 10-13、10-14 所示。市场份额则是以百度应用系列为主，占到42%，其次是腾讯和360。

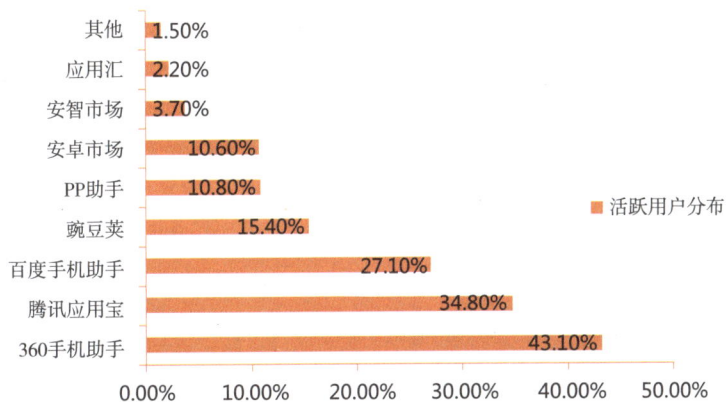

图 10-13　2015 年手机应用商店活跃用户分布

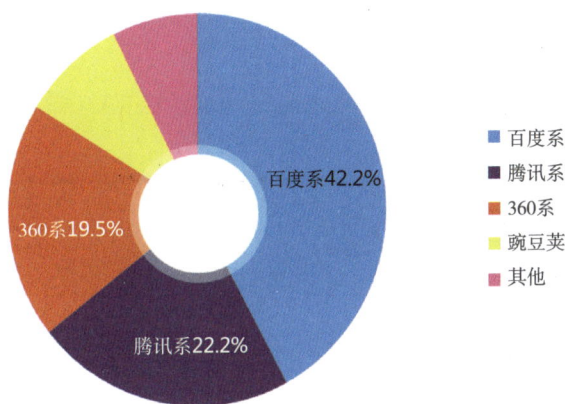

图 10-14　2015 年应用市场份额分布

根据以上的数据对比确定首发平台，滴滴出行将最新版本的首发选定为腾讯应用宝作市场，如图 10-15 所示，原因在于该应用市场的综合实力较为适中，不管是用户活跃度还是市场份额相对其他应用市场来说较为平衡。

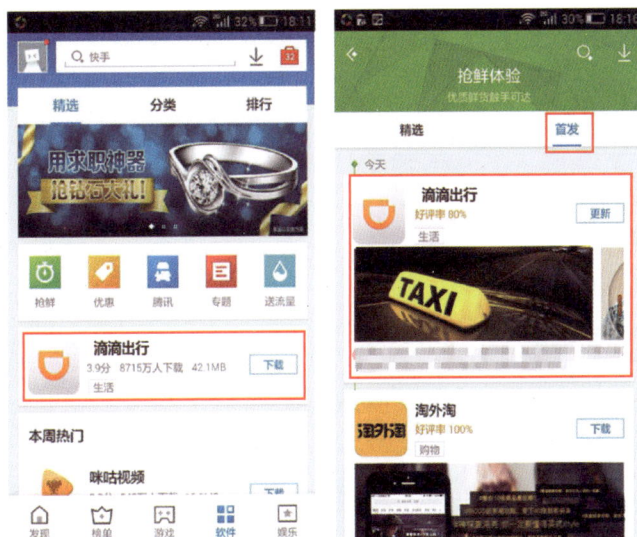

图 10-15　滴滴出行应用宝首发

（3）其他平台的发布

在完成首发后，接下来是其他市场的发布，包括手机运营商商店如中国移动、中国电信等，手机厂商商店如小米商店、魅族市场、联想乐商店等，第三方商店如360、安智、安卓、百度应用商店等，每个商店的 APP 都是从网页端上传，可以打开多个平台同时上传，上传时需要注意标题、简介和描述，在写标题的时候，遵循 SEO 的规则，比如标题必须有产品关键词"滴滴出行"，另外在简介和描述中，对产品功能做详细的介绍，如图 10-16、10-17 所示，这样做的目的是方便搜索蜘蛛的快速抓取。

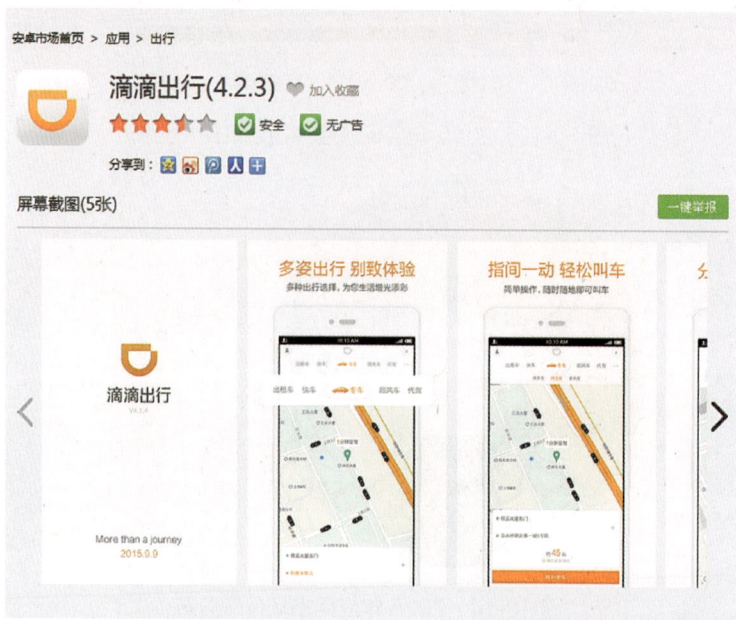

图 10-16　滴滴出行安卓市场软件下载界面

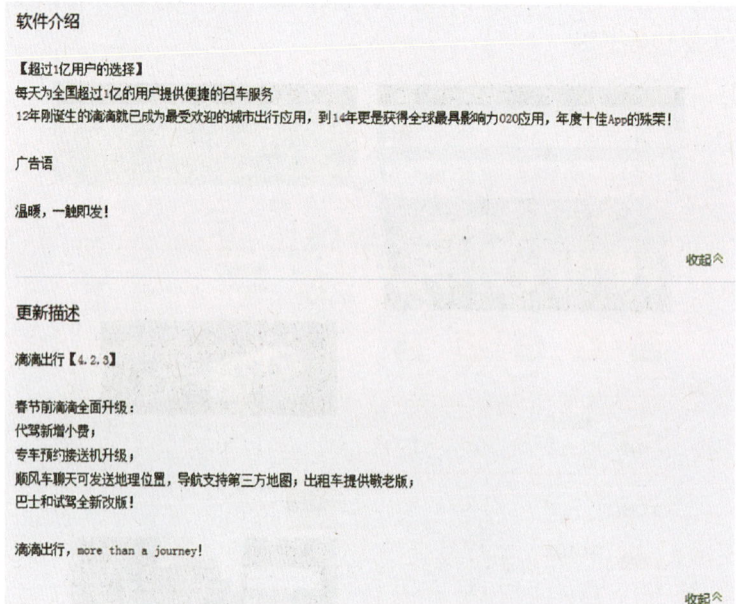

图 10-17　滴滴出行在安卓市场的介绍和描述

一般大的渠道，搜索引擎对其更新快，权重高，另外大的渠道要最先上传，流量大，同时可以在周四、周五更新，APP 在周六周日是下载高峰，所以新更新的 APP 最容易引来大的流量。

2）新媒体推广

首先是微信推广，滴滴出行注册了多个公众账号，除滴滴出行外，根据它的功能分为滴滴专车、滴滴顺风车、滴滴快车等公众账号，并注册不同地区的公众账号，如图 10-18 中所示的滴滴西安。

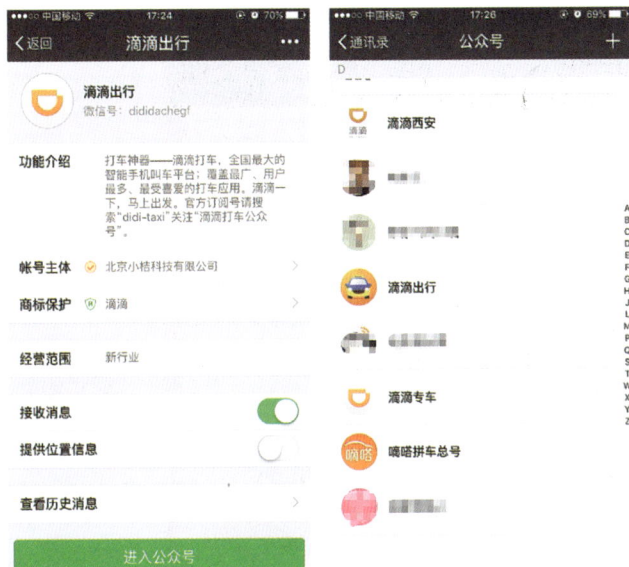

图 10-18　滴滴出行微信公众账号

在微信公众账号中发布产品文章及活动信息，如图 10-19 所示，"肿族消除计划"是为滴滴新开通的业务滴滴巴士做宣传，将"消除胖人"作为宣传噱头，并在文章中加入视频、动态图片等吸引用户。

图 10-19　产品宣传

滴滴出行通过微信公众账号在春节期间推出的一次活动"打开车门就是家门"，如图 10-20 所示，解决国民在春节期间回家难的问题。该活动通过长页的形式展示活动内容，整体颜色搭配以橘红、白色、黄色为主，内容上分为四个部分，活动主要内容、参与资格说明、奖品设置说明、其他说明，在页面顶端加入滴滴顺风车标示，接着是活动主题"回家是一种信仰、春节回家用跨城、加油券/免单等你拿"，紧接着活动时间主要内容等，车主获得加油券的条件、乘客获得免单奖励内容，用图片和金额吸引用户，整个活动页面根据内容主次层层递进，促使用户进一步了解活动内容，达到最终的营销效果。

图 10-20　滴滴顺风车春节活动

其次是微博，以新浪微博为例，滴滴除"滴滴出行"外，开通"滴滴顺丰车、滴滴快车、滴滴专车等"多个微博号进行营销活动，如图 10-21 所示，所有的微博头像都以其 Logo 为主，并且在左侧的信息栏中有公司名称和简介进行二次宣传。除此之外滴滴同时开通地方微博，名称则是滴滴出行（专车、快车等）+地名，如滴滴出行深圳、滴滴打车成都、滴滴打车西安等。

图 10-21　滴滴出行微博账号

　　滴滴出行在微博中最主要的营销方式是赠送滴滴券和滴滴红包，滴滴出行在春节后发布一条关于出行数据的微博，"那些春节你不知道的，身边的大数据…"如图 10-22 所示，合理使用微博中 140 个字符的空间，文字简单明了阐述本次目的，在中间位置加入 H5 的页面链接，并在后面加上红包，图片则是 H5 页面中的具体图文，在营销内容上大数据主要选择几个重要城市中不同交通工具每天的人流量，其中巧妙嵌入自己的产品，让人们了解数据的同时加深对产品功能的认识，在浏览完整个数据后领取滴滴红包，在红包页中滴滴不忘二次宣传，邀请好友得红包，每一步的文案与页面设计都紧紧抓住用户眼球。

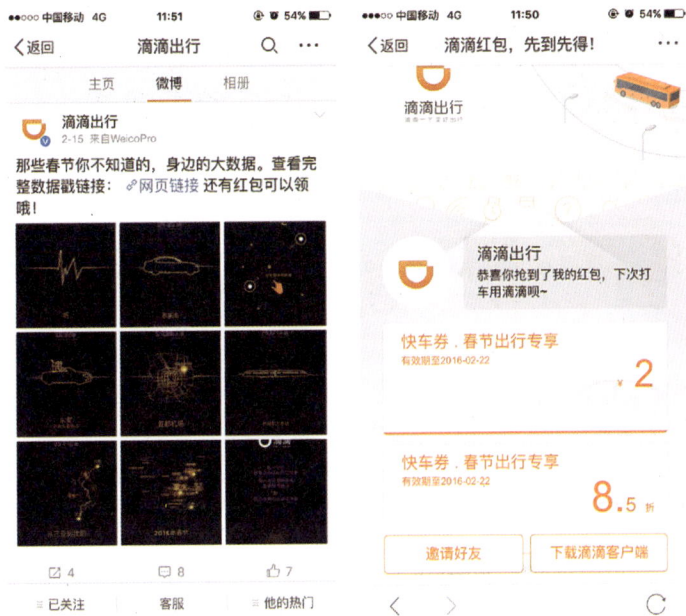

图 10-22　滴滴出行的微博营销

　　除此之外滴滴出行还通过微博 APP 应用市场发布滴滴出行 APP，如图 10-23 所示，方便粉丝及微博用户下载。

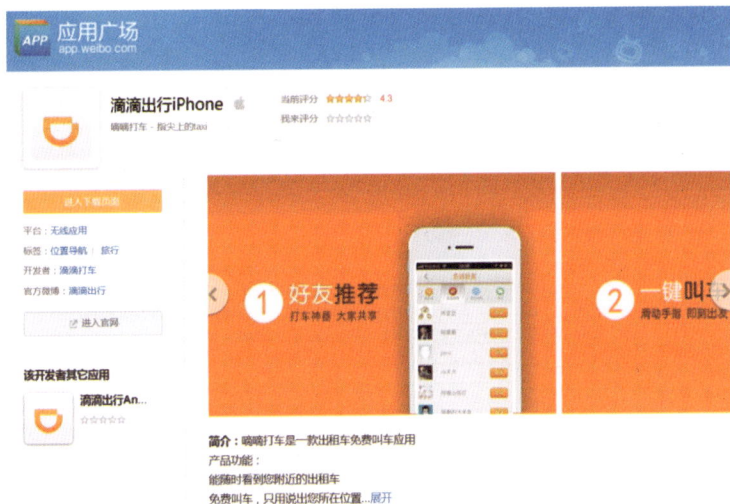

图 10-23　滴滴出行微博下载

不管是微信还是微博,都需要把控注意信息发送的时间,根据目标用户群体确定发送时间段,如微信公众账号基本在中午的 12 点左右和下午的 6 点以后,微博则主要集中在早上的 8 点左右、中午 11 点以后等。

3)其他媒体推广

滴滴出行通过搜狐、网易、新浪等新闻门户网站对滴滴出行进行软宣传,如图 10-24 所示,是一篇关于滴滴出行代驾业务拓展的宣传文。

图 10-24　滴滴出行新浪新闻

滴滴出行通过知乎平台对 APP 进行软营销,如图 10-25 所示,在知乎中创建"滴滴出行"的话题,提问或回答相关问题。

图 10-25　滴滴出行知乎话题

除此之外滴滴出行还创建百度百科、制作宣传视频等方式对 APP 进行推广。

线下渠道

滴滴出行使用其中的地推方式，在机场、车站、加油站等地方设立服务区（见图 10-26），并结合线下的宣传和海报为司机免费安装 APP，指导其使用。除此之外，滴滴出行运用口碑营销，让用户将产品推荐给亲戚朋友使用，并获得打车券。

图 10-26　滴滴出行线下推广

3. APP 应用市场搜索优化

应用市场优化分为安卓类商店的 ASO 优化和 App Store 优化，在这之前需了解 App Store 和 Android 应用市场是如何排序搜索结果的。

如果用户搜索 iOS 的应用，App Store 会这样排序：名字→关键词→评分（几颗星）→评分（次数），如图 10-27 所示。

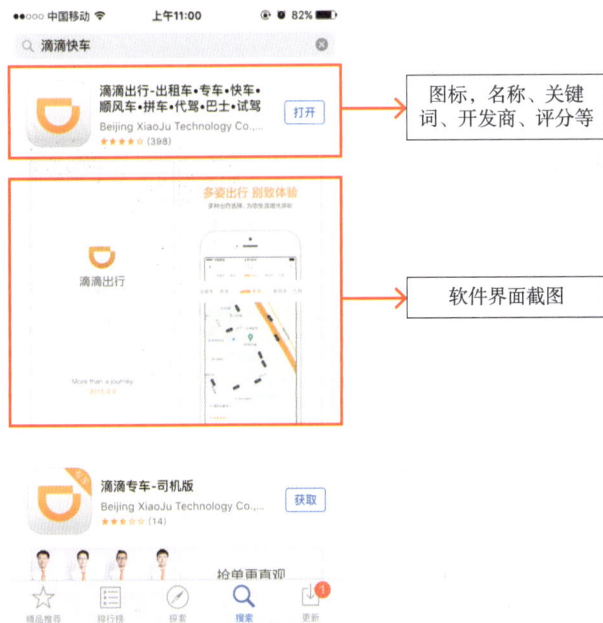

图 10-27　滴滴出行在 iOS 系统中的界面

如果用户搜索 Android 应用，Google Play 会这样排序：名字→关键词→更多关键词→同类应用（Competing Apps），如图 10-28 所示。

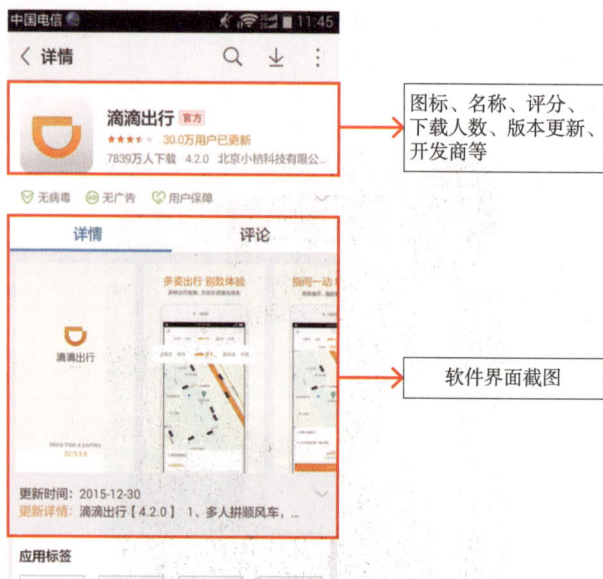

图标、名称、评分、下载人数、版本更新、开发商等

软件界面截图

图 10-28　滴滴出行在安卓系统中的界面

清楚排序后需要了解 ASO 优化最终效果，在小米应用商店中搜索关键词"打车、专车"等，下拉列表中会出现"滴滴打车、滴滴专车"等与滴滴有关的关键词，并且在搜索页中有较好的排名，如图 10-29 所示。

图 10-29　关键词搜索

1）安卓类商店的 ASO 优化

国内安卓市场比较多，各家的标准不一，各家的关键字、搜索结果往往有部分是运营来控制，部分是销售售卖，需要具体每个市场具体分析。

滴滴出行在安卓市场的优化主要表述为：热词优化、下载量优化、评论优化、产品等级优化、活动曝光、专题曝光、榜单曝光。

（1）热词优化主要在后台提交覆盖更多热词，主要是产品名称、产品简介、关键词上去考虑，如"DIDI、滴滴、滴滴打车、滴滴顺风车"等，当然覆盖时要避免热词冲突风险。

（2）下载量优化主要加强内部活动导流或者其他运营方式，如滴滴出行在临近春节时推出"滴滴打年货"活动，以短信或微信的形式将活动发送给朋友并推荐其使用会得到相应的打车优惠（见图 10-30）。

图 10-30　滴滴出行活动引流

（3）评论优化主要通过内部用户导评，提升评论评级。

滴滴出行在产品等级优化上主要参与商店的策划活动，主动参与商店产品的开发分享等合作，同时增加产品等级积分，方便双方沟通操作。

（4）活动等曝光，多多占据商店的曝光位置，活动页面、专题页面、榜单等曝光量较大的位置，同样积极与应用商店的运营保持沟通，争取更多曝光位置。

2）App Store 优化

在 App Store 中滴滴出行主要针对关键词的权重（即关键词的排名）进行优化，就目前可优化的内容而言，主要包括名称（APP Title）、关键词（Keywords）、描述（Description）、用户评论，权重大小排序：名称 > 关键词 > 描述 > 用户评论，滴滴出行针对 App Store 商店的名称优化、关键词优化、描述优化、评论优化优化主要遵循以下撰写原则。

（1）名称

名称控制在 255 个字节之内，并充分利用所有字符，如图 10-31 所示，滴滴出行将关键词进行缩减，只保留产品名称。

随着苹果审核愈趋严格的大环境下，单纯的热词堆砌是行不通的，在热词填充名称时需要保证语句的通畅以及无矛盾存在。

确保名称与关键词不叠加，如名称为滴滴出行，在关键词设置时应避开名称设为滴滴打车、滴滴拼车等，因为两者的权重无法叠加，如果在名称中出现，最好不要在关键词再出现，浪费字符。

名称可采用主标题加副标题的形式，主标题是 APP 名，副标题介绍 APP 作用并提升核心关键词的权重，例如滴滴出行——打车神器——全国第一家智能叫车系统。

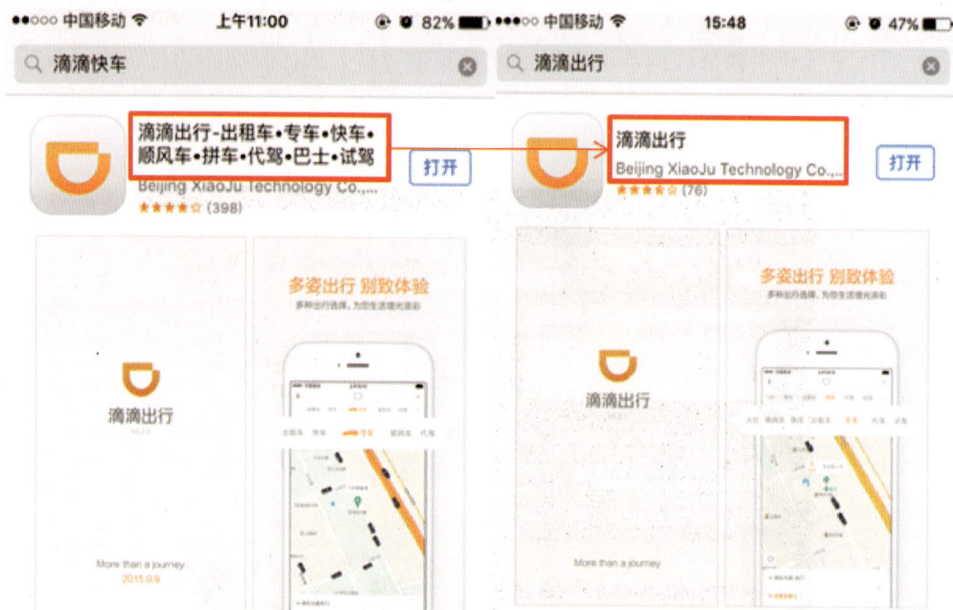

图 10-31　滴滴出行名称优化

（2）关键词

• 关键词控制在 100 个字符以内（为 50 个汉字）；

• 没搜索排名，没热度的，并且分词没意义的，更新版本时删除；

• 大量分析竞品的关键词，比对热度，建立属于自己 APP 的热词库，如图 10-32 所示；

• 挑选 10 个竞品，按照热度降序，排名前 5 的竞品词可以放在关键词中，如图 10-33 所示。

热度	名称	热度	名称
6733	打车	6066	快的打车
5995	打车软件	4809	快的打车司机版
4736	打车软件司机版	4624	快的打车-司机版
4663	打车司机	4608	快的打车-打车神器
4622	打车app	4605	快的打车-专车出行
4610	打车司机版	4605	快的打车-出租车 专车 代驾 出行
4610	打车神器	4605	快的打车app
4606	打车-司机版	4605	快的打车乘客
4605	打车u	4605	快的打车乘客版
4605	打车司机端	1988	快的打车司机版(快的司机)

图 10-32　"打车"关键词热度

热度	名称
8746	滴滴出行
5242	滴滴出行司机版
4948	滴滴出行-出租车·专车·快车·顺风车·拼车
4663	滴滴出行app
4636	滴滴出行司机端
4623	滴滴出行-出租车·专车·快车·顺风车·拼车·代驾
4606	滴滴出行-出租车·专车·快车·顺风车·拼车·代驾·巴士
4606	滴滴出行企业版
4606	滴滴出行司机
4605	滴滴出行,买车,易车网,加油,优步,养车,汽车超人,违章查询,违章,汽车,汽车报价大全,洗车,查违章

图 10-33　"滴滴出行"相关关键词热度

（3）描述

描述中包含 APP 的特性和功能，并保证核心关键词 8 ~ 12 的频次出现。

描述中对关键词进行补充（可以设置为长尾关键词），关键词的权重和描述的权重是可以叠加的，滴滴出行的描述见图 10-34。

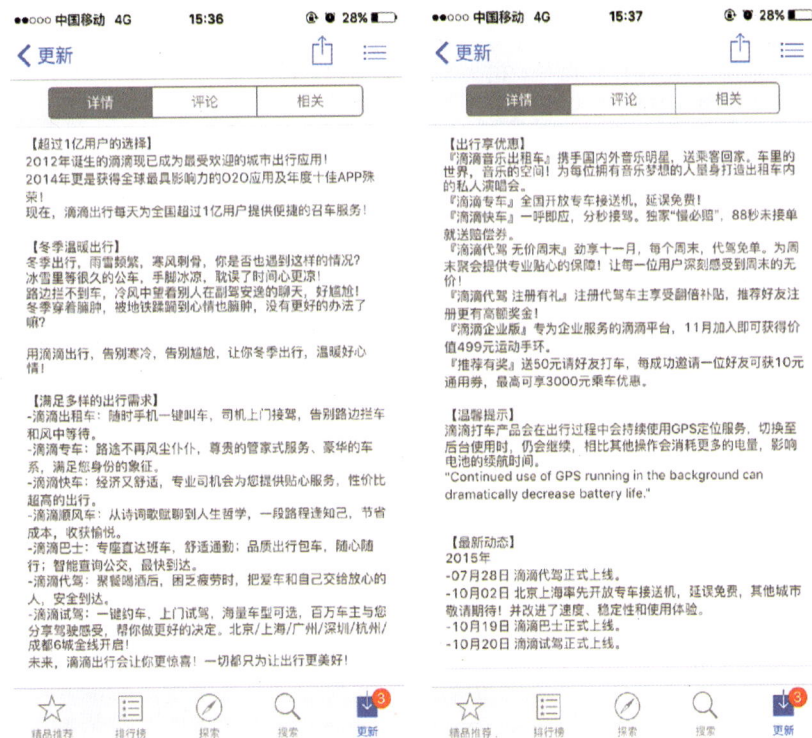

图 10-34　滴滴出行的描述

（4）用户评论

2014 年下半年苹果对刷榜行为进行了严打，下载量和评论的权重被逐步调低。即使评论的权重被相应调低，但依旧是比重很高的一块，催生出现在的真实账户评论的业务，滴滴出行在用户使用软件后促使用户进行真实评论，同时公司运营也会进行评论，在评论之前写好评论，如果想重点优化某些关键词，可让这些关键词在每条评论中频繁出现，这样操作对关键词排名的提升有很大帮助。

4.移动营销数据分析

滴滴出行在 APP 营销过程中对于关键词排名、榜单历史排名、每日评论数、下载量等数据进行了统计分析。

首先是关键词，如图 10-35 所示，通过 APP 数据查询工具查询滴滴出行 2015 年 12 月份相关关键词的排名情况，通过各种方式的推广和优化，核心关键词在搜索排名中都占据着重要位置，基本上都在前五名（数据来源：http://www.asou.com）。

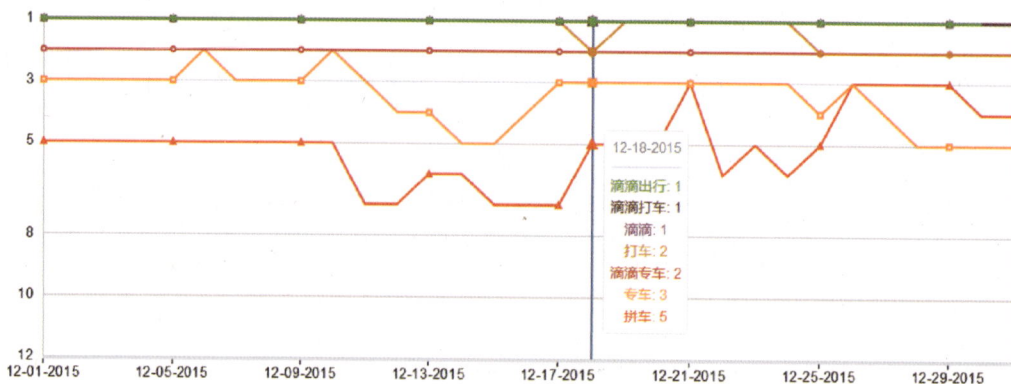

图 10-35　滴滴出行关键词排名

其次是榜单历史排名，滴滴出行在苹果端的总榜和分类榜中近三个月和不同时段的历史排名情况（见图 10-36 和图 10-37），可以看出滴滴出行的排名为上升趋势（数据来源：http://www.ann9.com）。

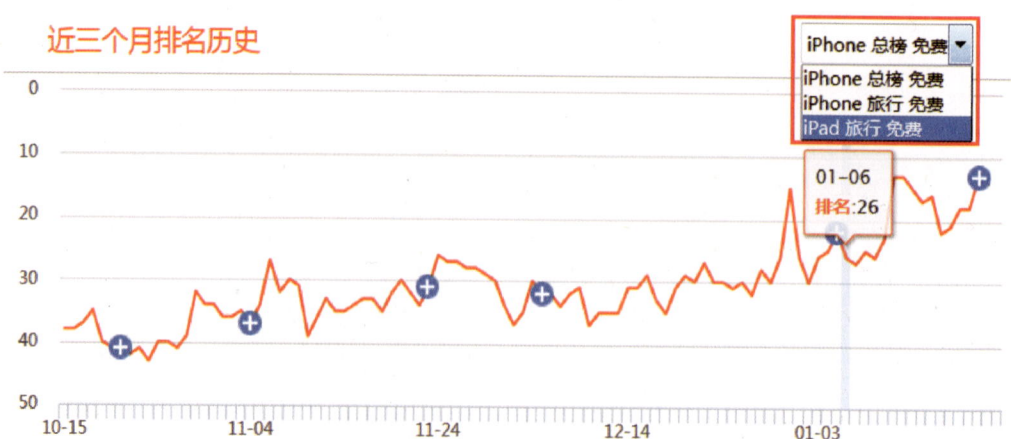

图 10-36　滴滴出行历史排名

滴滴出行 - 分时段排名趋势图

图 10-37　滴滴出息时段排名趋势

　　然后是评论分析，滴滴出行的评论有正面评论也有负面评论，从图中可以看出虽然正面大于负面，但滴滴仍需加强对产品的优化与更新，将负面评论降到最低，如图 10-38 所示。

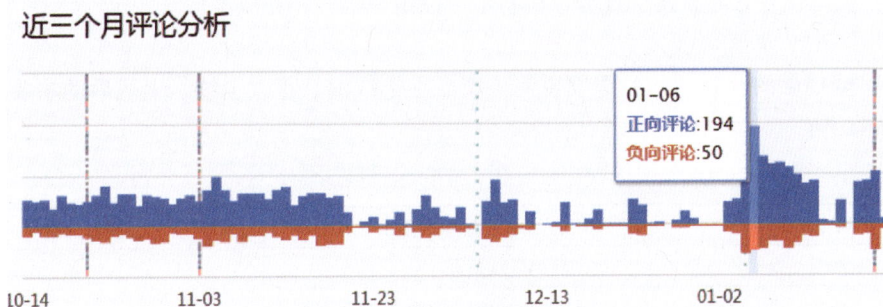

图 10-38　滴滴出行评论数

　　最后是 APP 的下载量分析，如图 10-39 所示，滴滴出行选择具有代表性的平台进行统计分析，如 360、百度、应用宝等，从图中可以看出滴滴出行在近一个月的下载量成上升趋势，就应用宝市场而言，每天的下载增长量在 10 万以上（数据来源：http://jk.coolchuan.com）。

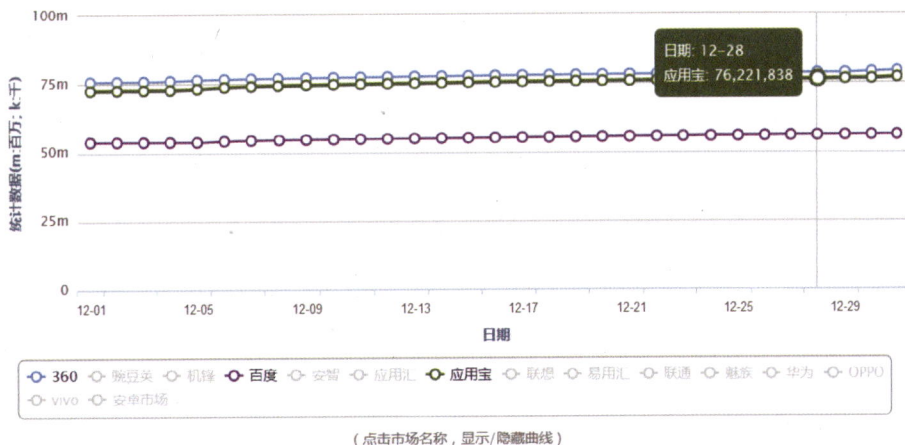

图 10-39　滴滴出行下载量分析

　　从以上数据可以看出滴滴出行的营销效果较为显著，不管是从关键词排名、评论质量、还是历史排名都具有显著提升，滴滴出行在营销方面接下来要做的工作是维持各项数据上升的同时进一步完善新增关键词的优化排名、负面评论的降低等。

10.4 同步训练

1. 实训概述

本章为 APP 运营与推广实训，学生通过本章的学习，能够完整分析 O2O 模式下的移动互联网产品——饿了么。在了解该产品背景之后，通过互联网搜索、亲身体验、以及相应的工具对产品的营销进行分析，其中包括 APP 营销策划、移动营销实施、APP 应用市场搜索优化、移动营销数据分析等，从而掌握 APP 的运营推广方法及技巧。

2. 实训素材

（1）智能手机实训设备。

（2）APP 数据分析工具，如应用雷达、百度移动统计等。

3. 实训内容

教师根据案例背景布置实训任务，可将学生以组为单位，完成实训。

任务一　APP 营销策划

学生根据提供的互联网产品详细说明该产品在上线前、正式上线、上线后的主要工作，并完成表 10-3。

表 10-3　APP 营销策划

APP营销策划	说　明	具体分析
产品受众	该产品的受众是谁	
竞争对手	该产品的竞争对手有哪些	
推广手段	该产品在不同阶段的推广手段有哪些	
数据监控	在后期数据监控中需要监控哪些数据	

任务二　移动营销实施

学生通过线上和线下搜索，汇总出"饿了么"的营销手段，完成表 10-4。

表 10-4　移动营销实施

营销手段	具体渠道	
	不同的应用市场	不同市场发表的截图
	微博	截图
线上	微信	截图
	新闻	截图
	论坛	截图
	………	
	传单	截图
线下	易拉宝	截图
	………	

任务三　APP 应用市场搜索优化

（1）学生通过在不同市场上搜索饿了么相关关键词，并对关键词进行汇总，阅读产品介绍清楚关键词分布，并观察其评论、图标、标签等信息，做详细记录。

（2）在完成以上内容后填写表 10-5。

表 10-5　APP 应用市场搜索优化

APP应用市场搜索优化	说　　明	具体分析
安卓应用市场	在该市场中应该主要哪些内容需要着重优化	
App Store优化	确定产品在该市场搜索优化的内容有哪些	

任务四　移动营销数据分析

（1）学生进入数据统计工具，如应用雷达，搜索产品信息，在搜索框中输入"饿了么"（会出现很多关联词，对这些关键词进行汇总并尝试在不同平台搜索），点击进入，搜索数据。

（2）学生对该产品的营销数据进行统计具体包括下载量、每日新增用户、评论数等，并对营销效果进行简单分析。

任务五　编写实训报告

学生根据以上信息撰写实训报告并上交给老师，报告内容包括实训题目、地点、主要内容及实训心得等，完成表 10-6。

表 10-6　编写实训报告

实训题目			
实训地点			
实训设备		组员	
一、实训目的			
二、实训任务			
三、实训内容			
四、实训心得			

参考文献

［1］李国建. 移动营销 [M]. 北京：机械工业出版社，2015.

［2］李国建. 移动营销：企业快速转型与升级秘笈 [M]. 北京：机械工业出版社，2015.

［3］谢晓萍. 微信力量 [M]. 北京：机械工业出版社，2015.

［4］王红蕾. 移动电子商务 [M]. 北京：机械工业出版社，2015.

［5］冯英健. 网络营销基础与实践 [M]. 北京：清华大学出版社，2013.

［6］商玮，段建. 网络营销 [M]. 北京：清华大学出版社，2013.